中国历代名著全译丛书

周易全译

（修订版）

徐子宏　译注

贵州出版集团
贵州人民出版社

中国历代名著全译丛书

编 委 会

(以姓氏笔画为序)

王运熙　　余冠英　　张　克(常务)
罗尔纲　　程千帆　　缪　钺

再版说明

出版的境界是：为饥作浆，为旱作润，为冥作光，为往圣继绝学。《中国历代名著全译丛书》担当这一历史的重托，挟着春风走到了学人和国学爱好者的面前。

书似青山常乱叠，眼光如炬淘金来。《中国历代名著全译丛书》自上个世纪九十年代推出，即以权威、精到、普及的面貌风靡整个书界。本套丛书曾获中宣部精神文明建设五个一工程奖及中华人民共和国出版规划重点项目。但多年断档，令人怀恋。上个世纪九十年代的名著全译，多以三五本的规模推出，而今天的《中国历代名著全译丛书》，出手尽显大家气度，一次集中推出五十种，满足眼睛与心灵的饕餮。

中华民族有数千年的文明历史，产生了辉煌灿烂的古代文化。浩如烟海的历代名著，就是中国古代文化遗产的重要组成部分。这些文字不仅记录了中国古代各个方面的历史与人文，物质与精神，成为后来人的精神家园，而且对中华民族的成长提供了丰富的营养，对中华民族的形成和发展产生了巨大的凝聚力和感召力。

但古人留下的典籍，由于时代的变异，语言的古奥，当下人已难识其庐山真面目。且以往坊间的不少古籍今译的读物，大都难尽人意：

——选译本。如《国语选译》《诗经选译》等。了解中国古代文学批评史的人知道，"选"是一种评论的方式。鲁迅先生曾指出，如果对陶渊明只选"采菊东篱下，悠然见南山"，而不选"刑天舞干戚，猛志固常在"这类"金刚怒目"式的作品，那就很难使读者对陶渊明的"全人"有完整的认识，若"再加抑扬"，就"更离真实"了。所以说选译本的缺陷是显而易见的。

——白话本。如《白话史记》《白话搜神记》之类。这类今译本有的置原文于不顾，随意增删敷衍，从严格意义上已不是原书；有的译文尚称严谨，但无原文对照核查，欲引用古人文句还要另觅原书，难称人意。

——单译本。这类书最多,译文之外附有原文、注释,其中也不乏质量较高者。遗憾的是见木不见林,缺乏学术系统性,读者买到一本算一本,对中华民族传统文化的了解很难达到全面。

本丛书在策划之初就考虑到避免以上各种译本之不足,本着推陈出新、汇聚英华、弘扬传统、振兴华夏之宗旨,化艰深为浅显,融译注为一炉,俾使社会各界广大读者了解我国古代各名著之完整原貌,有利于当下人文精神建设,又利于中外文化之交流译介,乃延聘海内学界通人,精选史有定评之夏商迄晚清经史子集四部,以全注全译形式重新装帧、重新校勘整理出版。所选各书前言对该名著之时代、作者、内容、成就、文献版本皆有详赡说明,各篇各卷前有简明扼要的题解,原文选用业经整理的善本,注释采用学术界公认的成果,译文强调忠实原文、通达流畅。

书行天下,道亦随之,既有品味,又有普及,为大家营造出一片文化底蕴深厚、知识境界广博、思想空间深邃的精神沃土,是《中国历代名著全译丛书》的孜孜追求。此次修订是在前辈学人呕心沥血的基础上,重新进行认真的审读和勘校,是在"国学热"基础上的一次新的提升,在强调通俗性的同时,亦重视学术性与资料性。今日重现书界,必将旋起一种新的阅读风暴。

我们相信,这套丛书的问世,对传播中华民族优秀的传统文化,提升我们国家的软实力,形成当代的人文精神有着重要意义,在现代化人文化的进程中对开启今人智慧、滋养今人心灵都有着不可估量的意义。

经典不腐更不朽,它是源远流长的活水,天光云影,亘古永在。

贵州人民出版社
2008 年 9 月

目 录

前　言 ……………………………………………… 1

周易上经（起乾讫离）

乾第一 ……………………………………………… 3
坤第二 ……………………………………………… 15
屯第三 ……………………………………………… 22
蒙第四 ……………………………………………… 26
需第五 ……………………………………………… 31
讼第六 ……………………………………………… 35
师第七 ……………………………………………… 39
比第八 ……………………………………………… 43
小畜第九 …………………………………………… 47
履第十 ……………………………………………… 51
泰第十一 …………………………………………… 55
否第十二 …………………………………………… 60
同人第十三 ………………………………………… 64
大有第十四 ………………………………………… 69
谦第十五 …………………………………………… 73

豫第十六 …………………………………………… 77
随第十七 …………………………………………… 81
蛊第十八 …………………………………………… 85
临第十九 …………………………………………… 89
观第二十 …………………………………………… 93
噬嗑第二十一 ……………………………………… 97
贲第二十二 ………………………………………… 101
剥第二十三 ………………………………………… 105
复第二十四 ………………………………………… 109
无妄第二十五 ……………………………………… 113
大畜第二十六 ……………………………………… 117
颐第二十七 ………………………………………… 121
大过第二十八 ……………………………………… 125
坎第二十九 ………………………………………… 129
离第三十 …………………………………………… 133

周易下经（起咸终未济）

咸第三十一 ………………………………………… 139
恒第三十二 ………………………………………… 143
遁第三十三 ………………………………………… 147
大壮第三十四 ……………………………………… 151
晋第三十五 ………………………………………… 155
明夷第三十六 ……………………………………… 159
家人第三十七 ……………………………………… 164
睽第三十八 ………………………………………… 168
蹇第三十九 ………………………………………… 173
解第四十 …………………………………………… 177
损第四十一 ………………………………………… 181
益第四十二 ………………………………………… 185
夬第四十三 ………………………………………… 190
姤第四十四 ………………………………………… 195
萃第四十五 ………………………………………… 200

升第四十六 ………………………………… 205
困第四十七 ………………………………… 209
井第四十八 ………………………………… 214
革第四十九 ………………………………… 219
鼎第五十 …………………………………… 224
震第五十一 ………………………………… 229
艮第五十二 ………………………………… 234
渐第五十三 ………………………………… 238
归妹第五十四 ……………………………… 243
丰第五十五 ………………………………… 248
旅第五十六 ………………………………… 253
巽第五十七 ………………………………… 258
兑第五十八 ………………………………… 262
涣第五十九 ………………………………… 266
节第六十 …………………………………… 270
中孚第六十一 ……………………………… 274
小过第六十二 ……………………………… 278
既济第六十三 ……………………………… 282
未济第六十四 ……………………………… 286

系辞上 ……………………………………… 290
系辞下 ……………………………………… 307
说　卦 ……………………………………… 324
序　卦 ……………………………………… 334
杂　卦 ……………………………………… 339

前 言

一

《易经》是我国文化典籍里最难懂的著作之一。作为具有一定哲理内容的卜筮之书，它以独特的结构形式和思想内容，在中国传统文化大观园里垒起一座神秘的宫殿。在以政治、伦理为主要内容的中国古代意识形态领域里，开辟了广阔的哲学天地。数千年，属于不同思想和学术派别的学者，覃心竭力地对它进行解释和阐发，以致它的本来面目尽为神学的迷雾、释道的玄谈以及儒家的义理所笼罩，从而也形成了庞杂的易学体系。对此，《四库全书总目提要》里曾有这样的简单说明：

> 《左传》所记诸占，盖犹太卜之遗法。汉儒言象数，去古尚未远也；一变而为京（房）、焦（赣），入于机祥；再变而为陈（抟）、邵（雍），务穷造化，《易》遂不切于民用。王弼尽黜象数，说以老、庄；一变而胡瑗、程子（颐），始阐明儒理；再变而李光、杨万里，又参证史事，《易》遂日启其论端。此两派六宗，已互相攻驳。又《易》道广大，无所不包，旁及天文、地理、乐律、兵法、韵学、算术，以逮方外之炉火，皆可援《易》以为说，而好异《易》者又援以入《易》，故《易》说愈繁。

在易学的历史演变中，《易经》的本来面目变得越来越模糊，越来越成为一种借以发挥个人思想的工具。《易经》与那些同列为"经"的其他文化典籍相比，后者大多以其固有的思想确定性制约着自身学术思想发展的基本方向，而前者原始的朴素思想在其发展演变过程中被不断地冶锻翻造；后者内容与形式的统一在其学术思想发展过程中起着稳定的作用，而前者形式与内容的分离是造成易学体系繁杂的主要原因之一。

《易经》的形式(本文特指它的卦爻象数系统)和内容(本文特指它的卦名爻辞的义蕴),是在卜筮的基础上逐步形成起来的。卦爻辞的积累和编排,与卦爻象数系统的形成各自经历了不尽相同的历程。严格地说,在卦爻辞定型以后,卦爻象数系统还有过单独发展的历史。这种形式与内容的分离倾向,源于卜筮书的特点,即形式发展较之内容发展有着更为强烈的自我完善的倾向。

这一本质性特征便成了易学史上产生如《四库全书总目提要》所说的两派六宗的客观基础。历代说《易》者,不外乎义理、象数两途。简单地说,义理即是《易》的内容,象数即是《易》的形式。它们两者之间虽然尚存有一些联系,就其主要倾向而言,却是不很重要的。说《易》者各持一端,尽情发挥,互相攻击,以致一些简单的东西变为复杂了,一些明白的东西也模糊了,《易经》因之被种种哲理和筮术的云雾层叠包裹,变成最难懂的一部书。

易学的发展史,是《易经》的形式与内容割裂分离的历史,也是它不断走向形式化和抽象化的历史。对于探索研究整个易学史的读者来说,不厌其烦地分析研究这一历史过程是十分必要的,即使像一般读者也要综观这一历史发展过程,这样才能不为一派一家之言所迷惑和束缚。

摆在读者面前的这部《周易》即是易学发展历史的产物。自从它的卦爻辞经过加工编排,并附加上卦画系统、卦名系统以及《十翼》的种种解释以后,在当时就已经孕育着后来易学各派别的几乎所有胚胎。认真地剖析这个历史产物,有助于了解易学的演变发展过程。

二

一部《易经》集卦辞、爻辞凡四百五十条,从形式上进行分析,依李镜池《周易探源》,可分为六个类型:

1. 纯粹定吉凶的辞。例如:《乾》,"元亨,利贞"。
2. 单叙事而不示吉凶。例如:《坤》初六,"履霜,坚冰至"。
3. 先叙述而后吉凶。例如:《乾》九三,"君子终日乾乾,夕惕若,厉,无咎"。
4. 先吉凶而后叙述。例如:《小畜》,"亨。密云不雨,自我西郊"。
5. 叙事,吉凶;又叙事,吉凶。例如:《讼》六三,"食旧德,贞厉,终吉。或从王事，无成"。

6.混合的:或先吉凶，叙事，又吉凶。或先叙事，吉凶，又叙事。例如:《复》，"亨。出入无疾，朋来无咎。反复其道，七日来复。利有攸往"。

《易经》的卦辞、爻辞是古代长时期积累起来的临事卜占结果的记录。《周礼·春官》说:"凡卜筮，既事，则系币以比其命。岁终，则计其占之中否。"就是讲的这种情况。它涉及祭祀、战争、生产、婚姻、天灾等方面的情况，具有一定的史料价值。这些近乎原始的记录，有的在现在看来也是明明白白的，比如"利涉大川"，"师出以律"。有些则因为对当时社会状况不甚了解，或对卦爻辞所记载的历史事实与传说不了解，或对求占的事情的具体背景不了解，而颇费猜详。但是这些问题经过广泛地搜寻和深入研究，还是可以得出比较一致的看法。然而将零碎的材料加工，编辑成书，与逐步定型的卦画系统搭配起来，以求筮之法，按图索骥以定吉凶，问题就接踵而来了。

古人的卜筮吉凶，本来无可厚非。但是，随着零碎的卜筮材料整理系统化，临时占断结果的抽象化，具体事物的哲理化，卜筮经验的形式化，在古人思辨水平不断提高的同时，《易经》也就步入了充满神秘云雾的旅程。

以六十四卦为内容的卦画系统是《易经》的外在形式。它的最小单位是爻:—和--。爻画交相叠加而成八卦:☰(乾)☷(坤)☳(震)☴(巽)☵(坎)☲(离)☶(艮)☱(兑)。八卦交相叠加而成为六十四卦。《易经》的编者将卜筮材料加工，主要从内容上加以系连，分成六十四个小单元，纳入这个框架之中。这个外在形式与其卦爻辞内容除了有共同的基础，并没有一一对应的内在联系。

在卦画系统逐步确立为单卦相重的样式的同时，求卦之法也趋于定型。据《系辞》所载揲蓍成卦之法，用五十五根蓍草，实际用四十九根，经过分二，挂一，揲四，归奇四个程序，进行三次这样的推演，即得出一爻。所谓"三变成一爻"。一卦六爻，凡须"十八变而成卦"。这实质上是一个简单的四则混合运算的问题。关键在于寻找一个在上述数的变化中最后余数为九、七、八、六的整数。用现代数学知识来推算，这样的整数并非仅有一个。古人在实践中发现了这一点。所以在筮法系统中，揲蓍之法不止一种，蓍策之数也非一个。《连山易》《太玄经》用三十六策，《归藏易》用四十五策，《潜虚》用七十五策。这种数的变化，在古人看来是神奇的。为此他们找出种种神秘的依据。《系辞》说："天一地二，天三地四，天五地六，天七地八，天九地十。天数五，地数五，五位相得（加），而各有合（和），天数二十五，地数三十，凡天地之数五十有五。此所以成变化而行鬼神也。"

　　数的变化关系与八卦交相叠加而形成的错综相对的六十四卦，都折射出客观事物的关系及其变化。这种变化发展观点，构成了我们下面要讲的卦象系统的一个重要的思想基础。

　　从《左传》《国语》所提供的材料看，在春秋以前，这一套卦画系统就具有复杂的象征意义。古人的八卦分别代表天地雷风水火山泽等八种物质形态。不过这还是一种单纯的物象。八卦相叠而成重卦，它就代表着具有一定内部关系的复合物象。比如《否》䷋、《泰》䷊，它由乾坤两卦组成，乾代表天，坤代表地，二者相重就产生了天地交相感应的问题。单纯的物象，以八种普通的物质来代表天地万物，这已经触及到了世界的本源的问题；复合卦象则反映出事物的矛盾关系和运动变化的性质，具有辩证法的因素。

　　《易经》的卦象系统究竟指哪一种现象呢？《系辞》说："圣人有以见天下之赜，而拟诸其形容，象其物宜，是故谓之象。"这是说用八卦作为事物的象征。《说卦》又说："参天两地而倚数，观变于阴阳而立卦，发挥于刚柔而生爻。"这里考虑到数与图（卦画）的变化，把阴阳、刚柔的对立与统一的关系作为建立卦画系统的基础。

　　这两种说法似乎不一致，其实不然。古人在长期的生产、生活当中，发现了事物间的矛盾关系和变化情况，卜筮者则采用筮术式方法表现出来，单纯的物象实际上也是一种关系的表现物。古人用天，或者其他物质形态来表示事物关系这一方面的同时，也用地，或者其他物质形态来表示事物关系的另一方面。古人用☰、☷来代表天地的同时，实质上是运用天地这一组概念反映相互关系。王夫之在《周易稗疏》中说："阴见则阳隐于中，阳见则阴隐于中。"即为此意。古人最后选中了天地雷风水火山泽作为八卦之象，那是一种选择的结果，它们之间明显的外部区别和内在联系使之成为反映事物间区别和联系的理想代表。因而它们并不是八种孤立的物质形态，实际上是一种关系的反映。正如—爻和--爻一样，是一种关系的反映。

但是《易传》对这一层竟没有弄清楚。《说卦》取单纯的物象说，照这条路子，穷举尽列地进行比附："乾为马,坤为牛,震为龙,巽为鸡,坎为豕,离为雉,艮为狗,兑为羊。"《说卦》承袭和发挥了春秋以来的传统感性认识方法，这种无谓的比附只能步入死胡同。而取象于事物矛盾关系的卦象说，则开辟了我国古代辩证法思想发展的一条重要途径。

利用单纯物象说来说《易》，既不能说清楚八卦图形与各种物质形态的联系，更不能说清楚六画卦所反映的结构关系。因而不得不从具体的物象中理出一个物性来，利用物性关系来反映事物间的普遍联系，召唤出卦德说来自圆其说。而取象于事物矛盾关系的卦象说，则促成了爻位说的产生，成为最为彻底、最为便捷的说《易》理论。这些在前言的第三部分还将谈到。

上面我们谈到《易经》数、图、象的基本内容和相互关系。这三者关系的结合突出地反映在卦序这一形式上。作为卜筮之书，它的最初序列可能是以方便翻检为原则，它最终确定为通行本的形式，经历了漫长的历程，还伴随有义理与象数的斗争。仅《说卦》就至少提供了四种序列的理论依据。它说：

1．"雷以动之,风以散之,雨以润之,日以烜之,艮以止之,兑以说之,乾以君之,坤以藏之。"

依这种说法其序列应为：震、巽、坎、离、艮、兑、乾、坤。

2．"帝出乎震,齐乎巽,相见乎离,致役乎坤,说言乎兑,战乎乾,劳乎坎,成言乎艮。"

其序列为：震、巽、离、坤、兑、乾、坎、艮。

3．"乾,健也。坤,顺也。震,动也。巽,入也。坎,陷也。离,丽也。艮,止也。兑,说也。"

其序列为：乾、坤、震、巽、坎、离、艮、兑。

4．"乾,天也,故称乎父。坤,地也,故称乎母。震,一索而得男,故谓之长男。巽,一索而得女,故谓之长女。坎,再索而得男,故谓之中男。离,再索而得女,故谓之中女。艮,三索而得男,故谓之少男。兑,三索而得女,故谓之少女。"

这种说法是以乾坤为父母，各率三男三女。其序列为乾、艮、坎、震、坤、兑、离、巽。

《说卦》所提出的四种序列,以第三种和第四种影响最大。然而只有第四种最符合《易经》的形式主义的倾向,反映了象数关系。长沙马王堆出土的帛书《周易》的六十四卦,其上卦的排列与之是一致的:键（乾）、根（艮）、赣（坎）、辰（震）、川（坤）、夺（兑）、罗（离）、筭（巽）。依阴阳来划分,前四卦为阳卦,后四卦为阴卦。其下体卦的排列按键、川、根、夺、赣、罗、辰、筭的序列,即阳阴两卦两相配合的四个组合,与上体卦相配合。这种序列强烈地体现了一种追求某种形式的意识倾向。

通行本的六十四卦序列,体现了一种什么原则？历来有两种说法。《序卦》以卦名为着眼点,以音训为纽带,把自然现象和社会现象绞合在一起,构成一连串的因果环节,用来解释这种序列形成的原因,属于义理一派。它说:"有天地（乾坤）,然后万物生焉,盈天地之间者唯万物,故受之以《屯》。屯者,盈也。屯者,物之始生也。物生必蒙,故受之以《蒙》。蒙者,蒙也,物之稚也。……"显而易见,这种因果锁链是十分脆弱的。章炳麟曾试图依照这种原则重新解释,他解说了九卦,最后也感到说不下去。《易经》作为卜筮之书,形式是主要的,古人还是从形式上入手分析。《序卦正义》指出六十四卦的系连原则是"二二相耦,非变即复"。"二二相耦",即指明了以两个相互对应的卦配成一对,形成三十二个小组合,是这种卦序的突出特征。形成这一卦序的方法,是"非变即复"。所谓"复",就是颠倒上下卦体,如《屯》☵《蒙》☶两卦,《屯》卦的下体☳,倒置过来变为《蒙》卦的上体,《屯》的上体☵,倒置过来成为《蒙》卦的下体。其实倒置过来变形的只有☳（震）☶（艮）☴（巽）☱（兑）四种卦体,其余☰（乾）☷（坤）☲（离）☵（坎）四种卦体是不会变形的。另一种方法是"变",将卦爻—变为--,反之亦然。如《乾》☰六爻全变成--就成为《坤》☷。但是,这种方法造卦的能力很弱,而"复"是主要的方法。"变"后来又称之为"错","复"后来又称之为"综"。古人在卦体的组合排列上花费了不少心血,力图从中寻找出一种最具变化最具规则的理想序列,也产生了不少新的卦图,比较重要的有京房的《八宫卦序》、邵雍的《伏羲六十四卦次序图》等。如果说《易经》之所以神秘莫测,这种形式变化是引人入迷的一个重要原因。

《易经》的形式演变至此已达到了基本完善的程度。卦画系统的最后确立,是揲蓍卜问方式的完善,大衍之数的确立是成卦方式的定型,卜筮式的卦象系统的建立是易卦形成的主要基础。此三者是构成易卦形成的三大支柱。而卦序的错综相易的组合,是这三者紧密结合的产物。这样,《易经》在形式上就树立起来了。

三

上面曾提到,《易经》卦爻辞本来是一些临事占卜的记录,所卜之事是具体的,卜占的结果也是特指的。但是,既然要编辑成书,就必须把这些材料抽象化、一般化,使之成为以不变应万变的神秘教条。这一抽象化的进程,也是易学理论的发展过程。到《周易》基本定型时期,它大致经历了卦象说、卦德说、刚柔说、爻位说、阴阳说等几个阶段。

从《左传》《国语》所说诸占的材料看,春秋以前主要是卦象说、卦德说解说《易经》。卦象说,它的特点是以八卦所象征的物象来说明六十四卦的卦象,并以此来解释卦爻辞。《左传》记载,陈厉公为其子敬仲卜问一卦,遇《观》之《否》,占得《观》卦的六四爻辞:"观国之光,利用宾于王。"周史即以物象说作出解释:"坤,土也,巽,风也,乾,天也。风为天于土上,山也,有山之材,而照之以天光,于是乎居土上,故曰观国之光,利用宾于王。"以证明六四爻辞预言敬仲的后代将在姜姓的国家光大起来。《观》卦的下体为坤,象征土,上体为巽,象征风。《否》卦的上体为乾,象征天,《否》卦自第二爻至第四爻为艮,象征山。周史根据这些物象,结合着它们的上下关系作了上述的解释。以这种方法说《易》,为了应付各种占问的复杂情况,不得不将八卦的物象范围尽量扩大。比如说,乾,在《左传》《国语》中已取得了天、王、君、父、金、玉等象征意义。《周易·说卦》实质上是八卦物象说的汇集。由于卦象说有局限性,因而产生出卦德说。

卦德说有两方面的内容:

1. 从八卦的物象中抽出一个突出的特征来,以此说明六十四卦的卦象,解释卦爻辞。

2. 直接从卦名的意义中提取一个义项作为一卦的主旨。

《左传》记载,晋公子重耳流亡在外,想回到晋国去,占得一卦,遇《屯》之《豫》。筮史认为不吉利,司空季子认为是吉利的,他就是从这两方面进行解释,推翻了筮史的单纯的物象说。他认为《屯》卦的下体为震,震为车,车轮滚滚,有威武震动之义,上体为坎,坎为水,水有浩大顺从之义。预示着有充实的武备,有拥护的民众,这是吉利之象。所谓"震武"、"众顺"即是对震、坎所象征的车与水的特征的概括。他又说:"《屯》,厚也。《豫》,乐也。"这是从卦名中引申出卦象的品德。《周易·杂卦》即是从卦名中引申卦德的"卦德说"。

但是,将卦德说贯穿于六十四卦之中,有许多地方还是不容易讲通。王夫之说:"但以天地雷风水火山泽,曲就卦之名义,则雷风至,无恒者,而何以为恒?"《恒》卦之德,《象传》说:"久也。"《恒》卦上体为震为雷,下体为巽为风,风雷大作只是偶然的暂时的现象。所以王夫之发生疑问,"何以为恒"。像这种牵强附会现象之说在《周易》中屡见不鲜。

另外,卦象说和卦德说的另一个缺陷就是只论卦体,不论爻画。它们的基本立足点是三画卦。即使从六画卦中割取三爻,也还是将它作为一个整体来分析的。因而没有办法说明爻画、爻位之间的内部关系。爻画和爻位的变化是引起卦体变化的最活跃的因素,而且爻辞是对特定的爻画而言的,不结合爻画、爻位关系,就不可能彻底解说《易经》。不过,卦德说毕竟为后来的义理说《易》者,提供了丰富的思想资料。方法上的彻底性和理论上的抽象性的追求,迫使说《易》者另辟蹊径。

《彖》《象》(其中,对爻辞的解释部分又称为《小象》)即主要从形式上,即数、图、象三者的关系上着眼,提出了刚柔说、爻位说。《彖》《象》把易卦的最小单位爻画分别为刚柔两类,—为刚爻,--为柔爻,把八卦分为两类,☰☳☵☶为刚,☷☴☲☱为柔。从而进一步把卦象抽象化了,并且把爻画也包括在内。这样,不论从上下卦体,还是爻与爻的关系上分析,六十四卦中刚柔相应相对的观象就无所不在其中了。

在此基础上产生的爻位说,又进一步把爻位分为刚柔两类,一三五为刚位,二四六为柔位。位象与爻画的刚柔性质相联系,这就产生了当位与不当位的现象。又把第二位与第四位分别看作上下卦的中位,这就产生了中位与不中位的现象。进而根据爻性与爻位的外部关系,分析出刚柔的逆顺乘承、消长升落的各种变化。彻底地将所有卦辞爻辞纳入这一网络之中。这种说《易》的方法,为后来的象数说

《易》者提供了根据。

后于《彖》《象》产生的《系辞》《文言》，又引入了当时普遍流行的阴阳学说，对《彖》《象》的刚柔、爻位说进行了改造。与刚柔相结合的上下卦体的物象关系和爻画爻位的错综关系，一变而为阴阳的相对相应关系。通过阴阳这一对含义广泛而又复杂的概念，说《易》者把这本卜筮之书哲理化了。阴阳论成为易学哲学史上讨论世界本源和事物矛盾关系的最重要的出发点。易卦形式和说《易》方法的逐步完善，使卦爻辞的初始意义已变得微不足道，可以根据上述各项原则自如地解释。作为卜筮之书，它已经从体系上树立起来了。

总之，《易经》从材料的积累到编辑成书，有一个与之相适应的卜筮方法、卦画系统、卦象系统逐步完善的过程相伴随，它走过漫长的形式化的历程。《左传》《国语》所记载的零星材料到《易传》的完成，说《易》的方法也经历了一个漫长的抽象化过程。形式化和抽象化的结果是易卦的形式与内容的分裂，卦爻辞的初始意义与说《易》方法的分裂，形式与方法各自取得独立的意义。其中所包含的许多思想智慧，只能在这神秘的螺丝壳里翻腾。后来说《易》者，从形式或内容上各拾一端，伸引阐释，已是去《易》很远了。朱熹说："《易》所难读者，盖《易》本是卜筮之书，今却要就卜筮中推出讲学之道，故成两节功夫。""今未晓得圣人作《易》之本，便要说道理，纵说得好，只是与《易》原不相干。"那些"道理"我们在这里就不去说了。

我们面前的这部《周易全译》主要是从训诂的角度进行注译，而对于《易经》的基本形式和《易传》说《易》的主要方法较少论及，而了解这些东西又是读《易》的先决条件，因此写下这篇《前言》，希望对这本书的读者能有所帮助。

徐子宏
1990年5月10日于长沙

周易上经

——起乾讫离

乾第一

乾下
乾上

【原文】

乾①：元亨、利贞②。

注释

①乾：卦名。《周易》以卦为单位，全书共六十四卦。每卦有四个组成部分，即卦画、卦名、卦辞、爻辞。易卦的结构分为三个层次，最小的单位是爻，基本单位是经卦，每卦由两个经卦，或者说由六爻组成。经卦有八个，即乾、坤、坎、离、巽、震、艮、兑。它们分别代表八种类别的自然物质，如乾代表天文之事，坤代表地理之事，卦象是比较单纯的。八个经卦互相重叠构成六十四卦。经卦两两相重就产生了具有内部关系的复合卦象。根据八个经卦所代表事物的物理属性，从而形成了相制相克、相和相应的一系列矛盾，用以象征性地概括表示自然、社会的种种现象。卦辞、爻辞，以及《彖》《象》，即是从不同角度对这些矛盾进行解说，从而判定物象人事的凶吉。组成各卦的两个经卦，又依其位置称为上卦与下卦。上卦又称为外卦，下卦又称为内卦。这种位置区分与卦象、爻位联系起来，也是分析卦、爻意义的重要的结构关系。本卦是同卦相叠（乾下乾上）。六画都是阳爻（阳爻，参见本卦初九爻题注），用以象天，喻龙，比喻有才德的君子。后人说《易》多附会，将其象征意义广泛推衍，用以代表纯阳刚健的事物，以及与此相关联的人伦义理概念（可详见《说卦》各篇）。

②元亨、利贞：是两个贞兆辞。《易卦》的卦、爻之辞可以从很多角度上进行分析。大概可归纳为三种类型：一是贞事辞，它记录着占筮的具体事情；二是贞兆辞，它指占筮时神灵感应的兆示，如吉、凶之类；三是象占辞，它记录着日常生活中一些异常现象，比如说梦境中的现象，用以向神灵卜问其吉凶。元，大。亨，通。利贞，《说文》："贞，卜问也。"利贞，犹言吉利的贞卜。

【今译】

乾卦：大吉大利，吉利的贞卜。

【原文】

《彖》曰①：大哉乾元②，万物资始③，乃统天④。云行雨施，品物流形⑤。大明终始⑥，六位时成，时乘六龙以御天⑦。乾道变化，各正性命。保合大和，乃利贞⑧。首出庶物，万国咸宁⑨。

注释

①彖(tuàn 团去声)：《周易正义》："彖，断也，断定一卦之义，所以名为彖也。"古人以《彖》上下、《象》上下、《系辞》上下凡六篇和《文言》《说卦》《序卦》《杂卦》凡四篇，合称十翼。用十翼以释经，故又称《易传》。

②乾：天。元：始，犹言创始。

③资：凭借，依赖。

④统：统率。统天，犹言统属于天。

⑤品：品类。这里用如动词，有繁殖义。品物，繁殖万物。流，这里引申为赋予。流形，赋予形体。

⑥大明：高亨说："《集解》引侯果曰：'大明，日也。'甚是。终，谓日入；始，谓日出。"

⑦御：《集解》引荀爽曰："御者，行也。"上古神话，日乘着六条飞龙拉着的车子，以羲和为御，运行在天空。

⑧保：保持。合，调整。大和，大读为太。太和，指自然界的一种普遍调顺谐和的关系。利，施利。贞，中正。《彖》《象》释贞多用此意，与经意有出入。

⑨庶：众。庶物，犹言万物。首出庶物，当指天的功德超出万种物类。咸，皆，周遍。

【今译】

《彖辞》说：伟大啊，上天的开创之功。万物依赖它获得生命的胚胎，它们统统属于上天。云在飘行，雨在降洒，繁殖万物、赋予形体。太阳运行，升上降下，出东没西，向南朝北，六方位置，依太阳的轨迹而得以确定。太阳驾驶着六条飞龙在空中有规律的运行。这种运行变化，形成季节气候，万物从而在大自然中找到适合生存的地位。天的运行，保持、调整着全面和谐的关系，于是达到普利万物，正常循环的境界。天的功德超出万种物类，给万国带来普遍的康宁。

【原文】

《象》曰①：天行健，君子以自强不息②。

【注释】

①象:《易·乾》疏:"圣人设卦以写万物之象。后人用文字以释万物之所象,故曰象。"《象》,易传名,十翼之一。它主要是依据卦象、爻位对卦辞、爻辞进行解释,评价,推衍。其内容贯穿着儒家政治伦理思想。

②行:王引之说:"行,道也。天行谓天道也。"君子,指德才兼备的人。《象辞》释卦辞,通常将卦象所表示的自然现象与人的品德行为勉强地联系起来加以阐发。

【今译】

《象辞》说:天道刚健,运行不已。君子观此卦象,从而以天为法,自强不息。

【原文】

初九①:潜龙勿用②。

《象》曰:潜龙勿用,阳在下也。

【注释】

①初九:爻题。易卦的爻题,以"九"标示阳爻,卦画符号是"—";以"六"标示阴爻,卦画符号是"--"。又以初、二、三、四、五、上标示从下至上各爻的顺序。就各爻在全卦中的关系而言,初、三、五为阳位,二、四、上为阴位;而二、五又分为下卦与上卦的中位,初、四分为下卦与上卦的下位,三、上分为下卦与上卦的上位。《文言》还将二看作地位,五看作天位,三看作人位。阴爻、阳爻在这些位置上的分布构成了一定的爻位关系。爻位关系是分析各爻意义的一种重要依据(详见各爻分析)。

②潜龙勿用:比喻君子压抑于下层,不能有所作为。

【今译】

初九:潜藏的龙,无法施展。

《象辞》说:潜藏的龙,无法施展,因为初九阳爻处在一卦的下位,所以压抑难伸。

【原文】

九二:见龙在田,利见大人①。

《象》曰:见龙在田,德普施也。

【注释】

①见:读若现,出现。见龙,系"龙见"的倒装,犹言龙出现。在田,犹言出现在大地上。王弼说:"出潜离隐,故曰'见龙',处于地上,故曰'在田'。德施周普,居中不偏,虽非君位,君之德也。初则不彰。三则乾乾,四则或跃,上则过亢。利见大人,唯二五焉。"王弼对于《乾》卦整体结构的解说颇为有理。本卦阳爻,由初爻而升到上位,爻辞以龙在地下、人间、天空各个层次的变化来比拟这一爻象,从而附会出人在人生的不同际遇中的自我作用和命运。见龙在田,爻辞以龙出潜在田,表示初九阳爻升进一步,居于下卦中位。此位象极佳,比喻君子挣脱了压抑的处境,开始步于社会生活,创造建功立业的条件。

【今译】

九二:龙出现在大地上,有利于会见贵族王公。

《象辞》说:龙出现在大地上,喻指君子走出了压抑的低谷,正开始谋取能够广泛施予德泽的社会地位。

【原文】

九三:君子终日乾乾①,夕惕若,厉,无咎②。

《象》曰:终日乾乾,反复道也。

【注释】

①乾乾:勤奋努力。
②惕:警惕。若,助词,无义。厉,危险。无咎,没有灾难。本爻为阳位,居下卦之极。根据《系辞》"三与五,同功而异位,三多凶,五多功"的理论,可见本卦九三之爻,象征着君子处于既可大有作为而又充满凶险的处境之中,如能倍加勤勉戒惧,可以没有灾难。

【今译】

九三:有才德的君子始终是白天勤奋努力,夜晚戒惧反省,虽然处境艰难,但终究没有灾难。

《象辞》说:君子整日里勤奋努力,意思是反复行道,坚持不舍。

【原文】

九四:或跃在渊,无咎①。

《象》曰:或跃在渊,进无咎也。

注释

①或跃在渊:九四阳爻居上卦下位,根据《系辞》"二与四,同功而异位,其善不同。二多誉,四多惧"的理论,可见本卦九四之爻,象征着君子处于进可取誉,退可免难的转折时期。爻辞以龙跃深渊为喻,龙跃入深潭,退可藏身于千仞之下,进可升腾于云天之外,进退有据,潜跃由心,喻指君子处境从容,故无灾难。

【今译】

九四:龙也许跳进深潭,没有灾难。

《象辞》说:龙也许跳进深潭,表示可以有所作为而没有灾难。

【原文】

九五:飞龙在天,利见大人①。

《象》曰:飞龙在天,大人造也②。

注释

①飞龙在天:喻君子处尊贵之位。

②造:朱熹说:"造,犹作也。"大人造,犹言(九五爻象表明)尊贵的君子大有所为,大有造化。九五之爻,居阳位,又处于上卦中位,可谓性象相合,所得恰当,喻指君子处世得意,其事业如日中天。

【今译】

九五:龙飞腾在空中,有利于会见贵族王公。

《象辞》说:龙飞腾在空中,意味着君子大有所为。

【原文】

上九:亢龙有悔①。

《象》曰:亢龙有悔,盈不可久也。

【注释】

①亢:王肃说:"穷高曰亢。"子夏《传》:"亢,极也。"悔,《系辞》:"悔吝者,忧虞之象也。"亢龙有悔,以升腾到极高处的龙,喻指身居崇高地位的统治者,脱离臣民,孤高无辅,必遭灾祸。因为上九之爻,居全卦之尽头,在本卦系统中,乃是孤立无援之象。

【今译】

上九:升腾到极限的龙会有灾祸之困。

《象辞》说:升腾到极限的龙会有灾祸之困,这是警戒人们崇高、盈满是不可能长久保持的。

【原文】

用九①:见群龙无首,吉。

《象》曰:用九天德②,不可为首也。

【注释】

①用九:《乾》卦特有的爻题。汉帛书《周易》作"迵九"。迵,通。用九即为通九,犹言六爻皆九。属阳性,表示全阳爻将尽变为阴爻。

②用九天德:因《乾》卦六爻皆为九,属纯阳纯刚之性,这正是天的品德的最为集中的反映。

【今译】

用九:群龙出现在天空,看不出首领,吉利。

《象辞》说:六爻全阳,纯阳纯刚正是天道之性,至高无上,不可能再有别的首领。

【原文】

《文言》曰①:元者,善之长也。亨者,嘉之会也②。利者,义之和也。贞者,事之干也。君子体仁足以长人,嘉会足以合礼,利物足以和义,贞固足以干事。君子行此四德者,故曰:"乾:元、亨、利、贞。"

【注释】

①《文言》:十翼之一,专释乾、坤两卦的义理。
②嘉:《说文》:"嘉,美也。"

【今译】

《文言》说:元,是众善的首领。亨,是众美的集合。利,是义理的统一。贞,是事业的主干。君子履行仁义就足够可以号令大众,众美的集合就足够可以符合礼义,利人利物就足够可以和同义理,坚持正道就足够可以成就事业。君子身体力行这四种美德,所以说:"《乾》卦具有这四种品德:元、亨、利、贞。"

【原文】

初九曰:"潜龙勿用。"何谓也?子曰:"龙,德而隐者也。不易乎世,不成乎名,遯世无闷①,不见是而无闷。乐则行之,忧则违之,确乎其不可拔,潜龙也。"九二曰:"见龙在田,利见大人。"何谓也?子曰:"龙,德而中正者也。庸言之信,庸行之谨②,闲邪存其诚③,善世而不伐④,德博而化。《易》曰:'见龙在田,利见大人。'君德也。"九三曰:"君子终日乾乾,夕惕若,厉,无咎。"何谓也?子曰:"君子进德脩业。忠信,所以进德也。脩辞立其诚,所以居业也。知至至之⑤可与言几也⑥。知终终之⑦,可与存义也。是故居上位而不骄,在下位而不忧。故乾乾因其时而惕,虽危无咎矣。"九四曰:"或跃在渊,无咎。"何谓也?子曰:"上下无常,非为邪也。进退无恒,非离群也。君子进德脩业,欲及时也。故无咎。"九五曰:"飞龙在天,利见大人。"何谓也?子曰:"同声相应,同气相求。水流湿,火就燥。云从龙,风从虎。圣人作而万物睹。本乎天者亲上,本乎地者亲下。则各从其类也。"上九曰:"亢龙有悔。"何谓也?子曰:"贵而无位,高而无民,贤人在下位而无辅,是以动而有悔也。"

【注释】

①遯:本作遁,逃遁。闷,烦闷。遯世无闷,犹言甘心隐居,无所烦闷。
②两庸字,李鼎祚说:"庸,常也。"庸言、庸行,犹言日常的言行。
③闲:《集解》引宋衷曰:"闲,防也。"

④善世而不伐：善，这里用如动词。善世，犹言引导世人向善。伐，夸耀。不伐，犹言不自称其能。

⑤知至至之：前至字，名词，发展。后至字用如动词。

⑥今本无"言"字。阮元曰："古本足利本与下有言字。"《集解》本亦有言字。依文意有言字是。今据补。几，《系辞》下曰："几者，动之微，吉凶之先见者也。"即今所言事机、征兆。

⑦知终终之：前终字，名词，结果。后终字，用如动词。

【今译】

初九爻辞说："潜藏的龙，无法施展。"这是什么意思？孔子说："龙是比喻有才德而隐居的君子。操行坚定不为世风所转移，不求虚名，隐居避世而没有苦闷，言行不为世人所赏识而没有烦恼。乐意的事就施行它，忧患的事就避开它，坚定而不可动摇，这就是潜龙的品德。"九二爻辞说："龙出现在大地上，有利于会见贵族王公。"这是什么意思？孔子说："龙是比喻有德行而秉性中正的君子。日常言论讲究诚信，日常行为讲究谨慎，防止邪恶的侵蚀，保持忠诚的秉性，引导世人向善而不夸耀，德行博大而能感化人民。《易经》上说：'龙出现在大地上，有利于会见贵族王公。'就是说民间出现了有才德的君子。"九三爻辞说："君子始终是白天勤奋努力，夜晚戒惧反省，虽然处境艰难，终究没有灾难。"这是什么意思？孔子说："君子致力于培育品德，增进学业。以忠信来培养品德，以修饰言辞来建立诚信，这是操持自己事业的立足点。知道事业可以发展就发展它，从而努力去捕捉一瞬即逝的事机；知道事业应该终止就终止它，从而保持行为的道义。所以处于尊贵的地位而不骄傲，处在卑微的地位而不忧愁。所以君子勤奋努力，随时提高警惕，虽然处境危险也没有灾害。"九四爻辞说："也许跳进深潭，没有灾难。"这是什么意思？孔子说："有时处在上位，有时处在下位，本来就是变动无常的，不是什么行为邪恶的缘故。有时奋进，有时退隐，本来就是应时变化的，不是什么喜爱离群索居的缘故。君子致力于培养品德增进学业，随时准备着抓住时机全力以赴，所以没有灾难。"九五爻辞说："龙飞腾在天，有利于会见贵族王公。"这是什么意思？孔子说："声息相同就互相应和，气味相投就互相求助。水向低湿的地方流动，火向干燥的地方蔓延。云萦绕着龙，风追随着虎。圣人兴起，万物景仰。根基在天上的附丽于天空，根基在地上的依附着大地，万物都归属于各自的类别当中。"上九爻辞说："升腾到极限的龙，将有灾祸之困。"这是什么意思？孔子说："身份显贵而没有根基，地位崇高而没有人民，有才德的压抑在下层，不能获得他们的辅助，因此有所行动必招祸殃。"

【原文】

"潜龙勿用"，下也①。"见龙在田"，时舍也。"终日乾乾"，行事也。"或跃在渊"，自试也。"飞龙在天"，上治也。"亢龙有悔"，穷之灾也②。"乾元""用九"，天下治也。

【注释】

①沙少海先生说："'下也'二字，意不完整；且与下文'时舍也'、'行事也'等句结构方式不同；'下'字上疑脱'处'字。王弼注：'潜龙勿用何乎？必穷处于下也。'似王本原有'处'字。"
②穷：极限，穷极。穷之灾，犹言事物发展到极限，必遭穷困之灾。

【今译】

"潜伏的龙，无法施展"，是说有才德的君子压抑于底层。"龙出现在大地上"，是说君子暂时隐伏等待时机。"终日里勤奋努力"，是讲君子刻苦修身自强不息。"也许跳进深潭"，是讲君子投身社会自我考验。"龙腾飞在天"，是讲君子获得地位治国治民。"升腾到极限的龙将有灾殃"，是讲事业极盛必由盛转衰。"天的美德""纯阳全盛"，是讲天下政治安定。

【原文】

"潜龙勿用"，阳气潜藏。"见龙在田"，天下文明①。"终日乾乾"，与时偕行。"或跃在渊"，乾道乃革②。"飞龙在天"，乃位乎天德③。"亢龙有悔"，与时偕极④。"乾元""用九"，乃见天则⑤。

【注释】

①文：纹章，此处讲草木生发，大地锦织有文采。明，明媚。

②革:变化。乾道,天道。
③位乎天德:九五之爻,处于上卦中位,此位又称天位。此爻是全卦之主爻,集中体现了天的品德属性。
④偕:《说文》:"偕,俱也。"与时偕极,犹言阳爻依次上升,阳气依时旺盛,一同达到了极限。
⑤天则:天的法则。

【今译】

"潜伏的龙,无法施展,"初九阳爻居下位,象征万物蛰伏,阳气潜藏。"龙出现在大地上",阳爻上升一位,象征万物发生,大地锦绣,风光明媚。"终日里勤奋努力",阳爻再进一位,象征万物蓬勃,与时俱进。"也许跳进深潭",阳爻又升上一位,象征阳气更盛,天道发生变化。"龙飞腾在天空",阳爻上升到崇高的地位,象征时值金秋,天的功德已圆满完成。"升腾到极限的龙将有灾殃",阳爻上升到极限,象征阳气极盛,将由盛转衰。"天的美德""纯阳全盛",阳爻依位次而上升,阳气依时节而旺盛,六爻全阳,将尽变为阴爻,从而体现了天道运行的原则。

【原文】

乾元亨者①,始而亨者也,利贞者,性情也。乾始能以美利利天下,不言所利,大矣哉!大哉乾乎!刚健中正,纯粹精也。六爻发挥,旁通情也②。时乘六龙,以御天也。云行雨施,天下平也。

注释

①王念孙说:"乾元下亦当有亨字。"此说是,今据补。
②六爻发挥,旁通情也:犹言周流错综于六个爻位之间的阴阳之爻,发动舒展,沟通反映出天道、地道、人道的情状。

【今译】

《乾》卦的卦辞:元、亨,是讲天具有生成之功,和谐之美。利、贞,是讲天具有恩惠之情,永恒之性。乾为天,只有天才能把美满的利益施予天下,而且从不提起它的恩德,伟大呀!伟大的上天!真正是刚强、劲健、适中、均衡,达到了纯粹精妙的境地。六个阳爻发挥舒展,广通天道、地道、人道。阳气的结晶——太阳,驾驶着六条飞龙在空中飞行,分布着云彩,降洒着雨露,普天之下同享和平。

【原文】

君子以成德为行,日可见之行也。"潜"之为言也,隐而未见,行而未成,是以君子弗"用"也。君子学以聚之,问以辩之,宽以居之,仁以行之。《易》曰:"见龙在田,利见大人。"君德也。九三,重刚而不中,上不在天,下不在田①,故"乾乾"因其时而"惕",虽危"无咎"矣。九四,重刚而不中,上不在天,下不在田,中不在人②,故"或"之。或之者,疑之也。故"无咎"。夫"大人"者,与天地合其德,与日月合其明,与四时合其序,与鬼神合其吉凶③;先天而天弗违,后天而奉天时。天且弗违,而况于人乎?况于鬼神乎?"亢"之为言也,知进而不知退,知存而不知亡,知得而不知丧。其唯圣人乎!知进退存亡而不失其正者,其唯圣人乎!

注释

①重刚而不中:九二阳爻为刚,九三阳爻为刚,所以说"重刚"。九三不在上下卦的中位,所以说"不中"。上不在天,下不在田,上卦中位即第五爻为天位,下卦中位第二爻为地位,九三之爻既不处上卦中位,又不处下卦中位,所以说,"上不在天,下不在田"。田,即指地位。

②中不在人位:下卦上位,即第三爻,为人位,九四之爻固不在人位。

③合:配合,一致。

【今译】

君子以养成自身的品德作为行为的目的,每天应该落实在行动上。"潜"的意义在于,隐伏而不显露,当自身修养尚未达到成熟的程度,所以君子不能有所作为。君子通过学习来积累知识,通过诘疑来辨明是非,以远大作为内心的目标,以仁义作为履行的责任。《易经》说:"飞龙出现在大地上,有利于会见贵族王公。"这就是说出现了有才德的君子。九三爻辞的含义是指,九三阳爻处在重叠的阳爻之上,没有处在上、下卦的中位,既没有占据天位,也没有占据地位,还须勤奋努力,随时提高警惕,不过处境虽然险恶,还没有灾难。九四阳爻处在重叠的阳爻之上,没有处在上、下卦的中位,既没有占据天位,又没有占据地位,也没有占据人位,所以有"也许"的说法。"也许"这个词就是表示迟疑,但没有灾难。九五爻辞所讲的"大人",他的德行与天地相配合,生成万物;他的光明与日月相配合,普照一切;他的政令与四季相配合,井然有序;他的赏罚与鬼神相配合,吉凶一致。他的行动先天而发,但上天不会背弃他;他的行动后天而发,那是依奉天时行事。上天尚且不背弃他,更何况人呢?更何况鬼神呢?"亢奋"这个词意思是,自以为自己的事业只会发展不会衰败,只会存在不会消亡,只会胜利不会失败。也许只有圣人才能了解进退存亡的相互联系,恰当地把握它们互相转化的关系,做到这一点,恐怕只有圣人吧!

坤第二

☷ 坤下
☷ 坤上

【原文】

坤①：元亨。利牝马之贞。君子有攸往，先迷后得主，利。西南得朋②，东北丧朋。安贞吉。

注释

①坤：卦名。本卦是同卦相叠（坤下坤上），六画都是阴爻，用以象地。代表纯阴柔顺之事物，以及与此相关联的人伦义理概念。
②朋：李镜池说："朋，朋贝。货币起先用贝，贝十枚一串为朋。"

【今译】

坤卦：大吉大利。占问雌马得到吉兆。君子前去旅行，先迷失路途，后来找到主人，吉利。西南行获得财物，东北行丧失财物。占问定居，得到吉兆。

【原文】

《彖》曰：至哉坤元①，万物资生，乃顺承天②。坤厚载物，德合无疆③。含弘光大④，品物咸亨⑤。牝马地类⑥，行地无疆，柔顺利贞⑦。君子攸行⑧，先迷失道，后顺得常⑨。西南得朋⑩，乃与类行。东北丧朋，乃终有庆。安贞之吉，应地无疆。

注释

①至：朱熹说："至，极也。"坤，大地。元，始，创始。
②承：《说文》："承，奉也。"乃顺承天，犹言大地顺承天道的变化而变化。
③德：《易经》常用以表示事物的形态性质的一个哲理性概念。合，借为迨。《方言》："迨，及也。"
④含：蕴藏。弘，深厚。光，借为广。

⑤品:品类。品物,犹言各种物类。咸,皆。亨,通泰。这里是生长顺畅的意思。
⑥牝马:母马,阴性之物,与地同类。
⑦柔:柔和。顺,温顺。利,便捷。贞,贞正,犹言执着。此四字讲牝马之性。所解"利贞"与经意有异。
⑧攸:所。
⑨常:常道,正路。
⑩《象辞》以"类"字释"朋",取"同类为朋"之意,与经意不合。凡传意与经意不合之处,译文中显加区别,不另出注。

【今译】

《象辞》说:崇高呵,大地的开创之功。万物依赖它获得生命的基础。它顺承着天道的变化。大地厚实,承载万物,大地美德,广大无垠。它蕴藏深厚,地面辽阔,各种物类皆得其所。牝马阴性,与地同类,善于在无边无际的大地上奔跑,生性柔和、温顺、便捷、执着。君子外出,先迷失路途,后来顺利地找到归宿。西南行得到朋友,于是与志同道合的友人同行。东北行丧失朋友,不过最后还是吉庆的。祥和贞吉,则无往而不吉利,正如大地随处伸展不穷一样。

【原文】

《象》曰:地势坤①。君子以厚德载物。

注释

①坤:《释名·释地》:"坤,顺也,上顺乾也。"

【今译】

《象辞》说:大地的形势平铺舒展,顺承天道。君子观此卦象,取法于地,以深厚的德行来承担重大的责任。

【原文】

初六:履霜,坚冰至。
《象》曰:履霜坚冰①,阴始凝也。驯致其道②,至坚冰也。

【注释】

①沙少海先生说:"履霜坚冰,《三国志·魏志·文帝纪》许芝引作'初六,履霜。'朱熹、项安世、惠栋等皆从之。《象》传以'阴始凝'释'履霜'二字,非释'坚冰'二字。若'坚冰'则是阴已大凝,不得云'阴始凝'。"履,践踏。

②驯:《集解》引《九家易》曰:"驯,犹顺也。"致,推进。驯致其道,犹言遵循自然规律而发展推进。

【今译】

初六:践踏着薄霜,可以推断坚厚的冰层快要冻结成了。

《象辞》说:践踏着薄霜,可以推断坚厚的冰层快要冻结成了。这表明阴冷之气开始凝聚了,遵循自然规律的推进,坚厚的冰层快要冻结而成了。

【原文】

六二:直、方、大;不习①,无不利。

《象》曰:六二之动,直以方也。不习,无不利,地道光也②。

【注释】

①习:熟习。

②光:借为广。

【今译】

六二:平直、方正、辽阔是大地的特点。即使前往陌生的地方,也没有什么不利的。

《象辞》说:六二的爻象是平直而且方正,即使前往陌生的地方,也没有什么不利的,因为地道是广大无边的。

【原文】

六三:含章①,可贞②。或从王事③,无成有终④。

《象》曰:含章可贞,以时发也。或从王事,知光大也⑤。

【注释】

①含:高亨说:"含当读为戡,戡与戬同,克也,战胜也。章,当读为商,殷商也。"

②可:称心。可贞,称心的占卜。

③王事:李镜池说:"王事,指战争。王训大,王事即大事。古代国家以战争和祭祀为大事。这里说大事,就是指战争。"

④终:古人讲终,多指好的结局。

⑤知:读为智。光大,广大。

【今译】

六三:战胜殷商。称心的占卜。有人服役于战争,没有取得战绩,但结局还是好的。

《象辞》说:战胜殷商,称心的占卜,说明能抓住时机采取行动。有人服役于战争(没有战绩而有好的结局),因为他才智广大。

【原文】

六四:括囊①,无咎无誉。

《象》曰:括囊无咎,慎不害也。

【注释】

①括:收束,扎紧。囊:布袋。

【今译】

六四:扎紧了口袋,如缄口不言,没有指责,也没有赞誉。

《象辞》说:扎紧了口袋,如缄口不言,没有指责,是说谨慎才没有祸害。

【原文】

六五:黄裳①,元吉。

《象》曰:黄裳元吉,文在中也②。

【注释】

①黄裳：王弼说："黄，中之色也。裳，下之饰也。"裳，即裙、裤。周人以黄裳为吉祥、尊贵之物。

②文：《广雅·释诂》："文，饰也。"衣与裳，都是身上的装饰，这里的文比喻人的美德。

【今译】

六五：黄色的裙裤，大吉大利。

《象辞》说：黄色的裙裤大吉大利，因为"黄裳"象征着人内在的美德。

【原文】

上六：龙战于野，其血玄黄①。

《象》曰：龙战于野，其道穷也。

【注释】

①玄黄：血流貌，借为泫潢。谓血流得多。

【今译】

上六：龙在大地上争斗，血流遍野。

《象辞》说：龙在大地上争斗，比喻人走到了穷困的绝境。

【原文】

用六①：利永贞。

《象》曰：用六永贞②，以大终也。

【注释】

①用六：《坤》卦特有的爻题。汉帛书《周易》作"迥六"。迥，通。用六即通六，犹言六爻皆六。属阴性，表示全阴爻将尽变为阳爻。

②爻辞"贞"为卜问之义。《象辞》释为中正、正直。与经意有别。

【今译】

用六：占问得长久的吉利。

《象辞》说：用六爻辞说利在永远贞正,于此则德业广大。

【原文】

《文言》曰：坤至柔而动也刚,至静而德方,后得主而有常①,含万物而化光②。坤道其顺乎。承天而时行。积善之家,必有余庆;积不善之家,必有余殃。臣弑其君,子弑其父,非一朝一夕之故,其所由来者渐矣。由辩之不早辩也。《易》曰："履霜,坚冰至。"盖言顺也③。直其正也,方其义也④。君子敬以直内,义以方外⑤,敬义立而德不孤。"直、方、大、不习,无不利。"则不疑其所行也。阴虽有美,含之,以从王事,弗敢成也。地道也,妻道也,臣道也。地道无成而代有终也⑥。天地变化,草木蕃。天地闭,贤人隐。《易》曰："括囊,无咎无誉。"盖言谨也。君子黄中通理⑦,正位居体⑧,美在其中,而畅于四支,发于事业,美之至也。阴疑于阳⑨,必战,为其嫌于无阳也⑩,故称龙焉。犹未离其类也,故称血焉。夫玄黄者,天地之杂也。天玄而地黄。

【注释】

①后得主：言地道顺承天道,后于天道的变化而变化。常,常规,规律性。

②化光：生化万物,其道广大。

③顺：循规律而推进发展。

④直：正直,犹言存心不邪。方,端正,犹言存心不乱。

⑤直内：直,用如动词,矫正。直内,犹言矫正内心的僻邪。方外,方用如动词,规范。方外,犹言规范行为上的悖乱。

⑥地道无成而代有终：地道不能脱离天道单独地完成生化万物的功业,只能在时序的更替中,始终一贯地发挥作用。

⑦黄中通理：《文言》作者以黄裳比喻贤人才高德劭。黄中犹言内心美好。通理,通达情理。

⑧正位：犹言忠于本份。居体,体借为礼,犹言守礼。

⑨王引之曰："疑之言拟也。"朱熹曰："疑谓钧（均）敌而无小大之差也。"

⑩沙少海先生说："《集解》引荀爽本无'无'字,当据删。《说文》：'嫌,疑也。'这里,嫌应训势均力敌,训拟。"

【今译】

《文言》说：地道极为柔顺但它的运动却是刚健的,它极为娴静但品德是方正的,地道后于天道而行动,但运动具有规律性。它包容万物,其生化作用是广大的。地道多么柔顺呵!顺承天道而依准四时运行。积累善行的人家,必有不尽的吉祥;积累恶行的人家,必有不尽的灾殃。臣子弑杀他的国君,儿子弑杀他的父亲,并不是一朝一夕形成的,所以出现这种局面是逐步发展的结果。《易经》说:"践踏着薄霜,坚厚的冰层快要冻结成了。"大概就是一种循序渐进的现象。直是存心的正直,方是行为的道义。君子通过恭敬谨慎来矫正思想上的偏差,用道义的原则来规范行为上的悖乱。恭敬、道义的精神树立起来了,他的品德就会产生广泛的影响。君子"正直、方正、广博,这些品德不为人们所了解,也没有什么不利的。"因为人们不会怀疑他的行为。阴比喻臣下,虽有美德,但宜深藏含隐,从而服务于君王,不敢自居有功。这是地道的原则,也是妻道的原则,同样是臣道的原则。地道不能单独地完成生育万物的功业,但是在时序的交替中,它始终一贯地发挥作用。天地交通变化,草木就茂盛,天地阻隔不通,贤人就隐退。《易经》说:"扎紧了口袋,如缄口不言。没有指责也没有赞誉。"大概意在谨慎吧。君子内心美好,通达事理,整肃职守,恪守礼节,美德积聚在内心里,贯彻在行动上,扩大到事业中,这是最为美好的。阴与阳势均力敌,必然发生争斗。因为阴极盛而与阳均等,所以将阴阳一并称作龙。其实阴并未脱离其属类,所以又称为血,血即阴类。所谓玄黄——天玄地黄——是天地交相混合的色彩。

屯第三

☵震下
☷坎上
(震下坎上)

【原文】

屯①：元亨，利贞。勿用有攸往。利建侯。

【注释】

①屯：卦名。本卦是异卦相叠（震下坎上）。震，表示雷。坎，表示雨。雷雨并作，环境险恶，故卦名为屯。屯，《说文》："屯，难也。"

【今译】

屯卦：大吉大利，吉利的占卜。不利于出门。有利于建国封侯。

【原文】

《彖》曰：屯：刚柔始交而难生①。动乎险中②。大亨贞。雷雨之动满盈，天造草昧③。宜建侯而不宁。

【注释】

①刚柔句：此释卦名。古人认为刚柔相交，阴阳激荡则产生雷雨，雷雨并作，险象环生，即为屯卦之象。

②屯之内卦为震，震为动；外卦为坎，坎为险。所以屯卦之象，又是"动乎险中"。

③草昧：章炳麟说："草昧，借为草木。"

【今译】

《彖辞》说：屯的意思是，阴阳之气始相交接，从而险象就产生了。一切生机产生于艰难之中。它具有广大、通泰、贞坚的品德。屯的下卦为震，震为雷；上卦为坎，坎为雨，雷雨交加，充满宇宙，于是生成草木。这种卦象表明，宜于建国封侯，但是危险而不安宁。

【原文】

《象》曰：云雷，屯。君子以经纶①。

【注释】

①经纶：《礼·中庸》朱熹注："经者，理其绪而分之；纶者，比其类而合之也。"《象辞》以治丝之事，比喻规划大事。

【今译】

《象辞》说：屯的上卦为坎，坎为云，下卦为震，震为雷。云行于上，雷动于下，是屯卦的卦象。君子观此卦象，取法于云雷，用云的恩泽、雷的威严来治理国事。

【原文】

初九：磐桓①。利居贞。利建侯。

《象》曰：虽磐桓，志行正也。以贵下贱，大得民也。

【注释】

①磐：陆德明说："磐，本亦作盘，又作槃。"马云："槃桓，旋也。"犹徘徊。

【今译】

初九：徘徊难进。这是有利于居住的卜问。筮遇此爻，有利于建国封侯。

《象辞》说：虽然徘徊难进，但志行贞正。初九居六二阴爻之下，象征以尊贵而俯顺于低贱，因而大得民心。

【原文】

六二：屯如邅如①，乘马班如②，匪寇，婚媾。女子贞不字③，十年乃字。

《象》曰：六二之难，乘刚也④。十年乃字，反常也。

【注释】

①屯（zhūn 谆）如邅（zhān 沾）如：《文选·班固·通幽赋》："纷屯邅与蹇连

分,何艰多而智寡。"屯邅与蹇连都是表示艰难的连绵词。如,形容词词尾。

②班:借为般,回旋。如,形容词词尾。

③贞:卜问。字,妊娠。

④乘:凌驾。六二阴爻处于初九阳爻之上,是为柔乘刚之象。

【今译】

六二:逡巡不前,行路踌躇,驾着马车原地回旋,不是前来抢劫,而是迎娶新娘。占得这女子不能孕育,十年才能怀孕。

《象辞》说:六二之爻预示艰难,因为处在初九阳爻之上。十年才能怀孕,这是反常现象。

【原文】

六三:即鹿无虞①,惟入于林②,君子几③,不如舍。往,吝④。

《象》曰:即鹿无虞,以从禽也。君子舍之,往,吝,穷也。

注释

①即:孔颖达说:"即,就也。"鹿,《释文》:"王肃作麓,云:山足。"今不从。虞,掌管山林之官。

②惟:考虑,思忖。

③几:借为机,机智。

④吝:贞兆辞,表示艰难。

【今译】

六三:追捕野鹿,没有充当向导的官员。思忖着鹿逃入山林。君子机灵,认为不如放弃。深入山林,会有危险。

《象辞》说:追捕野鹿,没有充当向导的官员,意在追逐走兽。君子放弃那野鹿,知道深入山林会有危险,因而除此别无他法。

【原文】

六四:乘马班如,求婚媾。往吉,无不利。

《象》曰:求而往,明也。

【今译】

六四:驾着马车原地回旋,这是寻求婚姻。放胆前进,必定吉利,没有什么不利的。

《象辞》说：敢于追求，勇于深入，因为其人深明形势。

【原文】

九五：屯其膏①。小贞吉，大贞凶。

《象》曰：屯其膏，施未光也。

【注释】

①屯：借为囤，囤积。膏，肥肉。

【今译】

九五：屯积肥肉。筮遇此爻，问小事则吉，问大事则凶。

《象辞》说："屯积肥肉"，意思是施舍不广。

【原文】

上六：乘马班如，泣血涟如①。

《象》曰：泣血涟如，何可长也。

【注释】

①泣血：泪尽而继之以血。涟如，犹涟然，形容血泪长流不断。

【今译】

上六：驾着马车原地回旋，哭泣无声，滴泪涟涟。

《象辞》说：哭泣无声，滴泪涟涟，这种情景怎能长久下去。

蒙第四

坎下
艮上

【原文】

蒙①:亨。匪我求童蒙②,童蒙求我。初筮,告。再三渎③,渎则不告。利贞。

注释

①蒙:卦名。本卦是异卦相叠(下坎上艮)。本卦上卦为艮,艮为山;下卦为坎,坎为险。山下有险,草木丛生,故卦名为蒙。
②我:筮人自称。童蒙,蒙昧愚蠢之人,指求筮之人。
③渎:轻侮不敬,这是指亵渎占筮。

【今译】

蒙卦:通泰。不是我有求于幼稚愚昧的人,而是幼稚愚昧的人有求于我。第一次占筮,神灵告诉了他。轻慢不敬地再三占筮,轻慢不敬的占筮,神灵就不会告诉他。但还是吉利的卜问。

【原文】

《彖》曰:蒙,山下有险,险而止,蒙。蒙,亨,以亨行时中也①。"匪我求童蒙,童蒙求我"。志应也。"初筮告",以刚中也。"再三渎,渎则不告",渎,蒙也。蒙以养正,圣功也②。

注释

①蒙:蒙昧,茫然。亨,通泰,通达。以,因为。蒙,亨,以亨行时中,犹言在蒙茫之中,以通达的态度处置进止,既得时宜,又中事机。
②此句"蒙",当指蒙昧之人。养,教养,培育。正,具有贞正之德的人。蒙以养正,犹言将蒙昧之人培养成具有贞正之德的人。

【今译】

　　《象辞》说:蒙,本卦上卦为艮,艮为山;下卦为坎,坎为险,可见山下有险是蒙卦之象。艮义为止,因而又有遇险而止的意思。所以卦名叫蒙。蒙昧不明,但是通泰,因为以通达的态度采取了切合时宜的行动。"不是我有求于幼稚愚昧的人,而是幼稚愚昧的人有求于我",这是讲占筮者与求筮者的关系是相互和应的。"初次占筮,(神灵告诉了他)"是因为他信仰坚定而符合卜筮的原则。"轻慢不敬地再三卜筮,轻慢不敬的卜筮,神灵就不会告诉他",轻慢不敬正是蒙昧无知的表现。将蒙昧无知的人培养成具有贞正之德的人,那是圣人的功业。

【原文】

　　《象》曰:山下出泉,蒙。君子以果行育德①。

注释

　　①果:《集解》引包曰:"果,谓果敢决断也。"

【今译】

　　《象辞》说:上卦为艮,象征山;下卦为坎,象征泉。山下有泉,泉水喷涌而出,这是蒙卦的卦象。君子观此卦象,取法于一往无前的山泉,从而以果敢坚毅的行动来培养自身的品德。

【原文】

　　初六:发蒙①,利用刑人。用说桎梏②,以往,吝。
　　《象》曰:利用刑人③,以正法也。

注释

　　①发:借为伐。蒙,这里指山上蒙茸的草木。发蒙,犹言割草垦荒。
　　②用:因为。说,同脱。桎梏,枷锁。陆德明说:"在足曰桎,在手曰梏。"
　　③利用刑人:本句"刑人",刑,为动词,惩罚。

【今译】

　　初六:伐山垦荒,可以利用服罪的犯人。因为解除他们的桎梏前往,结果招来灾难。

《象辞》说:以刑罚惩治罪人是有利的,可以以此来整肃法纪。

【原文】

九二:包蒙①,吉。纳妇,吉。子克家②。

《象》曰:子克家,刚柔接也。

注释

①包:打包捆扎。蒙,荒草。
②克:成。克家,犹言成家。

【今译】

九二:包捆割倒的荒草。这是吉兆。筮遇此爻,娶迎妻子,吉利。男女能相配成家。

《象辞》说:男女相配成家,因为九二、六三两爻相近,表示阴阳刚柔相交会。

【原文】

六三:勿用取女①,见金夫②,不有躬③。无攸利。

《象辞》曰:勿用取女,行不顺也。

注释

①取:《说文》:"取,捕取也"。此处取女,不可径解为娶女,而是抢夺女子成婚。《象辞》解取如娶。
②金夫:手执武器的男子,武夫。
③躬:身体。不有躬,犹言丧失性命。

【今译】

六三:不要抢劫女子为婚,会遭到武装者的抵抗,丢掉性命,没有什么好处。

《象辞》说:不能聘娶女子,六三之爻居于九二之上,这是以柔乘刚之象,象征着以女虐男,这是悖逆不顺的。

【原文】

六四：困蒙①，吝。

《象》曰：困蒙之吝，独远实也②。

注释

①困：困怠。蒙，犹上文伐蒙之意。《象辞》释困为困扰，蒙为蒙昧，与经意有异。

②实：社会生活，社会交往。

【今译】

六四：困怠于伐山垦荒，将遇险。

《象辞》说：为蒙昧无知所困扰，因为离群索居，远离生活。

【原文】

六五：童蒙①，吉。

《象》曰：童蒙之吉，顺以巽也②。

注释

①童：借为撞，撞击，砍伐。《象辞》释"童蒙"，为幼稚蒙昧之义。

②顺：柔顺。巽，谦逊，服从。《象辞》释此爻辞，以六五爻象，爻位为据。因为六五阴爻得居上卦中位，又处上九阳爻之下，像人行为得体，服从强者。

【今译】

六五：砍伐山木，吉利。

《象辞》说：幼稚蒙昧的人之所以吉利，是因为柔顺服从。

【原文】

上九：击蒙①。不利为寇，利御寇。

《象》曰：利用御寇，上下顺也。

注释

①击蒙：意同撞蒙，犹言伐木开荒。

【今译】

上九:割草伐木。筮遇此爻,不利于充当盗寇,而有利于防御盗寇。

《象辞》说:有利于防御盗寇,因为上九阳爻居于一卦之首,说明臣下顺从拥戴。防御盗寇之举,获得众人支持,必能胜利。

需第五

乾下
坎上

【原文】

需①:有孚②,光亨,贞吉③。利涉大川。

注释

①需:卦名。本卦为异卦相叠(乾下坎上)。需的下卦为乾,乾为天;上卦为坎,坎为云。天空浮云积聚,正是降雨在即之象。所以卦名为需。需,等待。需,从雨从而,而是天字的隶变。需从天雨亦与卦象相吻合。
②孚:俘的本字。《周易》多处"有孚",多指抓到俘虏。
③光:借为广。光亨,贞吉,贞兆辞。

【今译】

需卦:抓到俘虏。大吉大利,吉利的卜问。有利于涉水渡河。

【原文】

《象》曰:需,须也①。险在前也,刚健而不陷,其义不困穷矣。"需:有孚,光亨,贞吉"②,位乎天位③,以正中也。利涉大川,往有功也。

注释

①需:《彖辞》释为须,犹待也。
②《彖辞》释"孚"为忠信,光为正大,亨为通达,贞为中正。与经意有别。
③位乎天位:《彖辞》此解依九五爻象、爻位为据。需的下卦为乾,乾为天,九五居上卦中位,处天之上,故曰位乎天位。

【今译】

《彖辞》说:需,意思是等待。危险在前,人有刚健之德,不会贸然

陷入危险之中，照理也不至于困窘穷迫。"需卦具有诚信、正大、通达、贞正的品德"，因为九五之爻处在上卦的中位，具备至中至正的本性。所以有利于涉水渡河，所往必有功。

【原文】

《象》曰：云上于天，需。君子以饮食宴乐。

【今译】

《象辞》说：需的上卦为坎，表示云；下卦为乾，表示天。云浮聚于天上，待时降雨是需卦的卦象。君子观此卦象，可以宴饮安乐，待时而动。

【原文】

初九：需于郊①，利用恒②，无咎。

《象》曰：需于郊，不犯难行也。利用恒，无咎，未失常也。

注释

①需：等待，停驻。
②用：于。利用恒，犹言利于长久等待。

【今译】

初九：在郊外等候，应该照旧等待下去，没有危险。

《象辞》说：在郊外等候，是说不能冒险前进。照旧等待下去，没有危险，这是因为待机而动没有违反正常的原则。

【原文】

九二：需于沙，小有言①，终吉。

《象》曰：需于沙，衍在中也②。虽小有言，以终吉也。

注释

①沙：沙地。沙地难行。需于沙，喻指人处于待机之时而陷入不能迅速反应之境。言，借为愆，错误。

②衍:孔广森说:"衍,借为愆。"中,这里指自身。

【今译】

九二:在沙地上等待,稍微有过错,最后还是吉利的。

《象辞》说:在沙地上等待,沙地柔软难通行,将有延误事机之失,这过失在自身。虽然稍微有过错,最后的结果还是好的。

【原文】

九三:需于泥①,致寇至②。

《象》曰:需于泥,灾在外也。自我致寇,敬慎不败也③。

注释

①泥:泥淖之地。需于泥,喻指人不善择地,身处险恶之境,将会招来意外之祸。

②致:招致,招惹。

③敬:郑重。

【今译】

九三:在泥淖中等待,把强盗招引过来。

《象辞》说:在泥淖中等待,泥淖污秽,环境险恶,灾难就在附近。由自己招致了强盗,但郑重谨慎,随机应变,就可不受损伤。

【原文】

六四:需于血①,出自穴。

《象》曰:需于血,顺以听也。

注释

①血:血污之地。需于血,喻指人身陷万死之地。

【今译】

六四:起初在血泊中滞留,后来从凶险的陷阱中逃脱出来。

《象辞》说:在血泊中滞留,坐等不测的命运降临,六四之爻处在九五之爻的威逼之下,只得顺从强者,听从摆布。

【原文】

九五:需于酒食①,贞吉。

《象》曰:酒食贞吉,以中正也。

> 注释

①酒食:这里指酒宴之上。比喻人处境优容,升腾待时。

【今译】

九五:在酒宴上等待,这是吉利的占兆。

《象辞》说:有酒有肉,吉利之兆,因为九五之爻处于上卦中位,象征其人有中正的品德,自能择善而居,处优容之境。

【原文】

上六:入于穴,有不速之客三人来①,敬之,终吉。

《象》曰:不速之客来,敬之,终吉②。虽不当位③,未大失也。

> 注释

①速:召请,延请。不速之客,犹言不请自来的客人。
②王念孙说:"吉下当有也字。"
③虽不当位:高亨说:"按上六是阴爻,居阴位,正是当位,可见传文有误。疑虽当读为唯。不当作其。篆文其作亓,不作丌,形近相误。"此说甚是。

【今译】

上六:进入地穴式的房屋,有三位不速之客来到,恭敬地接待他们,结果是吉利的。

《象辞》说:不速之客来了,恭敬地接待他们,结果是吉利的。因为全卦阳刚过甚,逼压阴柔,但是上六处阴位,位置合适,所以有惊无险,没有大的损失。

讼第六

☰ 坎下
☰ 乾上

【原文】

讼①：有孚②，窒惕③，中吉，终凶。利见大人，不利涉大川。

【注释】

①讼：卦名。本卦是异卦相叠（坎下乾上）。讼卦上卦为乾，乾为天；下卦为坎，坎为水。《集辞》引荀爽说："天自西转，水自东流，上下违行，成讼之象"。此言以物象而喻人事，如果人与人相舛，必生争讼。讼，《说文》："讼，争也。"
②孚：古俘字。易卦贞事辞本属实际事务的零散记录，后来拾掇成文，上下文多隔阂难通，为将此断烂文字释读通顺，译文稍加添补。
③窒：借为怪。《广雅·释诂》二："怪，惧也。"窒惕，犹言戒惧警惕。

【今译】

讼卦：虽有利可图（获得俘虏），但要警惕戒惧。其事中间吉利，后来凶险。占筮得此爻，有利于会见贵族王公，不利于涉水渡河。

【原文】

《彖》曰：讼，上刚下险，险而健，讼。"讼：有孚①，窒惕，中吉"，刚来而得中也②。"终凶"，讼不可成也。"利见大人"，尚中正也。"不利涉大川"，入于渊也。

【注释】

①《彖辞》释"孚"为诚信。
②刚：指九二、九五之爻，阳性，为刚，所居分别为下卦中位、上卦中位，故又曰"得中"，喻人有刚健之性而得中正之道。

【今译】

《彖辞》说：《讼》：上卦为乾，乾为刚，下卦为坎，坎为险。为人外刚健而内阴险,这是喜斗好争之性,亦是讼的卦象。"讼卦辞说:人虽有诚信之德,但须警惕戒惧,之所以中间吉利",因九五、九二之爻居于上下卦的中位,象征刚健之人得中正之道。"后来凶险",因为诉讼终不获胜。"有利于会见贵族王公",因为九五、九二之爻象表明其人得中正之道,必获贵人之助。"不利于涉水过河",恐怕坠入深渊。

【原文】

《象》曰:天与水违行,讼。君子以作事谋始。

【今译】

《象辞》说:上卦为乾,乾为天;下卦为坎,坎为水,天水隔绝,流向相背,事理乖舛,这是讼卦的卦象。君子观此卦象,以杜绝争讼为意,从而在谋事之初必须慎之又慎。

【原文】

初六:不永所事①,小有言,终吉。

《象》曰:不永所事,讼不可长也。虽小有言,其辩明也。

注释

①永:久,持久。

【今译】

初六:做事不能持之以恒,稍有过错,最后还是吉利的。

《象辞》说:做事不能持之以恒,说明官司不可能长久打下去。虽然稍有过错,但争讼双方的是非曲直终将辨别清楚。

【原文】

九二:不克讼①,归而逋其邑人三百户②。无眚③。

《象》曰:不克讼,归逋,窜也。自下讼上,患至掇也④。

注释

①克:成功,胜利。不克,犹言失败。

②逋:逃亡。邑人,指邑中奴隶。
③眚:灾祸。
④掇:借为辍,止。

【今译】

九二:讼事失败,归到采邑,三百户奴隶逃亡。没有大的灾祸。

《象辞》说:讼事失败,逃窜回家,这是躲避反讼。小官与大官争讼,败讼而归,势在必然。幸好灾难没有进一步扩大。

【原文】

六三:食旧德①。贞厉②,终吉。或从王事,无成。

《象》曰:食旧德,从上吉也③。

注释

①旧德:先人遗业。食旧德,喻指失势贵族依赖先人遗业过活。
②贞厉:贞兆辞。贞,卜问。厉,艰难。
③上:先人,祖上。

【今译】

六三:依赖先人遗业过活。卜问得险兆,但最后是吉利的。但是,如果服务于王事,谋取利禄,却不会成功。

《象辞》说:依赖先人遗业过活,因为六三爻象表明,居于九四之下,只有凭借祖上余荫才获吉利。

【原文】

九四:不克讼,复即命渝①。安贞②,吉。

《象》曰:复即命渝,安贞不失也。

注释

①复:返回。即,服从。渝,当读为谕。《说文》:"谕,告也"。命渝,这里指判决。
②安贞:贞安之倒装,犹言卜问平安。《象辞》释"安"为恪守,释"贞"为中正,

与经意有出入。

【今译】

九四：讼事失败，败讼回家，服从判决。卜问平安，得吉利之兆。

《象辞》说：败讼回家，服从判决，安守本分，不失正道。

【原文】

九五：讼，元吉。

《象》曰：讼元吉，以中正也。

【今译】

九五：争讼，筮遇此爻，大吉大利。

《象辞》说：争讼而大吉大利，因为九五之爻居上卦的中位，像人守中正之道。

【原文】

上九：或锡之鞶带①，终朝三褫之②。

《象》曰：以讼受服，亦不足敬也。

注释

①鞶（pán 盘）带：用皮革制成的腰带，大夫以上的官员始得系之。

②终朝：犹言终日，即一整天。褫（chǐ 齿），剥夺，革夺。

【今译】

上九：王侯赐予人以绅带，但不满一天，三次赐予三次革夺。

《象辞》说：某人因为讼事而得到赐予绅带的殊荣，这不是值得尊敬的事。

师第七

坎下
坤上

【原文】

师①:贞丈人吉②,无咎。

【注释】

①师:卦名。本卦是异卦相叠(坎下坤上)。本卦下卦为坎,坎为水;上卦为坤,坤为地。地下有水,数量无穷,水流所向,随势而行。这正是军旅之象,所以卦名曰师。

②丈人:李镜池说:"丈人,军队的总指挥。丈,古文作从手持杖形R,执杖指挥,也即杖本字。"

【今译】

师卦:占问总指挥的军情,没有灾祸。

【原文】

《彖》曰:师,众也。贞,正也。能以众正,可以王矣。刚中而应①,行险而顺,以此毒天下②,而民从之,"吉"又何"咎"矣。

【注释】

①刚中而应:此以九二爻象、爻位为据,九二阳爻,性刚,而居下卦中位,故曰刚中。应,和应。

②毒:《释文》引马云:"毒,治也。"俞樾说:"毒,读为督,治也。"

【今译】

《彖辞》说:师,是众多的意思。贞,是中正的意思。能够使正人归于正道,就可以成就王业。九二之爻居于下卦中位,叫做"刚中",其余五阴爻和应一刚爻,叫做"应"。下卦为坎,坎表示险,上卦为坤,坤表

示顺,所以又有"行险而顺"之象。以卦象所喻示的道理督治天下,百姓就会服从。这是吉祥之象,哪有什么灾祸呢?

【原文】

《象》曰:地中有水,师。君子以容民畜众①。

注释

①容民畜众:同义异文,犹言收容、蓄养大众。

【今译】

《象辞》说:下卦为坎,坎为水;上卦为坤,坤为地,像"地中有水",这是师卦的卦象。君子观此卦象,取法于容纳江河的大地,收容和畜养大众。

【原文】

初六:师出以律①否臧②,凶。
《象》曰:师出以律,失律凶也。

注释

①师:师旅,军队。律,纪律。
②否:汉帛书《周易》作"不"。臧,高亨说:"臧,读为遵。"否臧,犹言不遵守纪律。

【今译】

初六:整军出战全凭纪律,不遵守纪律就会有凶险。
《象辞》说:整军出战全凭纪律,失去纪律的约束就会带来凶险。

【原文】

九二:在师中,吉,无咎。王三锡命①。
《象曰》曰:在师中,吉,承天宠也②。王三锡命,怀万邦也③。

【注释】

①锡:借为赐,赐命,即颁命嘉奖。
②承:接受。天宠,上天的眷爱保佑。
③怀:《尔雅·释言》:"怀,来也。"即怀柔招来。邦,国。

【今译】

九二:主帅身在军中指挥,吉利,没有灾难。君王三次颁命嘉奖。
《象辞》说:主帅身在军中指挥,吉利,因为得到上天的宠爱。君王三次颁命嘉奖,因为主帅能怀徕万国。

【原文】

六三:师或舆尸①,凶。
《象》曰:师或舆尸,大无功也。

【注释】

①舆:车辆。这里用作动词,意车载。

【今译】

六三:军队出征,有人载尸而归,这是凶险之兆。
《象辞》说:军队出征,有人载尸而归,这是前方吃了败仗。

【原文】

六四:师左次①,无咎。
《象》曰:左次无咎,未失常也。

【注释】

①次:驻扎。《左传·庄公三年》:"凡师一宿为舍,再宿为信,过信为次。"左次,犹言较长时间内将军队驻扎在左边。

【今译】

六四:军队在左边扎营,没有危险。
《象辞》说:军队在左边扎营,没有危险,因为军队驻扎或左或右,唯视地理环境、敌我形势而定，并没有违背行军常道。

【原文】

六五：田有禽①，利执言②，无咎。长子帅师，弟子舆尸，贞凶。

《象》曰：长子帅师，以中行也③。弟子舆尸，使不当也。

注释

①田：通畋，打猎。禽，鸟兽总名。
②言：闻一多谓当读为讯。执言，犹执讯，即执俘。
③中：正道。以中行，犹依循正道行事。此以六五爻象，爻位为据，六五居上卦中位，像人行中正之道。

【今译】

六五：打猎时获得猎物，作战中捕获俘虏，没有灾祸。长子指挥军队，次子战败阵亡，这是凶险的贞兆。

《象辞》说：以长子指挥军队，这是依正道行事。次子战败阵亡，这是因为差遣不当。

【原文】

上六：大君有命，开国承家①。小人勿用。

《象》曰：大君有命，以正功也。小人勿用，必乱邦也。

注释

①大君：国君。国，这里与邑同义。开国，犹言封邑，即分封诸侯，便有封邑。家，卿大夫采邑。承家，即分封大夫，便有采邑。

【今译】

上六：国君颁发命令，有人被封为诸侯，享有封国，有人被封为大夫，享有采邑。但是不要重用无才无德的小人。

《象辞》说：国君颁发封赏功臣的命令，这是论功行赏。不要重用无才无德的小人，因为小人必定覆国乱邦。

比第八

坤下
坎上

【原文】

比①:吉。原筮②,元永贞③。不宁方来④,后夫凶⑤。

【注释】

①比:卦名。本卦是异卦相叠(坤下坎上)。本卦上卦为坎,坎为水;下卦为坤,坤为地。水附大地,地纳江海,这是互相依赖亲密之象,所以卦名比。《说文》:"比,密也。"

②原筮:一称并筮,即同时再占。《广雅·释言》:"原,再也。"古时占卜之法,有三人同占者,则取决于多数。《书·洪范》:"立时人作卜筮,三人占则从二人之言。"

③元下当有亨字。《左传》昭公七年即引作"元亨。"元(亨)永贞,皆贞兆辞。

④方:邦国。不宁方,犹言不愿臣服的邦国。

⑤后夫:这里指迟迟不来的诸侯。

【今译】

比卦:吉利。同时再卜筮,仍然大吉大利。卜问长时期的吉凶,也没有灾祸。不愿臣服的邦国来朝,迟迟不来者有难。

【原文】

《彖》曰:比,吉也。比,辅也,下顺从也。"原筮,元永贞,无咎。"以刚中也①。"不宁方来",上下应也②,"后夫凶",其道穷。

【注释】

①以刚中也:此以九五爻象、爻位为据。九五为阳爻,为刚,居上卦中位,所以说刚中。

②上下应也:此以全卦之象为据,本卦九五阳居最尊之位,其余五阴爻围绕于

它,所以说群阴应刚,上下相应。

【今译】

《彖辞》说:比卦吉利。比,意思是辅佐,下属顺从上司。"再次卜筮,大吉大利,卜问长时期的吉凶,没有灾祸。"因九五之爻居于上卦中位,像君王有中正之德。"反侧不安的诸侯来朝",因为众阴爻围绕一阳爻,象征众诸侯拥赞王朝。"迟迟不来者有难",因为形势十分被动。

【原文】

《象》曰:地上有水,比。先王以建万国,亲诸侯。

【今译】

《象辞》说:下卦为坤,上卦为坎,坤为地,坎为水,像地上有水,这是比卦的卦象。先王观此卦象,取法于水附大地,地纳江河之象,封建万国,亲近诸侯。

【原文】

初六:有孚,比之[1],无咎。有孚,盈缶[2]。终来有它[3],吉。
《象》曰:比之初六有它,吉也。

注释

[1]孚:古俘字。比,亲近,安抚。
[2]缶:瓦盆、瓦罐之类。盈缶,这是装满酒给俘虏吃。
[3]来:当作未。于省吾说:"来,疑未字之讹。古文,来未二字形近。终未有它,故言吉也。"它,意外,变故。

【今译】

初六:捕获俘虏,安抚他们,没有灾难。捕获俘虏,满盆满罐的酒饭招待他们。虽然可能有意外之患,但最后是吉利的。

《象辞》说:筮遇初六之爻,虽有意外之患,但最后是吉利的。

【原文】

六二:比之自内[1],贞吉。

《象》曰：比之自内，不自失也。

【注释】

①比：团结。比之自内，内部团结统一。

【今译】

六二：内部和睦团结，卜问得吉兆。

《象辞》说：内部和睦团结，就不会失掉民心。

【原文】

六三：比之匪人①。

《象》曰：比之匪人，不亦伤乎？

【注释】

①比：阿比，指狼狈为奸。匪人，不正派的人，即败类。

【今译】

六三：跟败类狼狈为奸。

《象辞》说：跟败类狼狈为奸，不是很可悲吗？

【原文】

六四：外比之①，贞吉。

《象》曰：外比于贤，以从上也。

【注释】

①外：外部，指邻国、邻邑等。

【今译】

六四：跟外邦联盟亲善，卜问得吉兆。

《象辞》说：外部亲附于贤明的国君，像臣下服从君上。

【原文】

九五：显比①。王用三驱，失前禽②，邑人不诫③，吉。

《象》曰：显比之吉，位正中也。舍逆取顺，失前禽也④。邑人不诫，上使中也⑤。

【注释】

①显：外表，这里意为广泛，普遍。
②"王用"二句：君王命卫队从左右后三方将野兽驱赶集中，只留下前面一条路，让野兽奔逃。
③邑人：这里指猎区的老百姓。诫，借为骇。俞樾《群经平议》引《周礼》："鼓皆骇。"《释文》："骇，本作骇。"
④"舍逆"二句：舍，放弃。取，猎取。逆，背向。顺，面向。君王狩猎，舍弃转身逃窜的，捕杀迎面奔窜的，所以放走那些朝缺围方向奔跑的野兽。
⑤上：君上。使，役使，差遣。中，正当、合理。

【今译】

九五：普遍的和洽。君王采用三面包围的方法狩猎，网开一面，有意放走逃奔的野兽。老百姓对君王狩猎毫不惊惧。筮遇此爻吉利。

《象辞》说：普遍的和洽是吉利的，因为九五之爻处于上卦中位，像人守中正之道。放走向前奔逃的，猎取迎面奔窜的，这就是"失前禽"的缘故。老百姓对君王狩猎毫不惊惧，因为君王平时行事端正。

【原文】

上六：比之无首①，凶。
《象》曰：比之无首，无所终也。

【注释】

①比之无首：互相阿比，但勾心斗角，谁也不服谁。

【今译】

上六：小人朋比为奸，勾心斗角，无法形成一个团结的中心，这是非常危险的事。

《象辞》说：小人朋比为奸，勾心斗角，无法形成一个团结的中心，当然没有好下场。

小畜第九

乾下
巽上

【原文】

小畜①：亨。密云不雨，自我西郊②。

注释

①小畜：卦名。本卦为异卦相叠（乾下巽上）。本卦下卦为乾，乾为天；上卦为巽，巽为风。有和风满天，风调雨顺之象，所以卦名为小畜。畜，《说文》重文作蕃，从田从兹。兹，益也。又解为"草木多益也"。可知畜为谷物滋生，草木茂盛之意。

②卦辞以云气积聚，雨水未降比喻所占之事正在酝酿当中。

【今译】

小畜卦：吉利。在西郊一带浓云密布，但雨没有下来。

【原文】

《彖》曰：小畜，柔得位而上下应之①，曰小畜，健而巽，刚中而志行，乃亨②。"密云不雨"，尚往也③。"自我西郊"，施未行也。

注释

①"柔得位"句：此以六四爻象、爻位为据。六四阴爻为柔而居阴位，是为柔得位。本卦其余五爻为阳爻，为刚，围绕六四，所以说上下应之。

②"健而巽"三句：此以全卦卦象为据。九二阳爻为刚，居下卦中位，九五阳爻为刚，亦居上卦中位，所以说"刚中"。

③尚：读为上。尚往，犹言上行、上升。

【今译】

《彖辞》说：《小畜》，六四之爻居阴位，其余五阳爻和应着它，这是

《小畜》的卦象。上卦为乾,乾表示刚健;下卦为巽,巽表示谦逊。九二、九五居下卦、上卦中位。像君子有刚健、谦逊、正中之德因而获得志通意行之境,前途亨通。"云气密布而终不下雨",说明云气正上升聚积,"密布于西郊上空",说明雨水尚停蓄未降。

【原文】

　　《象》曰:风行天上,小畜。君子以懿文德①。

注释

　　①懿:《集解》引虞翻曰:"懿,美也。"

【今译】

　　《象辞》说:上卦为巽,巽为风;下卦为乾,乾为天,和风拂地,草木低昂,勃勃滋生,这是小畜的卦象。君子观此卦象取法催发万物的和风,自励风范,推行德教。

【原文】

　　初九:复自道①,何其咎?吉。
　　《象》曰:复其道,其义吉也。

注释

　　①复:回归。

【今译】

　　初九:由原路返回,有什么灾祸?吉利。
　　《象辞》说:由原路返回,其含义是吉利。

【原文】

　　九二:牵复,吉。
　　《象》曰:牵复,在中①,亦不自失也。

【注释】

①在中:此以九二爻位为据。九二居下卦中位,是得位处中。

【今译】

九二:牵引着返回,吉利。

《象辞》说:牵引着返回(吉利),因为九二之爻处于下卦中位,像人操行中正,自然不会有错失。

【原文】

九三:舆说辐①。夫妻反目②。

《象》曰:夫妻反目,不能正室也③。

【注释】

①舆:车辆。说,同脱。辐,车轮上连接车辋与车毂的直条,这里指车轮。
②夫妻反目:犹言夫妻口角。
③正:用如动词,使之端正。室,家庭。

【今译】

九三:车子坏了一个轮子。夫妻互相口角。

《象辞》说:夫妻口角,说明不能治理家庭。

【原文】

六四:有孚,血去惕出①,无咎。

《象》曰:有孚,惕出,上合志也②。

【注释】

①孚:古俘字。血,借为恤,忧患。惕,警惕。血(恤)去惕出,犹言忧患虽去,但戒惧不除。
②上:读为尚,尚且。合,统一。志,思想,意志。

【今译】

六四:捕获了俘虏,战争危险暂时消除了,但仍须保持警惕,才能没有灾难。

《象辞》说：捕获了俘虏，保持着警惕，说明尚能统一意志。

【原文】

九五：有孚挛如①，富以其邻。

《象》曰：有孚挛如，不独富也。

注释

①孚：古俘字。挛，拘系，捆绑。如，形容词词尾。挛如，拘系相联的样子。

【今译】

九五：捕获俘虏，串连捆缚，这些财物与邻邑同享。

《象辞》说：捕获俘虏，串连捆缚，财物与邻邑同享，并非一人独享。

【原文】

上九：既雨既处，尚德载①。妇贞厉。月几望②，君子征，凶。

《象》曰：既雨既处，德积载也③。君子征，凶，有所疑也。

注释

①处：停止。德，借为得。载，借为栽。
②月望：夏历每月十五日。几，接近。月几望，犹言夏历每月的十四日。
③《象辞》释"德"为得，能够。释"载"如字，即运载。

【今译】

上九：久雨新停，还赶得上栽种作物。妇女占得此爻则凶险。夏历某月十四日君子离家出行也有危险。

《象辞》说：久雨新停，未误农时，当能丰登满载。君子离家出行有凶险，因为对充满危险的旅途缺乏了解。

履第十

≡ 兑下
≡ 乾上

【原文】

（履）①：履虎尾，不咥人②，亨。

注释

①履字当重：原经文无，据补。履，卦名。本卦是异卦相叠（兑下乾上）。上卦为乾，乾为天；下卦为兑，兑为泽。上天下泽，尊卑显别，从而以天喻君，以泽喻民，君民有别，这是封建社会礼节的重要体现，也是统治阶级强制人民要履行的社会原则，所以卦名为履。履《说文》："足所依也。"即鞋，名词，这里用如动词，意践履。

②咥（dié 碟）：噬，俗语说咬。

【今译】

（履卦）：踩着虎尾巴，老虎不咬人，吉利。

【原文】

《彖》曰：履，柔履刚也①。说而应乎乾②，是以"履虎尾，不咥人"。"亨"，刚中正，履帝位而不疚③，光明也。

注释

①柔履刚也：此以六三爻象、爻位为据。六三阴爻，为柔，处于九二、初九阳爻之上，所以说柔履刚。

②"说而"句：此以上下卦象为据。下卦为兑，兑义谦逊，喻软弱无势之人；上卦为乾，乾义刚健，喻指强暴有势力的人。兑处乾下，喻指弱者以和悦的态度应和强暴之人。

③疚：《释文》引马云："疚，病也。"此处当指心病，即愧疚。或说疚，灾害，译文不取。

【今译】

《象辞》说：履，意为六三之爻居于九二之上，是为柔履刚。兑处乾下，意义是以和悦的态度对待强暴之人，所以卦辞说："踩着虎尾巴，老虎不咬人。""亨通"，因为九五之爻居于上卦中位，像其人有刚健中正之德。卦象还显示：上卦为乾，乾为天，九五居乾卦中位，即天位，像君王品德正大，因而身居帝王之位而心安理得，自然前途光明。

【原文】

《象》曰：上天下泽，履。君子以辨上下，定民志。

【今译】

《象辞》说：本卦上卦为乾，为天；下卦为兑，为泽，上天下泽，尊卑显别，这是履卦的卦象。君子观此卦象，从而分别上下尊卑，使人民循规蹈矩，安分守己。

【原文】

初九：素履往①，无咎。
《象》曰：素履之往，独行愿也。

注释

①素：白色无文采。履，用于名词，犹言行为。素履，行为纯洁。往，进入（社会）。

【今译】

初九：以朴素坦白的态度处世，没有灾害。
《象辞》说：以朴素坦白的态度处世，是说能独行其志愿。

【原文】

九二：履道坦坦①，幽人贞吉②。
《象》曰：幽人贞吉③，中不自乱也。

注释

①履道：履行道义。
②幽人：这里指隐居不仕者。

③《象辞》释"贞"为正,与经意有别。

【今译】

九二:行道之人,胸怀坦荡;隐居之人,长逢吉兆。

《象辞》说:隐居之人洁身守正,因为他们秉性中正,不被世俗所惑。

【原文】

六三:眇能视,跛能履①,履虎尾,咥人,凶。武人为于大君②。

《象》曰:眇能视,不足以有明也。跛能履,不足以与行也。咥人之凶,位不当也③。武人为于大君,志刚也。

注释

①眇(miǎo 秒):目盲。能,读为而。《集解》本作而。转折连词,犹却。
②大君:国君。武人为于大君,犹言武人篡政称君。
③位不当也:此以六三爻象、爻位为据,六三,阴爻而居阳位(第三爻为阳位)是所处不当。

【今译】

六三:瞎了眼睛却要看物,跛了脚却要行走,这是勉为其难,犹如踩着虎尾巴,终将为虎所伤。这是凶险之事。武人篡夺国政,同样是凶险之事。

《象辞》说:瞎了眼睛却要看物,其视力不足以辨物。跛了脚却要行走,其脚力不足以行路。老虎之所以伤人,因为六三阴爻而居于阳位,所处不当。武人篡夺国政,这是僭越犯上,以六三之位而行九五之志,必遭祸殃。

【原文】

九四:履虎尾,愬愬①,终吉。

《象》曰:愬愬终吉,志行也。

注释

①愬愬(sù 诉):恐惧的样子。

【今译】

九四：踩着虎尾巴，但能遇险知惧，最后仍吉利。

《象辞》说：恐惧警惕，终归于吉，说明虽历磨难，但志愿得行。

【原文】

九五：夬履①，贞厉。

《象》曰：夬履贞厉，位正当也。

注释

①沙少海先生说："夬（guài怪）是快的本字。从夬得声的字，如决、映、赽等字，大都含有快速的意思。"

【今译】

九五：行为急躁莽撞，卜其行事有危险之象。

《象辞》说：行为急躁莽撞，卜其行事有危险之象，但九五阳爻居上卦中位，正当其位，因而虽险不凶。

【原文】

上九：视履①，考祥其旋②。元吉。

《象》曰：元吉在上③，大有庆也。

注释

①视：察看，审慎。履：行为。视履，犹言行为申慎。
②考祥：古本作考详。郑玄说："详，周密也，考详，考察周密也。"其，犹而。旋，犹反复。
③元吉在上：此以上九之爻位为据。上九居一卦之首，像人身居高位，登高招远，意得志行。

【今译】

上九：行为审慎，遇事周密而反复地考虑，大吉。

《象辞》说：大吉大利，因为上九之爻居全卦之首。预兆其人将有重大喜庆之事。

泰第十一

☰乾下
☷坤上

【原文】

泰①：小往大来，吉，亨。

【注释】

①泰：卦名。本卦是异卦相叠（乾下坤上）。本卦上卦为坤，为地，地属阴气；下卦为乾，为天，天为阳气。阴气凝重而下沉，阳气清明而上升，阴阳交感，万物纷纭，所以卦名曰泰。泰，通泰。

【今译】

泰卦：由小而大，由微而盛，吉利，亨通。

【原文】

《象》曰："泰：小往大来，吉，亨。"则是天地交而万物通也；上下交而其志同也；内阳而外阴①；内健而外顺②；内君子而外小人③，君长道长；小人道消也。

【注释】

①"内阳"句：泰的内卦为乾，乾为阳；外卦为坤，坤为阴。可见泰卦的卦象是阳气入于宇内，而阴气退出宇外，所以说"内阳外阴"。

②"内健"句：泰的内卦为乾，乾义为健；外卦为坤，坤义为顺。像人内秉刚健之德，外抱柔顺之态。

③"内君子"句：泰的内卦为乾，乾喻君子；外卦为坤，坤喻小人，喻有德君子执政于朝，无德小人摒退于野。

【今译】

《象辞》说："泰：由小而大，由微而盛，吉利，亨通。"因为上卦为坤为地为臣,下卦为乾为天为君。上坤下乾,表示天地交感,万物各畅其生。君臣交感,志趣和同。内卦为阳,外卦为阴,预示阳气充实而阴气消散。乾卦有刚健之德,坤卦有柔顺之性,所以说内秉刚健之德而外抱柔顺之姿。乾卦喻君子,坤卦喻小人,内乾外坤,这种卦象又显示君子在朝,小人在野。君子得势其道盛长,小人失势其道消退。

【原文】

《象》曰:天地交,泰。后以财成天地之道①,辅相天地之宜,以左右民②。

注释

①后:《集解》引虞翻曰:"后,君也。"财,当借作裁,裁度。
②辅:《集解》引郑玄曰:"辅,相,助也。"左右,犹言支配。天地之宜,天以四时变化为人们提供耕耘获藏之时宜,地以山川田泽为人们提供渔猎耕种之地利。《象辞》以人类生存的一切物质条件谓之天地之宜。

【今译】

《象辞》说:天地交感,是泰卦的卦象。君子观此卦象,裁度天地运行的规律,辅助天地的造化,从而支配天下万民。

【原文】

初九:拔茅茹①,以其汇②。征,吉。
《象》曰:拔茅,征,吉,志在外也。

注释

①茹:《集解》引虞翻曰:"茹,茅根。"
②以:王引之说:"以,犹及也。"汇,种类。

【今译】

初九:连根拔掉茅草,及其同类。征伐敌人,吉利。
《象辞》说:连根拔掉茅草,彻底征服敌人,吉利,说明志在讨伐敌国。

【原文】

　　九二:包荒①,用冯河②,不遐遗③。朋亡④,得尚于中行⑤。
　　《象》曰:包荒⑥,得尚于中行,以光大也。

注释

　　①包:借为匏。荒,空。包荒,犹言将匏瓜挖空。
　　②用:以,即用来。冯(píng凭),与淜声通。《玉篇》:"徒涉曰淜。"
　　③不遐:不至于。《诗·抑》:"不遐有愆。"遗,坠,沉。
　　④朋:朋贝。古人以贝为币,十枚贝为一朋,朋亡,犹言钱币丢失。
　　⑤尚:帮助。中行,半道、中途。
　　⑥《象辞》释"包"为包含,指人的度量。荒,广大。与经意有异。

【今译】

　　九二:用挖空的匏瓜绑在身上渡河,不至于沉没。钱币丢失了,在半路上得到别人的帮助。
　　《象辞》说:其人度量弘大,深得同路人的赏识,这是由于他光明正大呀。

【原文】

　　九三:无平不陂①,无往不复。艰贞②,无咎。勿恤其孚③,于食有福。
　　《象》曰:无往不复,天地际也④。

注释

　　①平:平地。陂,斜坡。无平不陂,意为大地不是无限平展,总有起伏。
　　②艰贞:是贞艰的倒装,犹言卜问艰难之事。
　　③恤:担忧。孚,古俘字。
　　④际:高亨说:"际,当读为祭。"《小尔雅·广诂》:"祭,法也。"

【今译】

　　九三:平地终将变成坡地,离去必定复返。卜问艰难之事,爻象显示必能渡过难关,不要担心被人虏去,而且在饮食上尚有口福。
　　《象辞》说:离去必定复返,这是天地间的法则。

【原文】

六四：翩翩①，不富以其邻②，不戒以孚③。

《象》曰：翩翩不富，皆失实也。不戒以孚，中心愿也④。

注释

①翩翩：借为谝谝，巧言欺人，说大话。
②富：借为福。不富，犹言遭殃。以，及，犹言连累。
③戒：警惕。以，且，将要。孚，同俘。
④愿：忠厚，老实。中心愿，犹言心地忠厚老实。

【今译】

六四：巧言欺人，将给邻邑带来灾难，不加警戒，即将遇难被俘。

《象辞》说：巧言欺人，祸及邻人，是说同受损失。不加警戒，遇难被俘，这是因为心地太忠厚了。

【原文】

六五：帝乙归妹①，以祉②，元吉。

《象》曰：以祉元吉，中以行愿也③。

注释

①帝乙：殷帝名乙，纣之父。归妹，犹言嫁女，归，嫁。妹，少女之通称。
②祉（zhǐ 止），福。以，及。
③"中以行愿"句，此以六五爻位为据。六五之爻居上卦中位，是谓得处其位，得行其志。

【今译】

六五：殷帝乙嫁女于周文王，因而得福，大吉大利。

《象辞》说：得福大吉，因为六五之爻居上卦中位，像人行事得中正之道，所行必遂。

【原文】

上六：城复于隍①。"勿用师"②，自邑告命。贞吝。

《象》曰:城复于隍,其命乱也。

注释

①复:读为覆,崩塌。隍,没有水的护城濠。
②师:军队。用师,犹言采取军事行动。

【今译】

上六:城墙攻破倒塌在护城濠里。"停止进攻",从邑中传来命令。卜问得不祥之兆。

《象辞》说:城墙攻破倒塌在护城濠里(本应乘势攻击,反命停止进攻),这是邑中传来的命令错乱了。

否第十二

【原文】

（否）①：否之匪人②，不利君子贞，大往小来。

注释

①否字当重：原经文无，今补。否，卦名。本卦是异卦相叠（坤下乾上）。本卦结构正与泰卦相反。此种卦象表示，阳气上升，阴气下沉，互不相通，天地闭塞，万物咽阻，所以卦名曰否。否，《释文》："闭也，塞也。"

②否：隔阂，蒙蔽。匪人，邪人，小人。

【今译】

否卦：为小人所隔阂，这是不利于君子的卜占，事业也将由盛转衰。

【原文】

《彖》曰："否之匪人，不利君子贞，大往小来。"则是天地不交而万物不通也；上下不交而天下无邦也；内阴而外阳；内柔而外刚；内小人而外君子①，小人道长，君子道消也。

注释

①"天地不交"等五句，此释否卦之卦象所显示的自然、社会意义，正与泰卦相反，可参见前注。

【今译】

《彖辞》说："为小人所隔阂，这是不利于君子的卜问，事业也将由盛转衰。"上卦为乾为天为君，下卦为坤为地为臣。上乾下坤，表示天地互不交感，万物将闭塞窒息。君臣不交感，国家将要衰微灭亡。外卦为阳为刚,内卦为阴为柔,预示阴气充沛而阳气消散,这是外强中干之象。乾卦喻君子,坤卦喻小人,外乾内坤,这种卦象又显示小人在朝,君子在野。小人得势其道盛长,君子失势其道消退。

【原文】

《象》曰:天地不交,否。君子以俭德辟难①,不可荣以禄②。

【注释】

①俭:俭约。以俭德,犹言以俭约为美德。辟,借为避。
②荣:王引之说:"荣,读为营,惑也。"此说可通。或说荣,这里用如动词,荣以禄,犹言以利禄为荣。

【今译】

《象辞》说:天地隔阂不能交感,万物咽窒不能畅生,这是否卦的卦象。君子观此卦象,从而在国家政治否塞之时,应思隐居不仕,以崇尚俭约来躲避灾难,不要以利禄为荣。

【原文】

初六:拔茅茹,以其汇①,贞吉,亨。
《象》曰:拔茅贞吉,志在君也。

【注释】

①"拔茅"句,此与泰卦初九爻辞同,参见前注。

【今译】

初六:连根拔掉茅草,及其同类,占得此爻则吉利,亨通。
《象辞》说:连根拔掉茅草,占得此爻吉利,比喻其志在清理君侧,为国尽忠。

【原文】

六二:包承①,小人吉,大人否亨。
《象》曰:大人否亨,不乱群也。

【注释】

①包：借为庖，庖厨。承，高亨说："借为胹，烝肉也。"

【今译】

初六：厨中有肉，这对老百姓来说是吉利，对贵族来说并不是通泰的表现。

《象辞》说：贵族身处窘境，则能心怀惩戒，使其安守本分。

【原文】

六三：包羞①。

《象》曰：包羞，位不当也②。

【注释】

①包：借为庖。羞，馐本字，美味。《象辞》释"包羞"为"抱羞"，其结构如今之抱恨、抱愧之类，与经意有别。

②"位不当"，此以六三爻位为据，六三阴爻而居阳位（第三爻为阳位），是处位不当，像人才德不称其位。

【今译】

六三：厨中有美味。

《象辞》说：心怀羞愧，因为才德不称其位。

【原文】

九四：有命①，无咎，畴离祉②？

《象》曰：有命，无咎，志行也。

【注释】

①有命：君王有赏赐之命。

②畴：谁。离，遭遇。祉，福。

【今译】

九四：君王有赏赐之命，没有灾害，谁能得到赏赐呢？

《象辞》说:君王有赏赐之命,没有灾害,说明君王论功行赏,臣下尽职效力,各行其志。

【原文】

九五:休否①,大人吉②,其亡,其亡,系于苞桑③。
《象》曰:大人之吉,位正当也④。

注释

①休:高亨说:"休犹怵也,恐惧也。"否,与泰相反,危难。
②大人:指贵族王公。
③苞:苞草。桑,桑枝。其亡,其亡,系于苞桑,这是比喻的手法,说明国势阽危,危危欲坠。
④"位正当",此以九五爻象、爻位为据。九五阳爻居上卦中位,是处位得当,喻人才德称其职位。

【今译】

九五:警戒覆亡,贵族王公如此存心则吉利。危险呵,危险,国家命运好像系在柔弱的苞草、桑枝上一样。
《象辞》说:九五爻辞讲贵族王公安不忘危则吉利。因为九五之爻居上卦中位,像其人忧国忧君,才德正当其位。

【原文】

上九:倾否①,先否,后喜。
《象》曰:否终则倾,何可长也。

注释

①倾:高亨说:"倾借为顷。顷,顷刻之时间。"

【今译】

上九:短暂的噩运,先遇噩运后交好运。
《象辞》说:噩运快终了,好运岂迢遥。命运交变之际,什么力量可以制止呢?

同人第十三

离下
乾上

【原文】

（同人）①：同人于野②，亨。利涉大川，利君子贞。

【注释】

①同人：原经文无，今补。同人，卦名。本卦为异卦相叠（离下乾上）。本卦上卦为乾，乾为天，为君；下卦为离，离为火，为臣民。此种卦象表明君处于上，而臣处于下，君王号令大众，大众拥戴其君。上天下火，喻君王居高临下，洞察民情，所行皆得体，臣民齐赞同，故卦名曰同人。同人，《说文》："合会也。"

②同人于野：犹言聚众于郊外，将行大事。

【今译】

同人卦：聚众于郊外，将行大事，吉利。有利于涉水渡河，有利于君子的卜问。

【原文】

《彖》曰：同人，柔得位得中①，而应乎乾②，曰同人。同人曰："同人于野，亨。利涉大川。"乾行也③。文明以健④，中正而应⑤，君子正也。唯君子为能通天下之志。

【注释】

①"柔得位"句：此以六二爻象、爻位为据。六二为阴爻，居阴位（第二爻为阴位），所处又为下卦中位，所以说"得位得中"。

②"应乎乾"，本卦上卦为乾，六二居下卦，而拥戴、应和于乾卦，喻臣民拥戴其君。

③"乾行"，本卦上卦为乾，乾为君，乾行，即君道。

④"文明"句：本卦下卦为离，离为文明之象；上卦为乾，乾有刚健之性。

⑤"中正而应",本卦九五阳爻居上卦中位,六二阴爻居下卦中位,是所处得当,与性相符。

【今译】

《彖辞》说:同人,六二之爻居于下卦中位,而处于乾卦的下位,像臣民忠于职守,拥戴其君,这是同人的卦象。同人卦辞说:"聚众于郊外,将行大事,吉利。有利于涉水渡河。"所以皆吉,因为能施行为君的原则。此卦上乾下离有文明刚健之象,九二阳爻居上卦中位,六二阴爻居下卦中位,互相应和,这说明君子光明正大,秉性中和,以正道为准则,以忠君为目的,体察天下的隐衷,统一人民的意志。

【原文】

《象》曰:天与火,同人。君子以类族辨物①。

注释

①类:用如动词,分析、区别。族,族类、种类。辨,辨别。物,物类,又统指物象人事。

【今译】

《象辞》说:同人之卦,上卦为乾为天为君王,下卦为离为火为臣民,上乾下离象征君王上情下达,臣民下情上达君臣意志和同,这是同人的卦象。君子观此卦象,取法于火,明烛天地,照亮幽隐,从而去分析物类,辨明情状。

【原文】

初九:同人于门①,无咎。

《象》曰:出门同人,又谁咎也。

注释

①同人:聚合大众。门,王门。《周礼·司徒》:"若国有大故,则致万民于王门。"大故,重大的变故、事情。此卦专讲战争,初九及六二所记叙的场面当为战前占筮决疑,卜祷吉凶。

②《象辞》释此句:与经意稍有区别。同人,犹言与大众会同融洽。

【今译】

初九:聚集大众于王门,将行大事,没有灾祸。
《象辞》说:君王走出王门与国人打成一片,谁又会遭受灾祸呢?

【原文】

六二:同人于宗①,吝。
《象》曰:同人于宗,吝道也②。

注释

①宗:宗庙。
②吝:狭隘。

【今译】

六二:聚同族于宗庙,卜祷凶吉,因为面临艰难。
《象辞》说:仅仅聚同族于宗庙,这是狭隘的宗法原则。

【原文】

九三:伏戎于莽①,升其高陵,三岁不兴②。
《象》曰:伏戎于莽,敌刚也。三岁不兴,安行也③?

注释

①伏:埋伏。戎,武装、军队。莽,草丛,这里泛指草丛密林。
②兴:起,举,这里指克服,拔取。三岁,指多年。
③安:疑问副词,犹言怎能。行,行为,作为。

【今译】

九三:将军队隐蔽在深山密林,并且占领了制高点,但长时期不能取胜。
《象辞》说:将军队隐蔽在深山密林,因为敌人太强大。长时期不能取胜,怎能有所作为呢?

【原文】

九四:乘其墉①,弗克,攻吉。

《象》曰:乘其墉,义弗克也。其吉,则困而反则也②。

注释

①乘:登。墉,城墙。

②则:借为侧,反侧,犹言反复无常。

【今译】

九四:爬上了敌人的城墙,城还没有攻下来,继续攻打才能获胜。

《象辞》说:爬上了敌人的城墙,从道义上讲应该停止攻城。之所以继续攻打为吉利,因为困守之敌可能逞其狡诈。

【原文】

九五:同人先号咷而后笑①,大师克相遇。

《象》曰:同人之先,以中直也。大师相遇,言相克也。

注释

①号咷:嚎咷,哭号。

【今译】

九五:聚集起来的大众先哭号后欢笑,因为大军及时增援,大获胜仗。

《象辞》说:聚集起来的大众之所以先哭后笑(战斗转败为胜),因为筮遇此爻,九五居上卦之中位,像人得贞正之道,势必化凶为吉。大军会师,是说我军压倒了敌人。

【原文】

上九:同人于郊,无悔①。

《象》曰:同人于郊,志未得也。

注释

①郊:邑外为郊。无悔,贞兆辞。悔,悔咎。本卦是讲战争的专卦。初九、六二讲战前卜祷,九三、九四、九五讲几次战斗的经过,依其结构发展,此处"同人于郊",当为聚众祭神,祝贺胜利。

【今译】

上九:聚众于郊外,致祭于神灵祝贺胜利,自然没有悔咎。

《象辞》说:聚众于郊外,援助不广,尚不得行其志。

大有第十四

乾下
离上

【原文】

大有①：元亨。

【注释】

①大有：卦名。本卦是异卦相叠（乾下离上）。上卦为离，离为火；下卦为乾，乾为天。喻火烛高举，明镜高悬，彰美忠善，洞察奸邪，如此则政治清明，国运昌盛，所以卦名曰大有。有，《诗·有駜》："岁其有。"毛传："丰年也。"可知有，即丰收。

【今译】

大有卦：昌隆通泰。

【原文】

《彖》曰：大有：柔得尊位大中①，而上下应之曰大有②。其德刚健而文明③，应乎天而时行④，是以"元亨"。

【注释】

①"柔得尊位"句：此以六五爻象、爻位为据。六五，阴爻，性柔顺，居于上卦中位，乾之中位为尊贵之位，所以说，柔得尊位而大中。

②"上下应之"句，此以全卦之象为据。大有六五阴爻居上卦中位，其余五阳爻围绕于它，所以说上下应之。

③"其德刚健"句：大有上卦为乾，乾性刚健，下卦为离，离义文明，像人品德刚健光明。

④"应乎天"句，大有上卦为乾，乾为天，天之运行遵四时之序，像人所行遵天道而顺时宜。

【今译】

　　《象辞》说:大有:六五之爻居上卦中位,处尊贵之位得贞正之道,而且上下五阳爻与之和应,像人臣居极位,行事贞正,群僚和洽,事业有成。所以说大有。此种卦象显示:人有刚健文明之德,顺应天道,依时行事,所以说:"昌隆通泰。"

【原文】

　　《象》曰:火在天上,大有。君子以遏恶扬善①,顺天休命②。

注释

　　①遏:《尔雅·释诂》:"遏,止也。"即制止。扬,表彰,发扬。
　　②休:《尔雅·释诂》:"休,美也。"休命,佳运。

【今译】

　　《象辞》说:本卦下卦为乾为天,上卦为离为火,火在天上,明烛四方,这是大有的卦象。君子观此卦象,取法于火,洞察善恶,抑恶扬善,从而顺应天命,祈获好运。

【原文】

　　初九:无交害①,匪咎,艰则无咎。
　　《象》曰:大有初九,无交害也。

注释

　　①无:用同毋,表示禁止的否定副词。交害,彼此侵害。

【今译】

　　初九:不要彼此侵害,即没有灾祸,即使处于艰难之中,也没有灾祸。
　　《象辞》说:大有初九爻辞说,不要彼此侵害。

【原文】

　　九二:大车以载,有攸往,无咎。

《象》曰:大车以载,积中不败也①。

注释

①败:失散,丢失。

【今译】

九二:用大车装物载人,有明确的目的地,没有灾祸。
《象辞》说:用大车装物载人,物积于车中不会散失。

【原文】

九三:公用亨于天子①。小人弗克。
《象》曰:公用亨于天子,小人害也。

注释

①公:这里指群臣。亨,即享,当作飨,宴会。

【今译】

九三:天子宴请公侯。小人则不能参与。
《象辞》说:天子宴请公侯,(小人不能参与)因为小人参与国政,将是国家的祸害。

【原文】

九四:匪其彭①,无咎。
《象》曰:匪其彭,无咎,明辩晰也。

注释

①匪其彭:沙少海先生说:"匪,借为昲(fèi)。《广雅·释诂》:'昲,日暴也。'彭,借为尪(wāng)。虞翻本作尪,跛足男巫。古时天旱,往往把巫尪放在烈日下晒,甚至用火烧,叫他求雨。"《象辞》解"匪"为反对,解"尪"为邪恶,匪其彭,犹言反对邪恶。与经意有出入。

【今译】

九四:用曝晒男巫来求雨,旱情严重,但没有灾祸。

《象辞》说：反对坏人坏事没有灾祸，因为明于考察辨析。

【原文】

六五：厥孚交如威如①，吉。

《象》曰：厥孚交如②，信以发志也③。威如之吉，易而无备也④。

注释

①厥：其。孚，同俘。交，同绞，犹言捆绑。威，用如动词，胁迫，惩罚。如，形容词词尾。

②《象辞》释"孚"为诚信，释"交"为皎，洁白，坦白。

③发：表明，发志，犹言表达志向。

④备：借为惫，困惫。

【今译】

六五：来犯之敌被紧紧捆绑，严厉惩罚，吉利。

《象辞》说：其人诚信坦白，因为他以诚信来表现自己的志向。威服众人之所以吉利，因为众人敬畏，则能平安而不困惫。

【原文】

上九：自天祐之，吉，无不利。

《象》曰：大有上吉，自天祐也。

【今译】

上九：上天保佑，吉利，无所不顺利。

《象辞》说：大有是大吉大利之卦，因为得到上天的保佑。

谦第十五

☷ 艮下
☷ 坤上

【原文】

谦①:亨。君子有终。

注释

①谦:卦名。本卦是异卦相叠(艮下坤上)。本卦内卦为艮,艮为山;外卦为坤,坤为地。高亨说:"地卑而山高,地中有山,是内高而外卑。谦者才高而不自许,德高而不自矜,功高而不自居,名高而不自誉,位高而不自傲,皆是内高外卑,是以卦名曰谦。"谦,《玉篇》:"让也。"

【今译】

谦卦:通泰。筮遇此卦,君子将有所成就。

【原文】

《彖》曰:谦,亨。天道下济而光明①。地道卑而上行。天道亏盈而益谦。地道变盈而流谦。鬼神害盈而福谦。人道恶盈而好谦。谦,尊而光,卑而不可逾②,君子之终也。

注释

①济:《尔雅·释诂》:"济,成也。"犹言生成。
②光:光荣,荣耀。逾,跨越,这里指侵凌。

【今译】

《彖辞》说:谦卑,则亨通。天的法则是,阳气下降,生成万物,使世界充满光明。地的法则是,阴气上升,与阳气交感,使自然循环演化。天的原则是亏损那盈满的,培补那虚缺的。地的原则是侵蚀那盈满的,增益那卑微的。鬼神的原则是侵害那盈满的,降福于谦虚的。人的原则是疾恨那盈满的,喜欢那谦逊的。谦虚的品德,使尊贵者得到尊敬,使卑微者不可欺压。这是君子获得善报的原因。

【原文】

《象》曰:地中有山,谦。君子以裒多益寡①,称物平施②。

注释

①裒(póu),《释文》:"裒,郑、荀、董、蜀才作捊。云:'取也。'"
②称:《说文》:"铨也。""衡也。"平,公平。施,施舍。

【今译】

《象辞》说:本卦外卦为坤为地,内卦为艮为山,地中有山,内高外卑,居高不傲,这是谦卦的卦象。君子观此卦象,以谦让为怀,裁取多余的,增益缺乏的,衡量财物的多寡而公平施予。

【原文】

初六:谦谦,君子。用涉大川①,吉。
《象》曰:谦谦君子,卑以自牧也②。

注释

①用:犹利。
②卑:谦卑。牧,《说文》:"牧,养牛人也。"养牛谓牧,人的自身休养亦可称牧。

【今译】

初六:谦让,再谦让,这才是君子的风度。具有这种品德,即使冒险涉水过河,也是吉利的。
《象辞》说:十分谦让的君子,就是从谦让入手进行自我修养。

【原文】

初六:鸣谦①,贞吉。

《象》曰:鸣谦贞吉②,中心得也③。

【注释】

①鸣谦:沙少海先生说:"鸣,声假为明。明谦,犹言明智的谦让。"
②爻辞"贞吉"为贞兆辞。贞,卜问。《象辞》释"贞"为中正。
③中心得:犹言心得中。此以六二爻象、爻位为据。

【今译】

初六:明智而谦让,卜问得吉兆。
《象辞》说:明智而谦让,心正而吉利,因为六二之爻居下卦中位,像人守中正之道。

【原文】

九三:劳谦,君子有终,吉。
《象》曰:劳谦君子,万民服也。

【今译】

九三:勤劳而谦让,这样的人将有好结果,凡事吉利。
《象辞》说:勤劳而谦让的君子,万民敬服。

【原文】

六四:无不利㧑谦①。
《象》曰:无不利,㧑谦,不违则也。

【注释】

①㧑(huī):沙少海先生说:"声借为挥。《说文》:'挥,奋也。'"即奋勇。

【今译】

六四:无所不利,只要奋勇直前而又谦虚谨慎。
《象辞》说:无所不利,只要奋勇直前而又谦虚谨慎,因为这样才不会违犯法则。

【原文】

六五:不富以其邻①,利用侵伐,无不利。

《象》曰:利用侵伐,征不服也。

注释

①不富:即贫穷。以,因为。邻,邻邑,邻国。

【今译】

六五:贫穷是由于敌国的侵掠,应该对之讨伐,无所不利。

《象辞》说:筮遇此爻有利于征战讨伐,因为是征讨不服从王命的人。

【原文】

上六:鸣谦①,利用行师征邑国②。

《象》曰:鸣谦,志未得也,可用行师征邑国也。

注释

①鸣谦:即明智而谦让。详见前注。

②行师:犹言出征。邑国,诸侯封国。

【今译】

上六:明智而谦让,出兵征伐邑国自然获胜。

《象辞》说:明智而谦让,尚不能感化邑国得行其志,就可以出兵征讨邑国。

豫第十六

☷ 坤下
☳ 震上

【原文】

豫①：利建侯、行师。

【注释】

①豫：卦名。本卦异卦相叠（坤下震上）。本卦下卦为坤为地；上卦为震为雷。古人认为天暖之时，雷生于地，大地震动，万物破土萌芽；天寒之时，雷入于地，大地凝重，万物伏蛰潜藏。雷依时而出入，预示春冬之来临，所以卦名曰豫。豫，《广雅·释言》："早也。"《礼记·学记》："禁于未然之谓豫。"

【今译】

豫卦：有利于封侯建国，出兵打仗。

【原文】

《彖》曰：豫，刚应而志行①，顺以动，豫。豫，顺以动。故天地如之②。而况"建侯行师"乎？天地以顺动，故日月不过，而四时不忒③。圣人以顺动，则刑罚清而民服。豫之时④，义大矣哉。

【注释】

①"刚应"句：《彖辞》作者认为：豫之九四为阳爻，为刚，其余五爻为阴，为柔，上下五柔和应一刚，比喻强者能统领众人，贯彻自己的意志。
②如：《说文》："如，随从也。"
③过：错，差错。忒，《释文》引郑注云："忒，差也。"即讹误。
④豫之时：指豫卦所蕴含的顺时而动的哲理。

【今译】

《彖辞》说：豫卦的结构为五阴爻和应一阳爻，象征着弱者服从强者,强者能够贯彻实行自己的意志。下卦为坤为地,意味着顺,上卦为震为雷,意味着动,豫卦的意义是顺时而动。正因为豫卦的意义在于顺时而动,所以天地尚能随和其意,何况"封侯建国,出兵打仗"这类事情呢?天地能顺时而动,日月运行无差错,四时循环无讹误。圣人能顺时而动,刑罚清明,万民服从。豫卦所蕴含的"顺时而动"的哲理,其意义是伟大的。

【原文】

《象》曰:雷出地奋,豫。先王以作乐崇德,殷荐之上帝①,以配祖考②。

【注释】

①殷:《集解》引郑玄曰:"殷,盛也。"荐,进献。殷荐,犹言隆重地进献。

②配:犹献。《汉书·艺文志》引配作享,享亦献。考,父死称考。祖考,泛指先人。

【今译】

《象辞》说:本卦上卦为震,震为雷,下卦为坤,坤为地。春雷轰鸣,大地震动,催发万物,这是豫卦的卦象。先王观此卦象,取法于声满大地的雷鸣,制作音乐,歌功颂德,光荣归于上帝,光荣归于祖考。

【原文】

初六:鸣豫①,凶。

《象》曰:初六鸣豫,志穷凶也。

【注释】

①鸣:鸣叫,犹言津津乐道,喋喋不休。豫,借为娱,享乐。

【今译】

初六:津津乐道于荒淫享乐,凶险。

《象辞》说:初六爻辞讲,津津乐道于荒淫享乐,其人意志必消退,身名必败裂。

【原文】

六二:介于石①,不终日。贞吉。

《象》曰:不终日,贞吉,以中正也。

【注释】

①介:夹。终日,犹言一整天。

【今译】

六二:夹在石缝中,幸而不到一天就被人救出。卜问得吉兆。

《象辞》说:磨难不足一日即解除,卜问得吉兆,因为六二之爻居下卦中位,像人得中正之道。

【原文】

六三:盱豫①,悔;迟②,有悔。

《象》:盱豫有悔,位不当也。

【注释】

①盱:沙少海先生说:"盱(xū),通纡、迂等字,训缓慢。"
②迟:迟缓,懈怠。

【今译】

六三:懒散游乐,将招致后悔;再加上懈怠大意,那就后悔莫及。

《象辞》说:懒散游乐,将招致后悔,因为六三之爻居于阳位,是处位不当,像人之行事与所处地位不相称。

【原文】

九四:由豫①,大有得。勿疑朋盍簪②。

《象》曰:由豫大有得,志大行也。

【注释】

①由:高亨说:"由疑当作田,形似而误。"
②朋盍簪:高亨说:"朋,朋友。盍,借为嗑,多言也。簪借为譖,为谗,进恶言以毁人也。"

【今译】

九四：田猎取乐，大获鸟兽。筮遇此爻，勿疑友人多嘴而谗己。

《象辞》说：田猎取乐，大获鸟兽，说明猎获甚多，如愿以偿。

【原文】

六五：贞疾，恒不死。

《象》曰：六五贞疾①，乘刚也②。恒不死，中未亡也③。

注释

①贞：《象辞》释为中，贞疾，犹言患病，与经意不符。
②乘刚：此以六五、九四爻象、爻位为据。六五阴爻，为柔，处于九四阳爻（为刚）之上，所以说乘刚。乘，凌驾。
③中未亡：此以六五爻位为据。六五之爻居上卦中位，其所处得当，得不死之象。

【今译】

六五：卜问疾病，长时间内不会死去。

《象辞》说：六五爻辞讲患病，因为六五阴爻居于九四阳爻之上，犯了柔乘刚之象。"长时间不会死去"，因为六五之爻居于上卦中位，正当不死之象。

【原文】

上六：冥豫①，成有渝②，无咎③。

《象》曰：冥豫在上，何可长也。

注释

①冥：晚，这里指末日。
②成：成就，指已成之事。渝，变，变故。
③无咎：高亨说："无咎二字疑是衍文。《象传》以'何可长也'释爻辞之'成有渝'，未释爻辞之'无咎'，且'何可长也'与'无咎'竟相矛盾，足证《象传》作者所据《易经》本无'无咎'二字。"此说有理。

【今译】

上六：末日将至尚且享乐，已成之事也将毁败。

《象辞》说：末日将至尚且享乐，以此居上位，怎能长久。

随第十七

震下
兑上

【原文】

随①：元亨，利贞，无咎。

【注释】

①随：卦名。本卦为异卦相叠（震下兑上）。本卦上卦为兑，兑义为悦；下卦为震，震为动。君王有所举动，而能取悦众心。说明臣民拥戴君王，服从君王意旨，如影之随形，如响之应声，所以卦名曰随。随，《说文》："从也。"《广雅·释诂》："随，顺也。"

【今译】

随卦：大吉大利，卜得吉兆，没有灾害。

【原文】

《彖》曰：随，刚来而下柔①，动而说，随。大、亨、贞，无咎。而天下随时，随时之义大矣哉！

【注释】

①"刚来"句：本卦下卦为震，为阳，为刚；上卦为兑，为阴，为柔。震下兑上，是刚居柔下，以喻尊贵君子降位屈尊，下礼臣民。

【今译】

《彖辞》说：随卦：下卦为震，震为刚，上卦为兑，兑为柔，这是阳刚居于阴柔之下；君王下礼臣民，臣民拥戴君上，君王有所举动，臣民乐于听从，因而卦名为随。随卦具有盛大、亨美、利物、贞正的品德，因而无过失。天下万事在于随时而行，"随时"的意义是伟大的。

【原文】

《象》曰:泽中有雷,随。君子以向晦入宴息①。

【注释】

①晦:《集解》引翟元曰:"晦者,冥也。"即暮夜。向晦,犹言向晚。宴,《说文》:"宴,安也。"宴息,犹言安息、休息。

【今译】

《象辞》说:本卦下卦为震,震为雷,上卦为兑,兑为泽;雷入泽中,大地寒凝,万物蛰伏,是随卦的卦象。君子观此卦象,取法于随天时而沉寂的雷声,随时作息,向晚则入室休息。

【原文】

初九,官有渝①,贞吉。出门交有功。

《象》曰:官有渝,从正吉也。出门交有功,不失也。

【注释】

①官:古馆字,馆舍。《象辞》解释官如官吏。渝,变,变故。《象辞》释"渝"为失败,与经意有异。

【今译】

初九:馆舍里发生事故,筮遇此爻则吉。出门同行都得好处。

《象辞》说:"官吏把事情办坏了,归从正道则吉利。出门同行都得好处,这是不失正道的缘故。

【原文】

六二:系小子,失丈夫①。

《象》曰:系小子,弗兼与也。

【注释】

①本卦内容比较专一,多记录商旅之事,主要是奴隶的贩买情况。此爻即为追捕奴隶的记载。以下各爻则记录了押送俘虏,将俘虏用作人牲的社会惨象。

《象辞》作者不了解这一社会实际,用儒家理论,将各爻解释成一般性生活道理的反映。读者须细辨。

【今译】

六二:抓住了未成年的奴隶,跑了成年的奴隶。

《象辞》说:抓了小的,跑了大的,意思是两者不能兼得。

【原文】

六三:系丈夫,失小子。随有求得①。利居贞。

《象》曰:系丈夫,志舍下也②。

注释

①随:追随,这里指追求,占有。九四爻辞"随有获",其意略同。

②舍:舍弃。下,与上对言,价值高低大小之谓。

【今译】

六三:抓住了成年奴隶,跑了未成年奴隶。希望无失不如现得。筮遇此爻,卜问居处则吉利。

《象辞》说:抓了大的,跑了小的,其志在于追逐大的,舍弃小的。

【原文】

九四:随有获,贞凶。有孚在道①,以明②,何咎?

《象》曰:随有获,其义凶也。有孚在道,明功也。

注释

①孚:同俘。道,道路。《象辞》释"孚"为忠信,"道"为正道、道义。

②以:因为。明,明智。

【今译】

九四:追名逐利,贪多务获,卜问得凶兆。押送俘虏上路,明于约束,没有灾难。

《象辞》说:追名逐利,贪多务获,这种人遭遇凶险是应该的。谨守信用,严守正道,这是明察事功的结果。

【原文】

　　九五:孚于嘉,吉①。
　　《象》曰:孚于嘉,吉,位中正也②。

注释

　　①孚:同俘。《象辞》释"孚"为信守。嘉,李镜池认为是小国名。《象辞》释为嘉美,即中正之道。
　　②位中正:此以九五爻象、爻位为据,九五,阳爻,居上卦中位,是谓得位。

【今译】

　　九五:俘虏了不少嘉人,吉利。
　　《象辞》说:信守中正之道,诸事吉利,因为九五之爻居上卦中位,像人守中正之道。

【原文】

　　上六:拘系之,乃从维之①。王用亨于西山②。
　　《象》曰:拘系之,上穷也。

注释

　　①拘系:拘禁。维,捆绑。之,指代俘虏。
　　②王:周文王。西山,在镐京之西,故称西山。亨,即享字,祭祀。全句说同文王在西山用俘虏作人牲,祭祀神灵。

【今译】

　　上六:将俘虏拘禁起来,紧紧捆绑,周文王将他们作为人牲在西山祭祀神灵。
　　《象辞》说:被捆绑拘禁,因为上六居一卦之尽头,像人处于穷困之境地。

蛊第十八

巽下
艮上

【原文】

蛊①：元亨。利涉大川。先甲三日，后甲三日②。

【注释】

①蛊：卦名。本卦是异卦相叠（巽下艮上）。本卦上卦为艮，艮为山，下卦为巽，巽为风。高山沉静，喻贤人稳居其位；风行山下，喻百姓蒙受教化。于是贤愚得位，风吹草偃，国事可为，功业可就，所以卦名曰蛊。蛊，《广雅·释诂》："事也。"

②先甲三日：即甲日前三天，即辛日。后甲三日，即甲日后三天，即丁日。高亨说："我国上古历法：每年十二月（有闰月，置岁末）。每月三旬。每旬十日，以甲、乙、丙、丁、戊、己、庚、辛、壬、癸十字记之。每旬之第一日为甲日，第二日为乙日，第三日为丙日，余以类推。据甲骨刻辞，殷代已用此历法。"

【今译】

蛊卦：大吉大利。利于涉水渡河，但须在甲前三日之辛日与甲后三日之丁日启程。

【原文】

《彖》曰：蛊，刚上而柔下，巽而止，蛊。"蛊，元亨"，而天下治也。"利涉大川"，往有事也。"先甲三日，后甲三日"，终则有始，天行也①。

【注释】

①天行：天道。卦辞"先甲三日，后甲三日"，其间为七日。高亨说："《彖》传以为天道至七而复，盖以天道之四时为据。以古代之气候学言之：春夏阳气处于统治地位时期共为六个月。秋冬为阴气处于统治地位时期共为六个月。阴气自正月起，退出统治地位，至七月（正月后第七个月）又进入统治地位，是阴气至七

而复。阴阳二气皆至七个月而复，终则又始，循环不已，即《彖》传所指'终则有始，天行也'。"易卦爻数为六，依次上升至第七爻，则复于原爻，这也是依据至七而复的"天道"。

【今译】

《彖辞》说：蛊，上卦为艮，艮为刚，下卦为巽，巽为柔，所以说刚上而柔下，下卦为巽，义在谦逊，上卦为艮，义在静止，所以说谦逊而沉静，所以卦名为蛊。"蛊卦，弘大通泰"，这是天下大治之象。"利于涉水渡河"，此行乃有所事事。"甲前三日为辛日，甲后三日为丁日，从辛至丁共七日"，"七"正是易卦爻数的循环周期，这是以天道运行为依据的。

【原文】

《象》曰：山下有风，蛊。君子以振民育德。

【今译】

《象辞》说：本卦上卦为艮为山，下卦为巽为风，贤人如山居于上，宣布德教施于下，所谓山下有风，这是巽卦的卦象。君子观此卦象取法于吹拂万物的风，从而振救万民，施行德教。

【原文】

初六：干父之蛊，有子考①。无咎，厉，终吉。
《象》曰：干父之蛊，意承考也。

注释

①干：借为贯。《尔雅·释诂》："贯，习也。"习，即继承。蛊，《序卦》："蛊者，事也。"考，于省吾说："考、孝金文通用。有子考即有子孝。"《象辞》释考为父，与经意有出入。

【今译】

初六：继承父业，有一个孝顺的儿子，固然没有灾害，即使遇到危险，最后乃吉利。

《象辞》说:继承父业,意思是继承其父遗志。

【原文】
　　九二:干母之蛊①,不可贞。
　　《象》曰:干母之蛊,得中道也。

注释
　　①干母之蛊:以男性为中心的社会,妇女没有地位,受到轻蔑歧视,儿子如果继承母亲的意旨则为不吉利。但《象辞》释此爻辞显与经意不合,盖以九二爻位为据。

【今译】
　　九二:继承母业,财吉凶不可卜问。
　　《象辞》说:继承母业,九二处下卦中位,爻象显示其人得中正之道。

【原文】
　　九三:干父之蛊,小有悔,无大咎也。
　　《象》曰:干父之蛊,终无咎也。

【今译】
　　九三:继承父业,即使稍有过错,也不会出大问题。
　　《象辞》说:继承父业,最终不会遭逢灾难。

【原文】
　　六四:裕父之蛊,往见吝①。
　　《象》曰:裕父之蛊,往未得也②。

注释
　　①裕:发扬,光大。吝,艰难。
　　②得:得当。《礼记·大学》:"虑而后能得。"郑注:"得,谓得事之宜也。"

【今译】

六四：光大父业，施行起来困难重重。

《象辞》说：光大父业（困难重重），施行之中未尽得当。

【原文】

六五：干父之蛊，用誉①。

《象》曰：干父用誉，承以德也。

注释

①用：利。誉，赞誉，这里用如动词，犹博取赞誉。

【今译】

六五：继承父业，博得了赞誉。

《象辞》说：继承父业而博得了赞誉，因为继承了其父的美好品德。

【原文】

上九：不事王侯，高尚其事。

《象》曰：不事王侯，志可则也①。

注释

①则：榜样，楷模，这里用如动词，犹言效法。

【今译】

上九：不服务于王侯，因为其人看重自身价值。

《象辞》说：不服务于王侯，这种志趣可以效法。

临第十九

☱ 兑下
☷ 坤上

【原文】

临①：元亨，利贞。至于八月，有凶②。

【注释】

①临：卦名。本卦为异卦相叠（兑下坤上）。本卦上卦为坤，坤为地，为堤岸；下卦为兑，兑为泽。堤岸高出大泽，大泽容于大地，比喻君王亲临天下，包容万民，治理邦国。所以卦名曰临。临，居高临下之谓。又，临，《国语·周语》贾逵注："治也。"

②至于八月，有凶：易卦以至七而复为天地运行的循环周期。阴阳二气各盛于七月，至第八个月则消退让位。天道如此，国运人事亦如此，盛衰有期，兴代不已。在易卦看来，元亨之贞，至于八月则转亨为凶，这是一种普遍的原则。

【今译】

临卦：大吉大利，吉利的卜问。到了八月，可能有凶险。

【原文】

《彖》曰：临，刚浸而长①，说而顺，刚中而应②。大"亨"以正，天之道也。"至于八月，有凶"，消不久也。

【注释】

①浸：程颐说："浸，渐也。"犹今言逐步发展。刚浸而长，此以初九、九二之爻象为据，初九阳爻为刚，渐次伸长，而致于第二位，像阳刚之气渐渐生长，君子之道逐步得势。

②"刚中而应"句，《象辞》认为九二阳爻性刚，居下卦中位，是谓刚中，六五阴爻性柔，居上卦中位，与九二阳位同处中位，是同位之爻相互和应。

【今译】

《象辞》说：临，就是说阳气渐生渐长，渐渐居临于上。下卦为兑，义为悦，上卦为坤，义为顺，喻指秉性和平，态度温顺。九二为阳爻，居下卦的中位，六五为阴爻，居上卦的中位，两同位爻互相和应。这种卦象综合起来表现了临卦弘大、亨美、贞正的品德和含蕴，也体现了天的原则。至于说"到了八月，可能有凶险"，因为盛势不可能持久，阳刚不可能常盛。

【原文】

《象》曰：泽上有地，临。君子以教思无穷，容保民无疆。

【今译】

《象辞》说：本卦下卦为兑为泽，上卦为坤为地，堤岸高出大泽，河泽容于大地，这是临卦的卦象。君子观此卦象，君临天下，教化万民，殚思极虑，保容万民，德业无疆。

【原文】

初九：咸临①，贞吉。
《象》曰：咸临贞吉，志行正也。

注释

①咸：声假为感。王弼说："咸，感也。"这里指感化政策。

【今译】

初九：以感化的政策治民。卜问得吉兆。
《象辞》说：以感化的政策治民，治道贞正，自然吉利，因为居心端正，作风正派。

【原文】

九二：咸临①，吉，无不利。
《象》曰：咸临，吉，无不利，未顺命也。

【注释】

①咸临:与初九爻辞有异。此"咸",当借为諴。《说文》:"諴,和也。"即温和,和洽。

【今译】

九二:用温和的政策治民,吉利,无不吉利。

《象辞》说:用温和的政策治民,吉利,无不吉利,因为百姓尚未驯化从命。

【原文】

六三:甘临①,无攸利。既忧之,无咎。

《象》曰:甘临,位不当也②。既忧之,咎不长也。

【注释】

①甘:当读为钳,钳制压迫。
②位不当:此以六三爻象、爻位为据,六三阴爻而居阳位,是处位不当。

【今译】

六三:用压服的政策治民,没有什么好处。如果有所忧悔,灾祸可以消除。

《象辞》说:用压服的政策治民,正如六三阴爻不当居阳位一样,这样的君王不是称职的君王。如果能有所忧悔,其灾祸则可消除。

【原文】

六四:至临①,无咎。

《象》曰:至临,无咎,位当也②。

【注释】

①至临:犹言亲临,亲自理政治事。
②位当:此以六四爻象爻位为据。六四阴爻而居阴位(第四位为阴位),是为当位。

【今译】

六四:亲自理国治民,没有害处。

《象辞》说:亲自理国治民,没有害处,正如六四阴爻居阴位一样,这样的君王是称职的君王。

【原文】

六五:知临,大君之宜①,吉。

《象》曰:大君之宜,行中之谓也。

注释

①知:同智,明智。大君,国君。

【今译】

六五:以明智治民,得君王之体,自然吉利。

《象辞》说:得君王之体,因为六五之爻居上卦中位,像人行事得中正之道。

【原文】

上六:敦临①,吉,无咎。

《象》曰:敦临之吉,志在内也。

注释

①敦:惠栋说:"敦,厚也。"

【今译】

上六:以敦厚之道治民,吉利,自然无灾祸。

《象辞》说:以敦厚之道治民,吉利,因为敦厚诚实之意存于内心。

观第二十

坤下
巽上

【原文】

观①:盥而不荐,有孚颙若②。

【注释】

①观:卦名。本卦为异卦相叠(坤下巽上)。本卦下卦为坤,坤为地;上卦为巽,巽为风,风行大地,吹拂万物,喻君王巡视邦国,观察民情,施行德教,风化社会,所以卦名曰观。观,《说文》:"谛视也。"含观察、观看二义。

②盥:当读为灌,祭祀时用酒灌地以迎神。荐,献,指献牲。孚,同俘。颙(yǒng),《说文》:"大头也。"孚颙,指俘虏的头被打肿了。

【今译】

观卦:祭祀时灌酒降神而不献人牲,因为用作祭祀的俘虏的头部肿了,不能用作祭品。

【原文】

《彖》曰:大观在上①,顺而巽,中正以观天下②,观。"盥而不荐,有孚颙若"③,下观而化也④。观天之神道,而四时不忒⑤。圣人以神道设教,而天下服矣。

【注释】

①大观:遍观,普遍观察。

②中正以观天下:此以九五、六二爻象爻位为据。观的九五为阳爻而居上卦中位,六二为阴爻而居下卦中位,是为得位,像君臣各得其位,各司其职,所以说"中正"。九五阳爻之下分列四阴爻,像君临万民,俯察民情,所以说"观天下"。

③《象辞》释"孚"为诚信,释"颙"为恭敬,与经意不符。

④下:臣民。化,感化。

⑤忒:《集解》引虞翻曰:"忒,差也。"

【今译】

《象辞》说:君王在上,遍观臣民。下卦为坤,义为柔顺,上卦为巽,义为谦逊,观卦有柔顺谦逊的品德。九五、六二各居上、下卦的中位,像君臣守中正之道,而九五阳爻居于群阴爻之上,喻君王俯察民情,所以卦名为观。"国君祭神,灌酒而不献牲,但是虔诚而又肃敬",臣民观摹而感化。看到四时运行井然有序,就能观察到上天神秘的原则。圣人根据神道来制定教化万民的理论体系,天下就能驯化服从。

【原文】

《象》曰:风行地上,观。先王以省方①,观民,设教。

【注释】

①省:《说文》:"省,视也。"方,邦国。

【今译】

《象辞》说:本卦上卦为巽为风,下卦为坤为地,风行大地吹拂万物,这是观的卦象。先王观此卦象取法于周流八方的风,从而巡视邦国,观察民情,推行教化。

【原文】

初六:童观①,小人无咎,君子吝。
《象》曰:初六童观,小人道也。

【注释】

①童:孩童,这里喻指幼稚无知。

【今译】

初六:愚蠢近视,对一般百姓来讲尚无大碍,但对于担负政治责任的君子来说,将会铸成大错。
《象辞》说:初六爻辞讲,愚蠢近视,这正是小人们的思想特征。

【原文】

六二:阒观①,利女贞。

《象》曰:阒观女贞②,亦可丑也。

注释

①阒:与窥同,窥观,犹言从门缝或孔穴中视物,即一孔之见。

②阒观:《象辞》释为女人暗中观察男人,把经意中属于认识论范畴的观察狭隘化了。

【今译】

六二:囿于一孔之见,这是有利于女人的贞兆。

《象辞》说:女人窥视男人,即使操行贞正,亦属可丑的行为。

【原文】

六三:观我生进退①。

《象》曰:观我生进退,未失道也。

注释

①我生:犹本姓,这里泛指亲族。

【今译】

六三:观察亲族的思想动向,从而决定为政的措施。

《象辞》说:观察亲族的思想动向,从而决定为政的措施,这才未失去用人行政的正道。

【原文】

六四:观国之光①,利用宾于王②。

《象》曰:观国之光,尚宾也③。

注释

①国之光:国家最可宝贵、最可玄耀的东西。

②宾:宾客。这里用如动词,指作客。宾于王,犹言朝觐君王。

③尚:即上。尚宾,即上宾,犹言王室之宾客,国宾。

【今译】

六四:观察国家政绩风俗的辉煌表现。筮遇此爻,有利于朝觐君王。

《象辞》说:观察国家政绩风俗的辉煌表现,此来者为国宾。

【原文】

九五:观我生,君子无咎。

《象》曰:观我生,观民也。

【今译】

九五:善于观察亲族之意向,君子可以无过错。

《象辞》说:观察亲族之意向,就是观察天下万民的意向。

【原文】

上九:观其生①,君子无咎。

《象》曰:观其生,志未平也。

【注释】

①其:他。其生,犹言他姓,与我生相对而言,泛指其他氏族、部落。

【今译】

上九:观察其他部族的意向,君子可以无过错。

《象辞》说:观察其他部族的意向,是因为尚未全面摸清情况,心不踏实,决心难下。

噬嗑第二十一

☰ 震下
☲ 离上

【原文】

噬嗑①：亨。利用狱。

【注释】

①噬嗑：卦名。本卦为异卦相叠（震下离上）。上卦为离，离为阴卦，下卦为震，震为阳卦。阴阳相济，刚柔相交。像刚齿破物，柔舌试味，齿舌配合，去粗取精，比喻人恩威并用，严明结合。所以卦名曰噬嗑，即咀嚼。

【今译】

噬嗑卦：通泰。利于讼狱。

【原文】

《彖》曰：颐中有物曰噬嗑①。噬嗑而亨。刚柔分，动而明，雷电合而章②。柔得中而上行③，虽不当位，"利用狱"也。

【注释】

①颐：腮。颐中有物，犹言口中含物而咀嚼之。
②"雷电合"句：本卦下卦为震，震为雷；上卦为离，离为电。下震上离是为"雷电合"。章，显明，此处指雷电闪熠。喻人行动明察。
③"柔得中"句：本卦六二、六五阴爻为柔，分居上下卦的中位，是为柔得位。六二、六三、六五皆为阴爻，由六二而渐次上升至第五位是为柔上行。

【今译】

《彖辞》说：口中含物而咀嚼之，所以卦名为噬嗑。其卦辞说："通泰。"本卦下卦为震为雷为阳，上卦为离为电为阴，所以说刚柔相济，雷电交合，光彩炳然。喻人敢于行动，而明察机宜。六二之爻居下卦中位,六五居上卦中位,阴柔居处恰当而渐次上升,虽六三、六五阴爻处于阳位,但无大碍,所以说:"讼狱仍能取胜。"

【原文】

《象》曰:电雷①,噬嗑。先王以明罚勑法②。

【注释】

①电雷:原作雷电。据项安世引汉石经移正。本卦上卦为离为电,下卦为震为雷,先电后雷,词序当如此。

②勑,《释文》:"勑,《字林》作敕。郑云:'勑犹理也。'一云'整也'。"修正,整理。

【今译】

《象辞》说:本卦下卦为震为雷,上卦为离为电,雷电交合是噬嗑的卦象。先王观此卦象,取法于威风凛凛的雷、照彻幽隐的电,思以严明治政,从而明察其刑罚,修正其法律。

【原文】

初九:屦校灭趾①,无咎。

《象》曰:屦校灭趾,不行也。

【注释】

①屦:汉帛书《周易》作"句",屦、句古通用,均当作娄,曳、拖之意。校,木制囚人的刑具,加于颈者谓之枷,加于手者谓之梏,加于足者谓之桎,通谓之校。这里的校,指桎。灭,伤破、磨破。

【今译】

初九:拖着刑具,磨破了脚趾,但没有大的灾难。

《象辞》说:拖着刑具,磨破了脚趾,小惩则可大戒,使之不重犯过错。

【原文】

六二:噬肤灭鼻①,无咎。

《象》曰:噬肤灭鼻,乘刚也②。

【注释】
　　①噬:啮,咀嚼。肤,《释文》引马融注:"柔脆肥美曰肤。"《仪礼·士聘礼》:"肤,鲜鱼,鲜猪。"鲜美之肉皆可称肤。灭鼻,遭受割鼻之刑。
　　②乘刚:此以六二爻象、爻位为据。六二阴爻为柔,凌驾于初九阳爻之上(阳爻为刚)。

【今译】
　　六二:大吃鲜鱼嫩肉,遭受割鼻之刑,但没有大难。
　　《象辞》说:大吃鲜鱼嫩肉,遭受割鼻之刑,因为六二之爻居于阳爻之上,像人享受非分之福。

【原文】
　　六三:噬腊肉,遇毒。小吝,无咎。
　　《象》曰:遇毒,位不当也。

【今译】
　　六三:吃腊肉,中毒。碰上了麻烦,但不十分严重。
　　《象辞》说:中毒,因为六三阴爻居于阳位,像人不称其位。

【原文】
　　九四:噬干胏,得金矢①。利艰贞,吉。
　　《象》曰:利艰贞吉,未光也。

【注释】
　　①胏(zǐ子):带骨头的肉。干胏,即干肉。金矢,金属箭头。

【今译】
　　九四:啃吃骨头,发现骨头中有金属箭头。卜问艰难之事,结果是吉利的。
　　《象辞》说:卜问艰难之事,结果是吉利的,但目前仍处于艰难之中,尚未进入光明之境。

【原文】

六五:噬干肉,得黄金①。贞厉,无咎。

《象》曰:贞厉,无咎,得当也。

注释

①黄金:义与金矢同,此同义异文。

【今译】

六五:吃干肉,发现金属箭头。卜问得危险之兆,但最终可以无灾祸。

《象辞》说:卜问得危险之兆,但最终可以无灾祸,因为六五之爻居上卦中位,位象得当,可以化险为夷。

【原文】

上九:何校灭耳①,凶。

《象》曰:何校灭耳,聪不明也。

注释

①何:借为荷,背负。校,指枷,加于颈脖上的刑具。灭,磨破。参见前注。

【今译】

上九:肩上扛着大枷,磨破了耳朵,凶险。

《象辞》说:肩上扛着大枷,磨破了耳朵,因为其人不听劝阻,触犯了刑律。

贲第二十二

☲ 离下
☶ 艮上

【原文】

贲①:亨。小利有攸往。

【注释】

①贲(bì):卦名。本卦为异卦相叠(离下艮上)。本卦下卦为离,离为火,上卦为艮,艮为山。山下有火,一片艳红,花木相映,锦绣如文。喻男婚女嫁,国政家制,都有仪礼制度,构成了复杂的社会人文关系,用以维护现存的社会秩序。这正是所谓贤德君子"观乎天文,察乎时变"神道设教的结果。所以卦名曰贲。贲,《序卦》:"饰也。"

【今译】

贲卦:通达。有所往则有小利。

【原文】

《彖》曰:贲,亨。柔来而文刚,故亨。分,刚上而文柔①,故以"小利有攸往",刚柔交错②,天文也。文明以止,人文也。观乎天文以察时变,观乎人文以化成天下。

【注释】

①"柔来而文刚"四句,文,文饰。本卦下卦为离为柔,上卦为艮为刚,柔居刚下,俯顺于刚,所以说"柔来","刚上"。"文刚"、"文柔",就是柔刚互为文饰,即以伦理、礼仪来规范人们的生活,用各种政治设施来维护社会制度的尊严。

②今本无"刚柔交错"四字,郭京本有。王弼、孔颖达所据本亦有。今据增。

【今译】

《彖辞》说:贲,通达。此卦下卦为离,义为阴柔,上卦为艮,义为阳刚,所以说阴柔文饰阳刚,因此"通达"。柔、刚分布,刚为主而柔为衬,所以说"有所往则有小利"。刚柔交错成文,这是天象。社会制度、风俗教化是人们生活的基础,是社会人文现象。观察天象,就可以察觉到时序的变化。观察社会人文现象,就可以用教化改造成就天下的人。

【原文】

《象》曰:山下有火,贲。君子以明庶政①,无敢折狱。

【注释】

①庶:众。庶政,各项政事。

【今译】

《象辞》说:本卦上卦为艮为山。下卦为离为火,山下有火,火燎群山,这是贲卦的卦象。君子观此卦象,思及猛火燎山,玉石俱焚,草木皆尽,以此为戒,从而明察各项政事,不敢以威猛断狱。

【原文】

初九:贲其趾①,舍车而徒。

《象》曰:舍车而徒,义弗乘也。

【注释】

①贲:文饰。贲其趾。犹言用花鞋套脚。本卦多记录婚嫁之事,礼聘迎娶都有生动的描写,展现了对偶婚制的简单的风俗图景。读者可从这个角度体察各爻意义。《象辞》附会大义,曲加解释,以致面目全非。

【今译】

初九:脚穿花鞋,舍车不乘,徒步而行。

《象辞》说:舍车不乘,徒步而行,为显示鞋子之美丽,理应不乘车。

【原文】

六二:贲其须。

《象》曰:贲其须,与上兴也。

【今译】
六二:修饰自己的胡须。
《象辞》说:修饰自己的胡须,说明老人不服老,帮助君王振兴国家。

【原文】
九三:贲如濡如①。永贞吉。
《象》曰:永贞之吉,终莫之陵也②。

注释
①贲:借为奔。濡,湿。如,形容词词尾。
②《象辞》释"贞"为诚信贞正。陵,侵凌。

【今译】
九三:奔跑向前,汗流浃背。卜问长时期的凶吉而得吉兆。
《象辞》说:永远贞正,必吉利,因为绝没有人侵凌正人君子。

【原文】
六四:贲如皤如①。白马翰如②。匪寇,婚媾。
《象》曰:六四,当位疑也③。匪寇,婚媾,终无尤也。

注释
①贲:借为奔。皤(pó 婆),郑玄本作燔,焚烧,这里指太阳当头晒。
②翰:黄颖注:"马举头高昂也。"马头高举即飞奔之状。
③当位:此以六四爻位爻象为据。六四,阴爻居阴位(第四位为阴位),是为当位。之所以称"疑",因为看到大批人马奔驰而来,心中犯疑,难料吉凶。

【今译】
六四:奔跑气吁吁,太阳火辣辣。高头白马,向前飞奔。不是来抢劫,而是来娶亲。

《象辞》说:六四阴爻居阴位,所处恰当。既知不是来抢劫,而是来娶亲,疑虑冰释,终无灾祸。

【原文】
　　六五:贲于丘园,束帛戋戋①。吝,终吉。
　　《象》曰:六五之吉,有喜也。

【注释】
　　①戋戋:马融注:"委积貌。"即一大堆的样子。

【今译】
　　六五:奔向丘园,送上许多布帛,初遇困难,终则顺利。
　　《象辞》说:六五爻辞说的吉利,是指有婚姻之喜。

【原文】
　　上九:白贲①,无咎。
　　《象》曰:白贲,无咎,上得志也。

【注释】
　　①贲:饰,这里指配色。白贲,犹言白底的布帛饰以各色花纹。

【今译】
　　上九:送上白底饰以诸色花纹的布帛,不会坏事。
　　《象辞》说:白底的布帛饰以诸色花纹,没有灾祸,因为上九居一卦之首位,像人高高在上,志得意满。

剥第二十三

坤下
艮上

【原文】

剥①：不利有攸往。

【注释】

①剥：卦名。本卦是异卦相叠（坤下艮上）。本卦上卦为艮，艮为山；下卦为坤，坤为地。高山屹立于大地，风雨侵蚀，山石剥落。警诫君王提防小人与政，侵凌君子，剥蚀国家。所以卦名曰剥。剥，《释文》引马云："落也。"

【今译】

剥卦：有所往则不利。

【原文】

《彖》曰：剥，剥也，柔变刚也①。"不利有攸往"，小人长也。顺而止之，观象也②。君子尚消息盈虚③，天行也。

【注释】

①柔变刚：本卦五阴爻在下，一阳爻在上，是阴柔太盛，足以压倒阳刚。
②象：卦象所显示的意义。
③尚：遵循，尊尚。消，消散，消亡。息，生长。

【今译】

《彖辞》说：剥，剥落，意思是阴柔太盛，使阳刚剥落。"有所往则不利"，因为爻象表明小人势力正强。下卦为坤，义为顺，上卦为艮，义为止，委曲求全，静止无为，这是观察形势作出的结论。君子应该遵循消长盈虚的规律，因为这是天道。

【原文】

《象》曰:山附于地,剥。上以厚下安宅①。

【注释】

①下:指庶民百姓。厚下,犹言厚结民心。安宅,犹言安居。

【今译】

《象辞》说:本卦上卦为艮为山,下卦为坤为地,山在地上,风雨剥蚀,这是剥卦的卦象。君子观此卦象,以山石剥落,岩角崩塌为戒,从而厚结民心,使人民安居乐业。

【原文】

初六:剥床以足①。蔑贞②,凶。
《象》曰:剥床以足,以灭下也。

【注释】

①剥:脱落。剥床以足,王弼注:"犹云剥床之足也。"
②蔑,《释文》引马云:"蔑,无也。"蔑贞,犹言无须卜问。或读蔑为梦,蔑贞,梦之占问。译文不取。此爻"剥床以足"及六二"剥床以辨",六四"剥床以肤"皆为象占之辞,即这种现象皆梦中所见,为其异常,故揲蓍以占其凶吉。

【今译】

初六:床足脱落。无须占问,这是凶险之象。
《象辞》说:床足脱落,这是自毁根基。

【原文】

六二:剥床以辨,蔑贞,凶①。
《象》曰:剥床以辨,未有与也②。

【注释】

①辨:高亨说:"辨读为牑,床板也。"余同初六爻辞。
②与:助,辅佐。

【今译】

六二:床板脱落。无须占问,这是凶险之象。

《象辞》说:床板脱落,这是自毁辅佐。

【原文】

六三:剥之①,无咎。

《象》曰:剥之无咎,失上下也。

注释

①之:犹言他,泛指代词。

【今译】

六三:割取邻国邻邑的土地人民,可以无灾祸。

《象辞》说:割取邻国邻邑的土地人民,可以无灾祸,因为邻国邻邑的统治者已失去了上下臣民的支持。

【原文】

六四:剥床以肤,凶①。

《象》曰:剥床以肤,切近灾也。

注释

①肤:高亨说:"肤,席也。"

【今译】

六四:剥取床上的垫席,这是凶险之象。

《象辞》说:剥取床上的垫席,灾祸就在眼前。

【原文】

六五:贯鱼以宫人宠①,无不利。

《象》曰:以宫人宠,终无尤也。

【注释】

①贯鱼:犹今言鱼贯,依次而进之意。宠,宠爱。

【今译】

六五:宫人依次当夕受宠,无所不利。

《象辞》说:宫人依次当夕受宠,秩序不乱,厚薄均匀,因而终无忧患。

【原文】

上九:硕果不食;君子得舆。小人剥庐①。

《象》曰:君子得舆,民所载也。小人剥庐,终不可用也。

【注释】

①庐:草房。剥,破烂。

【今译】

上九:劳者不得食,不劳者得食;君子乘坐华丽的车子,小人的草屋不蔽风雨。

《象辞》说:君子乘坐华丽的车辆,这是老百姓沉重的负担。小人的破屋不蔽风雨,这种现象表明终究难保平安。

复第二十四

☷☳ 震下
坤上

【原文】

复①：亨。出入无疾。朋来无咎②。反复其道，七日来复。利有攸往。

【注释】

①复：卦名。本卦为异卦相叠（震下坤上）。本卦外卦为坤，坤为阴为顺，内卦为震，震为阳为动。内阳外阴，循序运动，往返无穷，所以卦名曰复。复，《说文》："往来也。"

②朋：朋贝，即钱币。朋来，有钱可赚。

【今译】

复卦：通泰。出门、居处均无疾病。有钱可赚而可以无灾祸。往返途中，七日可归。有所往则有所利。

【原文】

《彖》曰：复，亨，刚反①。动而以顺行，是以"出入无疾，朋来无咎"②。"反复其道，七日来复"，天行也③。"利有攸往"，刚长也④。复，其见天地之心乎！

【注释】

①反：同返，获言阳刚返于内。

②朋：《彖辞》释朋为朋友之朋，与经意有别。

③七日来复：《易》经、传作者都认为"七"是天地循环的周期。阴阳之气，至七个月则互相换位，易爻至第七爻则复原等，这是天的运行原则。

④刚长：此以初九爻象为据，本卦上五爻为阴爻，唯初爻为阳爻，《彖辞》认为这是阳刚萌生发展之状。

【今译】

《象辞》说:复,通泰。因为内卦为震为阳,外卦为坤为阴,阳刚返复于内,所以卦名曰复。一切举动符合正道,无往而不顺利,所以"出门、居处均无疾病,又有友人相助,可以无灾祸"。"反复循环,至七则为一周期",这是天的原则。"有所往则有所利",因为初爻为阳爻,表明阳刚已渐生长。复卦的卦象,体现了天地运行的实质性规律。

【原文】

《象》曰:雷在地中①,复。先王以至日闭关②,商旅不行,后不省方③。

注释

①雷在地中:古人认为天寒之时,雷返归地中,沉寂无声,万物蛰伏。
②至日:冬至之日。关,城关。闭关,关闭城门。
③后:君王。省,巡视。方,邦国。

【今译】

《象辞》说:本卦内卦为震为雷,外卦为坤为地,天寒地冻,雷返归地中,往而有复,依时回归,这是复卦的卦象。先王观此卦象,取法于雷,在冬至之日关闭城门,不接纳商旅,君王也不巡视邦国。

【原文】

初九:不远复,无祇悔①,元吉。
《象》曰:不远之复,以脩身也②。

注释

①不远复:犹言没走多远就回归。祇,大。本卦多卜旅行之事,事极简单,语极朴素。《象辞》以"脩身"、"下仁"、"从道"等儒家的伦理观念进行解释,显系牵强。读者细读文义,不难辨析。
②脩:借为修。《集解》本作修。修,治理。

【今译】

初九:出外不远就返回,没有大的过失,大吉大利。

《象辞》说:出外不远就返回,比喻能时时反省,严于修身。

【原文】

　　六二:休复①,吉。

　　《象》曰:休复之吉,以下仁也。

注释

　　①休:美。休复,指圆满而归。

【今译】

　　六二:圆满而归,吉利。

　　《象辞》说:圆满而归之所以吉利,是能够去位让贤。

【原文】

　　六三:频复①,厉,无咎。

　　《象》曰:频复之厉,义无咎也。

注释

　　①频:借为颦,即皱眉头。

【今译】

　　六三:愁眉苦脸地回来,是遇到了危险,知难而退可以无灾祸。

　　《象辞》说:虽然愁眉苦脸地回来,但已脱离危险,理应没有灾祸。

【原文】

　　六四:中行独复①。

　　《象》曰:中行独复,以从道也。

注释

　　①中行:中途,半路。独,独自。

【今译】

　　六四:中途独自返回。

《象辞》说：中途独自返回，这是返回到道义上来。

【原文】

六五：敦复，无悔①。

《象》曰：敦复无悔，中以自考也。

注释

①敦：高亨说："考察也。"并引《孟子·公孙丑》下篇："使虞敦匠。"《荀子·荣辱篇》："以敦比其事。"《疆国篇》："则常不胜夫敦比小事者矣。"曰："敦，皆考察之义。"

【今译】

六五：经过考察，决定返回，可以无悔。

《象辞》说：经过考察，决定返回，可以无悔，意思是从内心用正道检查自己。

【原文】

上六：迷复，凶，有灾眚①。用行师，终有大败，以其国君凶②。至于十年不克征。

《象》曰：迷复之凶，反君道也。

注释

①眚（shěng省）：灾祸。
②以：及。用如动词，犹今言连累。

【今译】

上六：迷途难返，凶险，有灾祸。筮遇此爻，出兵打仗，终有大败，连累国君遭遇凶险，元气大伤，十年后还不能再举征伐。

《象辞》说：迷途难返遭遇凶险，这是由于君王违反君道。

无妄第二十五

☳ 震下
☰ 乾上

【原文】

无妄①：元亨，利贞。其匪正，有眚，不利有攸往。

【注释】

①无妄：卦名。本卦为异卦相叠（震下乾上）。上卦为乾，乾为天为刚为健，下卦为震，震为雷为刚为动。动健相辅，阳刚充沛；天空鸣雷，震动万物，人心振奋，大有作为。但须遵循正道，不可妄行。所以卦名曰无妄。无妄，《说文》："妄，乱也。"无妄，不可妄行非正之意。

【今译】

无妄卦：嘉美通泰，卜问得吉兆。行为不正当，则有灾殃，有所往则不利。

【原文】

《彖》曰：无妄，刚自外来而为主于内①。动而健，刚中而应。大、亨以正，天之命也。"其匪正，有眚，不利有攸往。"无妄之往何之矣？天命不祐，行矣哉？

【注释】

①"刚自外来"句，无妄之卦，外卦为乾，乾为纯阳纯刚；内卦为震，初爻为阳为刚，内卦之刚来自外卦，所以说"刚自外来"。又，易卦通例阳卦（震☳、坎☵、艮☶）为一阳爻而二阴爻，阴卦（巽☴、离☲、兑☱）为一阴爻而二阳爻，阴阳之分以一爻为定。震之为阳，以初九阳爻为定。此为主爻，所以说为"主于内"。

【今译】

《彖辞》说：无妄，外卦为乾为阳，阳刚之象自外而来，渐侵入内；内卦为震,初爻为阳,以初爻为主而定震卦的性质。下卦为震,义为动,上卦为乾,义为健,所以说无妄之卦具有"动而健"的品德。九五阳爻居上卦中位,有刚中之象,六二阴爻居下卦中位,处和应之地。元大、亨通、贞正,正是天命所在。"行为不正当,则有灾殃,有所往则不利",就是说妄行非正无路可通。上天不加保佑,还能行得通吗?

【原文】

《象》曰:天下雷行,物与①,无妄。先王以茂对时育万物②。

【注释】

①与:高亨认为:"读为舒,伸展也。"
②茂:高亨说:"读为懋,勉也,努力也。"对,焦循说:"对,犹应也。"对时,犹言顺应时令。

【今译】

《象辞》说:本卦上卦为乾为天,下卦为震为雷,天宇之下,春雷滚动,万物萌发,孳生繁衍,这是无妄的卦象。先王观此卦象,从而奋勉努力,顺应时令,保育万物。

【原文】

初九:无妄往,吉。
《象》曰:无妄之往,得志也。

【今译】

初九:不要妄行非正,吉利。
《象辞》说:没有悖妄的行为,因为所有行动受到意志的控制。

【原文】

六二:不耕,获;不菑,畲①。则利有攸往?
《象》曰:不耕,获,未富也。

【注释】

①菑、畬:《尔雅·释诂》:"田,一岁曰菑,二岁曰新田,三岁曰畬。"菑,犹言新开荒地。畬,熟地。

【今译】

六二:不耕种就想收获,不开荒地就想种熟地。这些妄谬的行径怎能有利?

《象辞》说:不耕种而想收获,这种空妄的念头不能带来财富。

【原文】

六三:无妄之灾①。或系之牛,行人之得,邑人之灾。

《象》曰:行人得牛,邑人灾也。

【注释】

①妄:《释文》引马、郑、王肃皆云:"犹望。"无妄,犹今言没有想到。无妄之灾,即意外之灾。

【今译】

六三:意外的灾难。比喻说有人将牛系在不该系的地方,行人顺手牵牛获意外之得,邑人失牛受到意外之灾。

《象辞》说:行人意外得牛,邑人意外蒙灾。

【原文】

九四:可贞①,无咎。

《象》曰:可贞无咎,固有之地。

【注释】

①可:可心,称心。可贞,称心的贞卜。《象辞》释"贞"为贞正,与经意有别。

【今译】

九四:称心的占问,没有灾难。

《象辞》说:具有贞正的品德,没有灾难,理应如此。

【原文】

　　九五:无妄之疾,勿药有喜。
　　《象》曰:无妄之药,不可试也。

【今译】

　　九五:患意外之病,不要忙乱服药,自可痊愈。
　　《象辞》说:出人意外的药物,不可随便服用。

【原文】

　　上九:无妄行! 有眚,无攸利。
　　《象》曰:无妄之行,穷之灾也。

【今译】

　　上九:不要胡作妄行! 将有灾殃,没有好处。
　　《象辞》说:谬妄的行为,是绝望无聊的表现。

大畜第二十六

乾下
艮上

【原文】

大畜①：利贞。不家食②，吉。利涉大川。

【注释】

①大畜：卦名。本卦是异卦相叠（乾下艮上）。内卦为乾，乾为天，外卦为艮，艮为山。太阳光辉照耀山中，像国家养贤，光耀朝廷，贤人养德，滋润本身。所以卦名曰大畜。畜，《释文》："畜，积也，聚也。"大畜，犹言所积蓄者大。

②不家食：犹言不食于家。

【今译】

大畜卦：吉利的贞兆。不食于家，食于朝廷，吉利。筮遇此爻，有利于涉水渡河。

【原文】

《彖》曰：大畜，刚健笃实①，辉光日新。其德刚上而尚贤，能止健②，大正也。"不家食，吉"，养贤也。"利涉大川"，应乎天也。

【注释】

①刚健：下卦为乾，乾性刚健。笃实，上卦为艮为山，山性厚实。笃，厚。

②能止健：《集解》本作能健止。高亨说："当作'健能止'，转写之误。能读为而。"

【今译】

《彖辞》说：大畜，内卦为乾为天，性刚健；外卦为艮为山，性为厚实。天光山气相映生辉，光景常新。它的含蕴是刚阳舒展，贤人得位，行为刚健，适而可止，正所谓品德伟大，行为贞正。"不在家里吃饭，吉

利",是说国家以厚禄养贤。"有利于涉水渡河",是说能够遵循自然规律涉渡大河。

【原文】

《象》曰:天在山中,大畜。君子以多识前言往行,以畜其德。

【今译】

《象辞》说:内卦为乾为天,外卦为艮为山,太阳照耀于山中,万物摄取阳光雨露,各遂其生,这是大畜的卦象。君子观此卦象,从而广泛地了解古人的嘉言善行,来培养自己的德行。

【原文】

初九:有厉,利巳①。
《象》曰:有厉,利巳,不犯灾也。

注释

①厉:危难,危险。巳,闻一多说:"巳,当读为祀。"《象辞》解"巳"为止,与经意不同。

【今译】

初九:将有危险,祭祀鬼神则能化凶为吉。
《象辞》说:将有危险,停止所为则能化凶为吉,因为这样就不会犯灾触难。

【原文】

九二:舆说輹①。
《象》曰:舆说輹,中无尤也。

注释

①舆:车。说,读为脱。輹,借为辐,车轮上连接车辆和车毂的直条。

【今译】

九二:车辐脱落,车轮坏了。

《象辞》说:车辐脱落车轮坏了,九二之爻居下卦中位,这种爻象表明毕竟没有忧患。

【原文】

九三:良马逐①。利艰贞。曰闲舆卫②。利有攸往③。

《象》曰:利有攸往,上合志也④。

注释

①逐:沙少海先生说:"训交配。"《集韵》:"逐,牝牡合也。"

②曰:闻一多说:"《释文》引郑本曰作日,注曰:'日习车徒。'于义为长。"闲,通娴,熟习,熟练。舆卫,车战中的防卫作战。

③此爻共占四事,卜马群交配,卜艰难之事,卜练习车战,卜旅行。《易卦》将此配合在一起,系于本卦九三这一吉利的爻象之一,以示四事均利。文字间不可强为贯通。

④上,读为尚。志,心意。

【今译】

九三:良马交配。占问艰难之事吉利。每天练习防卫性车战。有所往则有利。

《象辞》说:有所往则有利,所往必得,尚可符合心意。

【原文】

六四:童牛之牿①,元吉。

《象》曰:六四元吉,有喜也。

注释

①李镜池说:"童牛,公牛。童借为犝。"牿,《集解》作告。引虞翻曰:"绳缚小木,横著牛角。"《说文》告部引《易》作童之告,"牛触人,角著横木,所以告人也。"

【今译】

六四:将木棒横缚在好斗公牛的犄角上。筮遇此爻,大吉大利。

《象辞》说:六四爻辞讲的大吉大利,是指将有喜庆之事。

【原文】

六五:豮豕之牙①。吉。

《象》曰:六五之吉,有庆也。

注释

①豮(fén):义为奔。豮豕,奔突的大猪。牙,《释文》:"郑读为互。"沙少海先生说:"互加木为枑,训猪栏,即今语所谓猪圈。"

【今译】

六五:将好奔突的大猪圈起来,吉利。

《象辞》说:六五爻辞讲的吉利,是指有吉庆之事。

【原文】

上九:何天之衢①。亨。

《象》曰:何天之衢,道大行也。

注释

①何:当读为荷,承受。衢,沙少海先生说:"这里声假为休,训福禄。见《左传·襄公二十八年》:'以礼承天之休。'按衢,从眮声。眮,读若拘(《说文》)。休,读若煦(见《周礼考工记·弓人》'休于气'郑注)。拘、煦均从句声。故衢、休声近义通。"

【今译】

上九:得到上天的福佑,大吉大利。

《象辞》说:得到上天的福佑,行事畅通无阻。

颐第二十七

☷ 震下
　 艮上

【原文】

　　颐①：贞吉。观颐，自求口实②。

> 注释

　　①颐：卦名。本卦为异卦相叠（震下艮上）。上卦为艮，艮为山，下卦为震，震为雷，雷出山中，正是春暖之际，天地养育万物之时。在《易卦》看来正喻圣人依时养贤育民，贤人修德养身。所以卦名曰颐。颐，《尔雅·释诂》："颐，养也。"
　　②口实：口粮，自求口实，犹言自谋口粮。

【今译】

　　颐卦：占卜得吉兆。研究颐养之道，在于自食其力。

【原文】

　　《彖》曰：颐"贞吉"，养正则吉也。"观颐"，观其所养也。"自求口实"，观其自养也。天地养万物。圣人养贤以及万民。颐之时大矣哉。

【今译】

　　《彖辞》说：颐卦卦辞讲，"贞正吉利"，意思是依循正道颐养人我则吉利。"观审颐养"，就是观察所颐养的对象。"自食其力"，就是观察他怎样养活自己。天地养育万物，圣人颐养贤人，养育万民。颐养物我不失其时，这是多么伟大。

【原文】

　　《象》曰：山下有雷①，颐。君子以慎言语，节饮食。

【注释】

①山下有雷:古人认为天暖之时,雷生于地,震动万物,萌发生长。

【今译】

《象辞》说:本卦上卦为艮为山,下卦为震为雷,雷出山中,万物萌发,这是颐卦的卦象。君子观此卦象,思生养之不易,从而谨慎言语,避免灾祸。节制饮食,修身养性。

【原文】

初九:舍尔灵龟,观我朵颐①,凶。
《象》曰:观我朵颐,亦不足贵也。

【注释】

①舍:放置。灵龟,李镜池说:"代指财宝,财富。这原是占卜用的,十分贵重。"朵颐,李镜池说:"颐颔丰满,圆鼓鼓的,像花朵一样。这是丰衣足食的象征。"

【今译】

初九:自己储藏着大量的财宝,还要羡嫉人家的财物,必遭凶险之事。
《象辞》说:羡嫉人家的财物,这不是高尚的行为。

【原文】

六二:颠颐,拂经于丘①。颐征②,凶。
《象》曰:六二征凶,行失类也。

【注释】

①颠:高亨说:"借为填,塞也。填颐,纳食物于腮中。"拂,李镜池说:"借为刜,声通。刜,击也(《说文》),斫也(《广雅·释言》)。"经,《广雅·释言》:"径也。"指阡陌。拂经,这里指垦荒开田。
②颐:颐养。征,征伐,攻击。颐征,犹言为了生计而去抢劫别人。

【今译】

六二:为了糊口,就得在山坡上开荒种地。为了生计而去抢劫别人,这是凶险之事。

《象辞》说:六二爻辞说抢劫则凶,因为这种行径违反道义。

【原文】

六三:拂颐①,贞凶。十年勿用,无攸利。

《象》曰:十年勿用,道大悖也。

注释

①拂:违背。颐,这里指颐养之道。

【今译】

六三:违背养生正道,靠歪门邪道过活,占问得凶兆。十年都得倒霉,永无好处。

《象辞》说:十年都得倒霉,因为这种行为大有悖于道义。

【原文】

六四:颠颐①,吉。虎视眈眈,其欲逐逐②,无咎。

《象》曰:颠颐之吉,上施光也③。

注释

①颠:声假为填。颠颐,犹言糊口。详见前注。
②《释文》:"逐逐,荀作悠悠"。安然自得之貌。
③光:借为广。上,君上。施,施舍。

【今译】

六四:所求不过糊口,害人之心不可存,吉利。虎视眈眈,防人之心不可无。这样就可以安享天年,悠然自得,无灾祸。

《象辞》说:所求不过糊口,之所以吉利,因为君上施舍甚广,足以养民。

【原文】

六五:拂经①,居,贞吉。不可涉大川。

《象》曰:居贞之吉,顺以从上也。

注释

①拂:借为刜。经,即径,阡陌。拂经,指开荒种地。详见前注。

【今译】

六五:开荒种地,平居度日,占问得吉兆。筮遇此爻,不可涉水渡河。

《象辞》说:平居守正,之所以吉利,因为其人安分循道,服从君上。

【原文】

上九:由颐①,厉,吉。利涉大川。

《象》曰:由颐,厉,吉,大有庆也。

注释

①由:遵循。颐,颐养之道。

【今译】

上九:遵循生活正道,先艰难而终吉利。筮遇此爻,有利于涉水渡河。

《象辞》说:遵循生活正道,先艰难而终吉利,因为善良之人终得善报。

大过第二十八

巽下
兑上

【原文】

大过①：栋桡②。利有攸往，亨③。

注释

①大过：卦名。本卦为异卦相叠（巽下兑上）。上卦为兑，兑为泽；下卦为巽，巽为木。上兑下巽，有泽水淹没木舟之象。兑、巽相叠，中间四爻为阳爻，初、上为阴爻，阳盛而阴柔，中壮而端弱，也兆示着折毁之象。喻人君人臣，行事大错，则将有栋折梁摧之险。所以卦名曰大过。过，过失。

②栋：屋正中最高的横梁。桡，沙少海先生说："原本作挠。《校勘记》曰：'挠，各本作桡。'"今从之。桡，弯曲。

③"利有攸往，亨"，此属另外一次贞卜的记录，文义上不过可强为贯通。《易卦》作者将这凶吉截然相反的占卜之辞同系于一卦，意在反映大过的卦、爻之象预示着多种意义。《象辞》正缘此意进行解释。详见《象辞》译文。

【今译】

大过卦：屋梁压得弯曲了。有所往则有利，通泰。

【原文】

《彖》曰：大过，大者过也。"栋桡"，本末弱也。刚过而中①，巽而说②行，"利有攸往"，乃"亨"。大过之时大矣哉。

注释

①刚过而中：本卦二、三、四、五，四爻为阳，初、九为阴，所谓阳刚过盛。"中"，以九二、九五之爻位为据。

②巽而说：本卦上卦为兑，兑义为悦，下卦为巽，巽义为谦。

【今译】

　　《象辞》说：大过，意思是大而过当。"栋梁弯曲"，就是因为横梁中部太粗，两头太细，不堪负荷。本卦阳爻多，阴爻少，阳刚过盛；但是九二、九五之爻分居下卦、上卦之中位，像人得贞正之道，有谦逊而和悦的品德。秉此行事，"有所往则必有利"，所以又说"通泰"。大过之卦，并容凶吉之象，因此其意义是重大的。

【原文】

　　《象》曰：泽灭木，大过。君子以独立不惧，遁世无闷。

【今译】

　　《象辞》说：本卦上卦为兑为泽，下卦为巽为木，上兑下巽，泽水淹没木舟，这是大过的卦象。君子观此卦象，以舟重则覆为戒，领悟到遭逢祸变，应守节不屈，隐居不仕，清静淡泊。

【原文】

　　初六：藉用白茅，无咎①。
　　《象》曰：藉用白茅，柔在下也。

注释

　　①藉：铺垫。白茅，草名，柔软洁白。

【今译】

　　初六：恭敬地用白茅垫着祭品，可以无灾祸。
　　《象辞》说：恭敬地用白茅垫着祭品，柔软之物铺垫在下面，正像初六阴爻居一卦之下位。

【原文】

　　九二：枯杨生稊①，老夫得其女妻，无不利。
　　《象》：老夫少妻，过以相与也②。

【注释】

①稊:借为荑,草木新生,发芽。
②过:错误。相与,指婚姻。

【今译】

九二:枯杨发芽,老头子娶少女为妻,并无不吉利。
《象辞》说:夫老妻少,年龄不当,这是错误的婚配。

【原文】

九三:栋桡,凶。
《象》曰:栋桡之凶,不可以有辅也①。

【注释】

①辅:助。这里指支撑。

【今译】

九三:屋梁弯曲,这是凶险之象。
《象辞》说:屋梁弯曲之所以凶险,因为栋曲即屋倾,无法支撑。

【原文】

九四:栋隆①,吉。有它②,吝。
《象》曰:栋隆之吉,不桡乎下也。

【注释】

①隆:高耸。这里为挺直之意。
②它:古语谓意外之患为它。

【今译】

九四:屋梁挺直,吉利。但有意外之患则不好应付。
《象辞》说:屋梁挺直之所以吉利,因为屋梁不弯曲则房屋不倾倒。

【原文】

九五:枯杨生华,老妇得其士夫,无咎无誉。

《象》曰:枯杨生华,何可久也。老妇士夫,亦可丑也。

【今译】

九五:枯杨开花,老妇人嫁给一个年轻人,这件事不好也不坏。

《象辞》说:枯杨开花,其花怎能长开不谢。老妇人嫁给年轻人,这种事总不大光彩。

【原文】

上六:过涉灭顶①,凶,无咎。

《象》曰:过涉之凶,不可无咎也。

注释

①过:错,盲目。涉,徒步涉水。

【今译】

上六:盲目涉水,水深过顶,虽遇凶险,但终归没有灾难。

《象辞》说:盲目涉水遭致危险,事已至此,谴责亦属无益。

坎第二十九

坎下
坎上

【原文】

习坎①：有孚，维心，亨。行有尚②。

【注释】

①习坎：卦名。本卦为同卦相叠（坎上坎下）。两坎相重，坎为险为水，可见其卦象为重重险阻，又像水长流不息。所以卦名曰习坎。习，孔颖达说："习，重也。"

②孚：古俘字。维，维系。维心，劝慰人心。行，这里指路途。尚，帮助。《象辞》解"维"如惟，用法同其。解"尚"为赏。皆与经意有出入。

【今译】

习坎卦：抓获俘虏，劝慰安抚他们，通泰。途中将得到帮助。

【原文】

《彖》曰：习坎，重险也①。水流而不盈②。行险而不失其信，维心亨，乃以刚中也。"行有尚"，往有功也。天险，不可升也。地险，山川丘陵也。王公设险，以守其国。险之时，用大矣哉。

【注释】

①重险：坎为险，两坎相重，故谓重险。
②水流而不盈：坎为水，两坎相重，谓水长流不息。盈，停滞，停蓄。

【今译】

《象辞》说：习坎，就是指险阻相重。又指水长流而不停蓄。坎为险，人行险道而不违其信诺，可见其心亨美，因为爻象表明，九二、九五之爻居下卦、上卦之中位，像人有刚健中正之德。其秉心如此，"所行必获赏",所往必有功。天之险,在于无阶可升,地之险,在于山川交错,丘陵起伏。王公高筑城郭,深挖壕堑,设置险阻,其意在于保卫国家的安全。关山险阻,在关键的时刻所发挥的作是巨大的。

【原文】

《象》曰:水洊至,习坎①。君子以常德行,习教事②。

【注释】

①洊(jiàn):《集解》引陆绩曰:"洊,再也。"
②常:当读为尚,尊尚。

【今译】

《象辞》说:坎为水,水长流不滞,是坎卦的卦象。君子观此卦象,从而尊尚德行,取法于细水长流之象,学习教化人民的方法。

【原文】

初六:习坎,入于坎窞①,凶。
《象》曰:习坎入坎,失道凶也。

【注释】

①习坎:犹言重坎,意思是坎坑之中又有坎坑。窞(dàn 旦),李镜池说:"像人在两坎之中,上穴下臼,穴臼都是坎坑。"

【今译】

初六:坎坑之中又有坎坑,陷入重坑之中,凶险。
《象辞》说:坎坑之中又有坎坑,陷入重坎当中,不行坦途,偏要走险道,必招致灾殃。

【原文】

九二:坎有险,求小得。
《象》曰:求小得,未出中也。

【今译】

　　九二:坑坑坎坎,道有险阻。敢于行险道,或小有收获。
　　《象辞》说:敢于行险道,或小有收获,因为九二之爻居下卦的中位,像人尚未偏离正道。

【原文】

　　六三:来之坎①,坎险且枕②。入于坎窞,勿用。
　　《象》曰:来之坎坎,终无功也。

注释

　　①之:动词,义近于来,走向。
　　②枕:古文作沈(《释文》)。《庄子·外物》"慰暋沈屯",训沈为深。

【今译】

　　六三:向坑坎走来,这坑坎既险又深,陷入重坎之中,非常不利。
　　《象辞》说:来到这多坎之地,终无功利。

【原文】

　　六四:樽酒①簋贰②。用缶,纳约自牖③。终无咎。
　　《象》曰:樽酒簋贰,刚柔际也④。

注释

　　①樽:盛酒的器皿,酒壶。
　　②簋(guǐ 鬼):盛饭的器皿,饭盒。贰,当作资,形似而误。资,借为粢,米饭。
　　③纳:闻一多说:"犹取也。"又说:"酒食而必自牖纳取之者,盖亦就在狱者言之。"牖,窗。
　　④际:交加,交接。刚柔际,此以六四、九五爻象爻位为据。

【今译】

　　六四:用铜樽盛酒,用圆簋盛饭。然而对于关押在坎窞里的犯人,只须用瓦盆子就行了,牢饭从天窗里送进取出,其人遭此噩运,但最后还是没有危险。

《象辞》说："平时享受美食美器,此时用瓦盆子吃牢饭",爻象表明六四阴爻处于九五阳爻之下,像人被强者所压,受此磨难。

【原文】

九五:坎不盈,衹既平①,无咎。
《象》曰:坎不盈,中未大也。

注释

①衹:《释文》:"郑云:'当为坻,小丘也。'"

【今译】

九五:坎坑虽没有填满,小山头却被锄平。没有灾难。
《象辞》说:小山头虽锄平,但坎坑尚未填满,说明道路不平,未成坦途。

【原文】

上六:系用徽纆①,寘于丛棘②,三岁不得,凶。
《象》曰:上六失道,凶三岁也。

注释

①系:捆绑。徽纆,沙少海先生说:"《释文》:刘云:'三股曰徽,两股曰纆,皆索名。'"
②丛棘:指监狱。古代狱外,围种丛棘,以防囚犯逃窜,故丛棘指代监狱。寘,即置。

【今译】

上六:把犯人用绳索捆紧,投入周围有丛棘的监狱中,三年不得释放,这是凶险之事。
《象辞》说:上六爻辞所描述的,正说明官吏违背正道,违法囚人,历时三年之久。

离第三十

离下
离上

【原文】

离①:利贞,亨。畜牝牛,吉。

【注释】

①离:卦名。本卦为同卦相叠(离下离上)。两离相叠,离为日,太阳反复升起,运行不息。日附丽于天,草木附丽于大地。喻人依乎正道,行道不已。所以卦名曰离。离,《彖辞》:"离,丽也。"丽,《尔雅》:"丽,附也。"

【今译】

离卦:吉利的占问,通泰。饲养母牛,吉利。

【原文】

《彖》曰:离,丽也。日月丽乎天,百谷草木丽乎土。重明以丽乎正①,乃化成天下。柔丽乎中正②,故亨。是以"畜牝牛,吉"也。

【注释】

①重明:明,太阳光辉。重明,犹言太阳反复升起。重明以丽乎正,犹言太阳反复升起,因为它服从天道的规律性运动。

②柔丽乎中正:此以六二、六五爻象、爻位为据。六二、六五阴爻为柔,分别居于下卦、上卦的中位,所以说柔丽乎中正。中正,内外卦之中位,喻人得贞正之道。

【今译】

《彖辞》说:离,就是附丽的意思。日月附丽于天宇,百谷草木附丽于大地,太阳永远从东方升起,是服从天道。由于太阳东升西没,循环不已,从而造化万物,形成世界。由于其人以柔和为秉心,附丽于正道,所以亨通。因此卦辞说:"饲养母牛,吉利。"

【原文】

《象》曰:明两作①,离。大人以继明照于四方。

注释

①明:《彖》《象》称太阳为大明。作,升起。

【今译】

《象辞》说:今朝太阳升,明朝太阳升,相继不停顿,这是离卦的卦象。贵族王公观此卦象,从而以源源不断的光明照临四方。

【原文】

初九:履错然①,敬之②,无咎。
《象》曰:履错之敬,以辟咎也。

注释

①履:步履,这里指脚步声。错然,杂乱。
②敬:声训为儆,警戒。

【今译】

初九:听到纷来杳至的脚步声,立时警惕戒备,可以无灾难。
《象辞》说:听到纷至杳来的脚步声,立时警惕戒备,可以避免灾难。

【原文】

六二:黄离①,元吉。
《象》曰:黄离,元吉②,得中道也。

注释

①离:高亨说:"按离皆借为螭,龙也。谓云气似龙形者,虹之类也。音转而谓之霓。黄螭即黄霓。古人认为黄霓出现天空,是大吉之兆。"
②《象辞》释"离"为附丽义。黄,《易卦》经、传通认为是尊贵、吉祥之色。详见前注。

【今译】

六二:天空出黄霓,大吉大利。

《象辞》说:黄色附丽于身,大吉大利,因为六二之爻居下卦中位,像人得中正之道。

【原文】

九三:日昃之离①,不鼓缶而歌②,则大耋之嗟③,凶。

《象》曰:日昃之离,何可久也。

注释

①昃(zè仄):《释文》:"昃,王嗣宗本作仄。"日昃,指太阳偏西。离,螭。见前注。

②不鼓缶而歌:古人认为日昃时霓虹在天是凶兆,应唱歌击鼓以禳除之。缶,瓦器,古人亦用作乐器。

③耋(dié):《释文》:"马云:'七十曰耋。'王肃曰:'八十曰耋。'"

【今译】

九三:黄昏时分有霓虹出现在天空,这是凶兆,人们居然不击鼓唱歌禳除它,老人感到悲哀,灾殃快要来了。

《象辞》说:黄昏时分的霓虹,怎么会长留不散。

【原文】

九四:突如其来如,焚如,死如,弃如①。

《象》曰:突如其来如,无所容也。

注释

①这里五个"如"字都用如助词,无义。

【今译】

九四:灾难突然降临,敌人见房屋就烧,见人就杀,此处变成一片废墟。

《象辞》说:灾难来得如此突然,人们无处藏身逃命。

【原文】

六五:出涕沱若①,戚嗟若②,吉。
《象》曰:六五之吉,离王公也③。

注释

①涕:眼泪。沱,泪如雨下的样子。
②戚:忧,悲戚。嗟,叹,嗟叹。若,语助,无义。
③离:《象辞》释"离"为附丽义。

【今译】

六五:灾难过后,人们痛哭,人们悲叹,然而吉利。
《象辞》说:六五爻辞所讲的吉利,因为爻象表明,六五之爻处于上九之下,像人们能够附丽于王公而得救。

【原文】

上九:王用出征,有嘉折首①,获匪其丑②,无咎。
《象》曰:王用出征,以正邦也。获匪其丑,大有功也③。

注释

①有嘉:沙少海先生说:"有,语首助词,无义。如虞称有虞,夏称有夏。有嘉,周初国名,这里指上文所说的侵略者。"折首,犹言斩首。
②匪:这里当读为彼。丑,丑类,这里指俘虏。
③今本《象辞》无"获匪其丑"两句,《释文》引王肃本有,今据补。

【今译】

上九:国王出征,反击敌人,将有嘉国的国君斩首,抓到了许多俘虏,无灾无难。
《象辞》说:君王出兵反击,以安定邦国。抓到了许多俘虏,是说大获胜仗。

周易下经

——起咸终未济

周易下经

咸第三十一

艮下
兑上

【原文】

咸①：亨，利贞。取女②，吉。

【注释】

①咸：卦名。本卦为异卦相叠（艮下兑上）。上卦为兑，兑为泽，为阴；下卦为艮，艮为山，为阳。上兑下艮是为山中有泽，山气水息，互相感应；上阴下阳，阴阳交会，万物亨通。用以喻男女感悦，则家兴，君臣感悦，则国兴，君子感悦，则业成。所以卦名曰咸。咸，《彖辞》："感也。"

②取：借为娶。

【今译】

咸卦：通达，吉利的贞卜。娶女，吉利。

【原文】

《彖》曰：咸，感也。柔上而刚下，二气感应以相与，止而说①，男下女②，是以"亨利贞③，取女，吉"也。天地感而万物化生。圣人感人心，而天下和平。观其所感，而天地万物之情可见矣。

【注释】

①止而说：下卦为艮，艮义为止，止为共处；上卦为兑，兑义为悦，悦为慕悦，因而咸卦具有融洽共处互相慕悦的含蕴。

②男下女：古时重男轻女，唯婚礼上有"男下女"的礼式，比如男亲至女家迎亲，女子登车，男子授绥，女子乘车，男子御车等。

③亨利贞：《彖辞》分别释为"通达、吉利、贞正"，与经意不符。

【今译】

《彖辞》说：咸，就是感应的意思。咸的上卦为兑，兑为阴为柔，下

卦为艮,艮为阳为刚,所以说柔上而刚下。阴阳二气互相感应而交融,像男女婚配融融共处而慕悦,所以卦辞说:"通达、吉利、贞正,娶女吉利"。天地以阴阳二气相感应,而万物化生。圣人以其德行感动人心,因而天下和平。观其所感,察其所应,天地万物的情状就可以知道了。

【原文】

《象》曰:山上有泽,咸。君子以虚受人。

【今译】

《象辞》说:本卦下卦为艮,艮为山,上卦为兑,兑为泽,山中有泽,山气水息,互相感应,是咸卦的卦象。君子观此卦象,取法于深邃的山谷、深广的大泽,从而虚怀若谷,以谦虚的态度,接受他人的教益。

【原文】

初六:咸其拇①。

《象》曰:咸其拇,志在外也。

注释

①咸:这里解如伤。朱骏声说:"咸,鹹之古文,啮也。从口从戌,会意。戌,伤也。"本卦各爻辞"咸"均作此解。《象辞》解"咸"为感,为动,与经意有出入。不另出注。拇,《释文》:"拇,马、郑、薛云:'足大指也'。子夏作踇。"本卦多为梦占之辞,如初六爻辞所述,当为问卜者梦见其脚趾受伤(咸其拇),心感不安,问蓍以卜其吉凶。其余各爻,如咸其腓,咸其股,咸其脢,咸其辅、颊、舌,皆如此。《象辞》作者不肯就事论事,寻丝觅缝,发掘其"微言大义",以致弄得玄之又玄,神乎其神。

【今译】

初六:伤其大脚趾。

《象辞》说:大脚趾在动,说明其志在于出行。

【原文】

六二:咸其腓①,凶。居,吉。

《象》曰:虽凶,居,吉,顺不害也。

【注释】

①咸:伤。腓(féi肥),小腿,腿肚子。

【今译】

六二:伤其腿肚子,这是凶兆。小腿负伤,不宜出门,安居不动,自然平安。

《象辞》说:虽遇凶兆,但安居不动,则可以转凶为吉。顺从贞卜之象可以避免灾害。

【原文】

九三:咸其股,执其随①,往,吝。

《象》曰:咸其股,亦不处也。志在随人,所执下也。

【注释】

①执其随:李镜池说:"执,同咸,换辞同义。"意即伤。随,声假为隋。《集韵》:"隋,顺裂肉也。"顺裂肉,指股下隆起之肉。《象辞》解"随"如字。与经意有别。

【今译】

九三:伤其股,并伤及股下之肉。带伤出行,定遭灾难。

《象辞》说:挪动其大腿说明他不安所处。但是其志向不过是追随他人,可见他所持的主张也卑下不足取。

【原文】

九四:贞吉,悔亡。憧憧往来,朋从尔思①。

《象》曰:贞吉,悔亡,未感害也。憧憧往来,未光大也②。

【注释】

①憧憧:《释文》:"王肃云:'往来不绝貌。'"朋,这里当指友人。
②感:受,蒙受。光,借为广。

【今译】

九四:贞卜吉利,无所悔恨。纷沓往来,朋友们都顺从你的意旨。

《象辞》说:贞正,吉利,无所悔恨,因为没有蒙受损害。虽然有几个朋友纷沓往来,但交游还很狭窄。

【原文】

九五:咸其脢①,无悔。

《象》曰:咸其脢,志末也。

注释

①脢(méi 梅):《说文》:"背肉也。"

【今译】

九五:伤其背肉,但没有灾祸。

《象辞》说:耸动其背,作出背负重物的反应,看来其志在卑微之事。

【原文】

上六:咸其辅、颊、舌。

《象》曰:咸其辅、颊、舌,滕口说也①。

注释

①滕:《说文》:"水超涌也。"意如翻腾之腾。

【今译】

上六:伤其腮帮、脸颊、舌头。

《象辞》说:伤其腮帮、脸颊、舌头,这是翻腾口说招引的灾祸。

恒第三十二

☷巽下
☳震上

【原文】

恒①：亨，无咎，利贞。利有攸往。

【注释】

①恒：卦名。本卦为异卦相叠（巽下震上）。上卦为震，震为雷，下卦为巽，巽为风。从自然界看，风雷激荡，使宇宙常新。从社会上看，震为阳，巽为阴，阳上阴下，正像君贵民贱，男尊女卑，所谓永恒不变的封建纲常。"君子"应该坚守此道，持之以恒。所以卦名曰恒。恒，《说文》："恒，常也。"

【今译】

恒卦：通达，没有过失，吉利的卜问。有所往则有利。

【原文】

《彖》曰：恒，久也。刚上而柔下，雷风相与，巽而动①，刚柔皆应②，恒。恒"亨无咎，利贞"，久于其道也。天地之道恒久而不已也。"利有攸往"，终则有始也③。日月得天而能久照，四时变化而能久成。圣人久于其道而天下化成。观其所恒，而天地万物之情可见矣。

【注释】

①巽而动：上卦为震，震义为动；下卦为巽，巽义为逊。因而本卦具有谦逊而又敢为的义蕴。

②刚柔皆应：本卦初六为阴爻，为柔；九四为阳爻，为刚，初，为下卦第一位，四，为上卦第一位，是为同位爻，两爻刚柔相应。九二为阳爻，为刚；六五为阴爻，为柔。又，九三为阳爻，为刚；上六为阴爻，为柔。九二与六五同位，分居下卦与上卦的中位。九三与上六为同位，分居下卦与上卦的上位。它们都是刚柔相应。

③高亨说："'天地之道恒久而不已也'一句与'利有攸往，终则有始也'一句

当互移其位,盖传写之误。'终则有始'之有读为又。"

【今译】

　　《彖辞》说:恒,就是恒久的意思。恒卦的上卦为震,震为雷,性为刚,下卦为巽,巽为风,性为柔,上刚下柔,雷风相交,这是恒卦的卦象。谦逊而且敢为,是恒卦的品格。同位之爻刚柔相应,是恒卦的基本结构。恒卦的卦辞说:"通达,没有过失,吉利、贞正",正是由于君子坚守正道,恒久不弃。卦辞说:"君子出行获利",终则又始,至而又返,正是体现了天地之道恒久不已的义理。日月运行遵循永恒之道,所以光辉不息;四时运行遵循永恒之道,所以季节变化永不停息,圣人福国利民,坚持不懈,则可以教化天下,移风易俗。人们只要能洞察宇宙间一切事物的永恒规律,就可以了解天地万物瞬息万变的情况。

【原文】

　　《象》曰:雷风,恒。君子以立不易方①。

注释

　　①方:孔颖达说:"方,犹道也。"

【今译】

　　《象辞》说:本卦上卦为震,震为雷,下卦为巽,巽为风,风雷荡涤,宇宙常新,这是恒卦的卦象。君子观此卦象,从而立于正道,坚守不易。

【原文】

　　初六:浚恒①,贞凶,无攸利。
　　《象》曰:浚恒之凶,始求深也②。

注释

　　①浚:挖土。浚恒,恒浚的倒装,犹言不停地挖土。
　　②始:高亨说:"始,疑借为殆。《说文》:'殆,危也。'"这里指冒险,用如动词。

【今译】

　　初六:掘进不止,卜问凶险,没有什么好处。
　　《象辞》说:掘进不止之所以凶险,因为冒险求深,必遭崩塌之祸。

【原文】

　　九二:悔亡。
　　《象》曰:九二悔亡,能久中也①。

注释

　　①能久中也:此以九二爻位为据。九二居下卦中位,像人坚守正道。

【今译】

　　九二:没有悔恨。
　　《象辞》说:九二爻辞说没有悔恨,因为能坚守中正之道。

【原文】

　　九三:不恒其德①,或承之羞②,贞吝。
　　《象》曰:不恒其德,无所容也。

注释

　　①恒:常。这里用如动词,犹言坚持不懈,保守不怠。
　　②承:蒙受。之,用如其。羞,羞辱。

【今译】

　　九三:不能保持其德行,必然蒙受耻辱。卜问得艰难之兆。
　　《象辞》说:不能保持其德行,反复无常,无人信任,必然落到无所容身的地步。

【原文】

　　九四:田无禽①。
　　《象》曰:久非其位②,安得禽也?

【注释】

①田:通畋,狩猎。禽,泛指猎获物。
②久非其位:此以九四爻象爻位为据。九四阳爻而居阴位(第四爻为阴位)是处位不当。

【今译】

九四:畋猎无所获。
《象辞》说:长久处于不适宜的环境,怎会有收获?

【原文】

六五:恒其德。贞,妇人吉,夫子凶。
《象》曰:妇人贞吉①,从一终也②。夫子制义,从妇凶也。

【注释】

①爻辞"贞"为贞卜之义。《象辞》释为"贞正"。
②从一终也:犹言从夫即终身从之。

【今译】

六五:操行一贯。卜得妇人吉利,丈夫则凶险。
《象辞》说:爻辞讲妇人操守贞洁则吉利,这是符合从夫以终其身的道理。丈夫则因事制义,其道多方,如果以妇德来约束男子,则必遭凶险。

【原文】

上六:振恒①,凶。
《象》曰:振恒在上,大无功也。

【注释】

①振恒:恒振的倒装。振,振动。

【今译】

上六:久动不息,凶险。
《象辞》说:统治者朝令夕改,政令无常,其结果必所向无功。

遁第三十三

艮下
乾上

【原文】

遁①：亨。小利贞。

【注释】

①遁：卦名。本卦为异卦相叠（艮下乾上）。上卦为乾，乾为天；下卦为艮，艮为山。天下有山，天高山远，正是贤人君子摆脱桎梏，避免灾害，挂冠悬笏，退隐山林的理想境界。所以卦名曰遁。遁，《说文》："遁，逃也。"

【今译】

遁卦：通达。小有利之占问。

【原文】

《彖》曰："遁"、"亨"，遁而亨也。刚当位而应①，与时行也。"小利贞"，浸而长也②。遁之时义大矣哉。

【注释】

①刚当位而应：本卦九五阳爻，为刚，居外卦中位（外卦即上卦），是为刚当位。六二阴爻，为柔，居内卦中位（内卦即下卦），同位之爻，刚柔相应。像君子在野，而小人在朝，针锋相对，激烈斗争。

②浸而长：此以初六、六二爻象为据。初六阴爻，升进一位，居于第二爻，像阴柔之势渐渐生长。沙少海先生说："浸上当有'柔'字，盖转写误脱。浸，训渐。"

【今译】

《彖辞》说："遁"、"亨"，即是退隐则通泰的意思。九二阳爻为刚，居外卦而处中位，六二阴爻为柔，居内卦而处中位，像小人盘踞于内，志得意满；君子退隐于外，明哲保身，这是时势造成的局面。君子退隐守贞,有利于自身,而无利于国事。小人之势渐浸增长,当此时君子及时退隐,意义是重大的。

【原文】

《象》曰:天下有山,遁。君子以远小人,不恶而严。

【今译】

《象辞》说:本卦上卦为乾,乾为天,下卦为艮,艮为山,天下有山,天高山远,是遁卦的卦象。君子观此卦象,从而不用以恶报恶的方法对付小人,而是采取严厉的态度,挂冠悬笏,自甘退隐,远离小人。

【原文】

初六:遁尾①,厉。勿用有攸往。
《象》曰:遁尾之厉,不往何灾也?

【注释】

①尾:《方言》十二:"尾,尽也。"《象辞》解"尾"为微,意隐匿,隐藏。与经意有出入。

【今译】

初六:君子全部隐退,国家就危险了。不能有所作为了。
《象辞》说:逃遁隐藏仍未脱离危险,若能坚持苦斗,设法取胜,有什么灾难?

【原文】

六二:执之用黄牛之革,莫之胜说①。
《象》曰:执用黄牛,固志也。

【注释】

①胜:能,可能。说,读为脱。莫之胜说,犹言没有什么能够解脱出去。

【今译】

六二:抓来用黄牛革绳紧紧捆绑,这样就不能解脱了。

《象辞》说：用黄牛革绳捆绑，表示意志坚固。

【原文】
　　九三：系遁①，有疾，厉。畜臣妾，吉。
　　《象》曰：系遁，厉，有疾惫也。畜臣妾，吉，不可大事也。

注释
　　①系：拘系，拖累。系遁，犹言被拖累而不能退隐。

【今译】
　　九三：被拖累而不能决然隐退，就像身染重病，情形危险。在这种情况下，蓄养奴婢或可有利。
　　《象辞》说：被拖累以致不能决然隐退所造成的危险，犹如被疾病折腾得疲惫不堪，所以说蓄养奴婢则吉，意思是暂且养疾疗伤，不可贸然行动。

【原文】
　　九四：好遁①，君子吉，小人否。
　　《象》曰：君子好遁，小人否也。

注释
　　①好：读如爱好之好。

【今译】
　　九四：喜爱隐居，这对君子是吉利的，对小人则未必。
　　《象辞》说：君子不以利禄为心，喜爱隐居；小人以利禄为心，不甘退隐。

【原文】
　　九五：嘉遁，贞吉。
　　《象》曰：嘉遁，贞吉，以正志也。

【今译】

九五:退隐以时,值得赞美,卜问前程,通泰吉利。

《象辞》说:退隐以时,值得赞美;遵循正道,所以吉利,因为他存心正直,品德崇高。

【原文】

上九:肥遁,无不利①。

《象》曰:肥遁,无不利,无所疑也。

注释

①肥:沙少海先生说:"肥,当借为飞,古本亦作飞。肥遁,犹言远走高飞,退隐山林。《淮南子·师道训》:'遁而能飞,吉莫大焉。'《后汉书·张衡传》:'利飞遁以保名。'都说明同一意义。"

【今译】

上九:远走高飞,退隐山林,无不利。

《象辞》说:上九爻辞讲远走高飞,退隐山林,无不利,说明其人善观形势,急流勇退。

大壮第三十四

乾下
震上

【原文】

大状^①:利贞。

注释

①大壮:卦名。本卦为异卦相叠(乾下震上)。上卦为震,震为雷;下卦为乾,乾为天。天上鸣雷,声威显赫。云雷涌动,群阳盛壮,以喻国威显赫,则臣民振作;阳气盛壮,则万物生长,所以卦名曰壮。壮,《释文》:"威盛强猛之名。"

【今译】

大壮卦:吉利的卜问。

【原文】

《彖》曰:大壮,大者壮也。刚以动,故壮。大壮"利贞",大者正也。正大,而天地之情可见矣。

【今译】

《彖辞》说:大壮,意即大者强壮。大壮之卦,内卦为乾,性为刚,外卦为震,性为动,刚健而有力故卦名为壮。大壮卦辞说:"吉利、贞正",因为大者正的缘故。如天道正则万物正,君道正则臣民正,父道正则家人正,标正影直。君子识"正大"之理,则可知天地万物之情状。

【原文】

《象》曰:雷在天上,大壮。君子以非礼弗履^①。

【注释】

①履:行,实行。

【今译】

《象辞》说:本卦上卦为震,震为雷,下卦为乾,乾为天,天上鸣雷是大壮的卦象。君子观此卦象,以迅雷可畏,礼法森严,从而畏威知惧,唯礼是遵。

【原文】

初九:壮于趾①。征,凶,有孚②。

《象》曰:壮于趾,其孚穷也。

【注释】

①壮:借为戕,伤。《象辞》训壮为强,又以趾代兵,壮于趾,犹言强于兵,与经意不同。

②孚:古俘字。《象辞》解"孚"为忠信,与经意异。

【今译】

初九:伤于脚趾。筮遇此爻,出征则凶,但尚有收获。

《象辞》说:自恃兵强,侵略他国,虽有收获,但信用扫地。

【原文】

九二:贞吉①。

《象》曰:九二贞吉,以中也。

【注释】

①贞:卜问。《象辞》释"贞"为贞正,与经意有异。

【今译】

九二:卜问得吉兆。

《象辞》说:九二爻辞讲贞正吉利,因为九二之爻居下卦中位,像人守中正之道。

【原文】

　　九三:小人用壮①,君子用罔②。贞厉。羝羊触藩③,羸其角④。
　　《象》曰:小人用壮,君子用罔也⑤。

注释

　　①小人:指奴隶。壮,强壮有力,这里用如名词,犹言气力。
　　②君子:指贵族。罔,古网字,指围捕兽之网。
　　③羝(dī低)羊:公羊。触,冲撞。藩,藩篱。
　　④羸(léi):当借为累,即拘系。本卦九三爻辞当为两次占卜记载,文义不可强为沟通。
　　⑤"罔"上原无用字。《校堪记》说:"古本,罔上有用字。"今据补。《象辞》只重述经文,未加解说。

【今译】

　　九三:小人捕兽凭气力,君子捕兽靠网围。卜问得险兆。公羊以角撞藩,结果被篱笆卡住。
　　《象辞》说:小人捕兽凭气力,君子捕兽靠网围。

【原文】

　　九四:贞吉,悔亡。藩决不羸①,壮于大舆之輹②。
　　《象》曰:藩决不羸,尚往也。

注释

　　①决:决裂。羸,拘系。不羸,犹言摆脱拘系。
　　②壮:伤。舆,车。輹,《释文》:"輹,本又作辐。"輹借为辐,车轮的辐条。

【今译】

　　九四:卜问得吉兆,没有悔恨。因为公羊冲决篱笆,摆脱了拘系,但又被车轮撞伤,不能乱冲乱撞了。
　　《象辞》说:冲决篱笆,摆脱拘系,恐其冲撞别处。

【原文】

　　六五:丧羊于易。无悔①。

《象》曰：丧羊于易，位不当也。

【注释】

①易：声假为狄，即狄人。李镜池说："这是因饲羊而联系到周人的一件历史大事。周人居豳(邠)时，被狄人侵迫，太王以皮币、犬马、珠玉送给狄人而求和。但狄人不肯，一定要占领周人的土地，太王只好带领周人迁居岐山。在避狄迁居中，狄人抢掠了大量的牛羊。"周人迁岐山后，牛羊更加发展了，弥补了以前的损失。所以爻辞借此故事，表示了筮遇此爻可以无悔。《象辞》则以为"丧羊于易"，预兆将会蒙受损失，因而以六五爻象、爻位"不当"加以解释，故与经意稍异。

【今译】

六五：丧羊于狄。筮遇此爻，没有大的灾祸。

《象辞》说：丧羊于狄，因为六五阴爻而居处阳位，是所处不当，像人所处环境不适当，将蒙受损失。

【原文】

上六：羝羊触藩，不能退，不能遂①，无攸利②。艰则吉。

《象》曰：不能退，不能遂，不详也③。艰则吉，咎不长也。

【注释】

①遂：进。
②攸：所，代词。
③详：借为祥。

【今译】

上六：羊角插进了篱笆，退不了，进不了，处境不利。但是，目前虽处于艰难之中，最终可以化解逢吉。

《象辞》说：不能退，不能进，陷入进退维谷之中，这是遭逢不祥。虽陷入艰难之中，最终可以化解逢吉，是说灾难不会长久。

晋第三十五

☷ 坤下
☲ 离上

【原文】

晋①:康侯用锡马蕃庶,昼日三接②。

注释

①晋:卦名。本卦为异卦相叠(坤下离上)。上卦为离,离为日;下卦为坤,坤为地。太阳照大地,万物欣欣向荣;君子沐德业,操行天天向上。所以卦名曰晋。晋,《说文》:"晋,进也。日出而万物进。"

②康侯:名封。周武王弟。初封于康,故称康侯或康叔。后封于卫。锡,借为赐,赐予。昼,声假为周。昼日,犹言周日、终日、整日。三接,指多次交配。

【今译】

晋卦:康侯用成王赐予的良马来繁殖马匹,一天多次配种。

【原文】

《彖》曰:晋,进也。明出地上①。顺而丽乎大明②。柔进而上行③,是以"康侯用锡马蕃庶,昼日三接"也。

注释

①明:太阳。下句"大明"亦指太阳。

②顺:下卦为坤,坤为大地,大地卑伏顺从。丽,附丽,依附。

③柔进而上行:本卦初、二、三、五均为阴爻,为柔,阴爻由初位上升到第五位,故曰:"柔进而上行。"

【今译】

《彖辞》说:晋,就是进取的意思。晋的上卦为离,离为日;下卦为坤,坤为地,可见晋卦的卦象是太阳高悬,出于大地之上。大地卑顺,处于太阳照耀之下。阴柔之爻由初位排列上升至第五爻位,所以晋卦的基本结构是"柔进而上行",象征着臣子的事业蒸蒸日上,所以"康侯能够用成王赐予的良马繁殖马匹,一日之内多次配种"。

【原文】

《象》曰:"明出地上",晋。君子以自昭明德。

【今译】

《象辞》说:"本卦上卦为离,离为日;下卦为坤,坤为地。太阳照大地,万物沐光辉",是晋卦的卦象。君子观此卦象,从而光大自身的光明之德。

【原文】

初六:晋如①,摧如,贞吉。罔孚裕②,无咎。

《象》曰:晋如,摧如,独行正地。裕无咎,未受命也。

注释

①晋:进,这里指进攻。如,犹之,作代词,指代敌人。下"如"同。

②罔:无。孚,同俘。裕,《说文》:"衣物饶也。"罔孚裕,意即没有捕捉俘虏,没有抢夺财物。《象辞》于此断句有别,且解"裕"为从容,与经意有别。参见译文。

【今译】

初六:攻击敌人,打垮敌人,卜问得吉兆。胜利之师没有捕捉俘虏,没有抢掠财物,不会有灾难。

《象辞》说:攻击敌人,打垮敌人,这是因为将帅能遵循正道,所以取得了胜利。从容部署,克敌制胜,没有灾难,说明将帅能因势制宜,独断于心。

【原文】

六二:晋如,愁如①,贞吉。受兹介福于其王母②。

《象》曰:受兹介福,以中正也。

【注释】

①愁:高亨说:"借为遒,迫也。"如,犹之。见前注。
②兹:此。介,大。王母,祖母。

【今译】

六二:攻击敌人,压倒敌人,卜问得吉兆。因为得到了先祖母的庇佑获得大福。
《象辞》说:之所以受此大福,因为六二之爻居下卦中位,像人得中正之道。

【原文】

六三:众允①,悔亡。
《象》曰:众允之,志上行也。

【注释】

①允:当借为狁。沙少海先生说:"《说文》:'狁,进也。'这里狁与晋通,指战争的进攻。"从本卦的各爻辞看,这是一个讲战争的卦,依其整体结构分析,此说有理。《象辞》释"允"为信任,与经意不符,又缘此解说为"志上行也",显系牵强。

【今译】

六三:万众一心,全力进攻,无所悔恨。
《象辞》说:众人信任,其志向就会实现。

【原文】

九四:晋如鼫鼠①,贞厉。
《象》曰:鼫鼠贞厉,位不当也。

【注释】

①鼫:《子夏传》作硕。鼫鼠五技:一、能飞不能过屋;二、能游不能渡谷;三、能穴不能掩身;四、能缘不能穷木;五、能走不能先人。(蔡邕《劝学篇》王注)

【今译】

九四:攻击敌人而胆小如鼠,卜问得凶兆。

周易下经·晋第三十五 ◇ 157

《象辞》说:攻击敌人而胆小如鼠,卜问得凶兆,因为九四阳爻而居阴位,像人处于不利的地位。

【原文】

六五:悔亡,失得勿恤①。往,吉。无不利。

《象》曰:失得勿恤,往有庆也。

注释

①失得:犹言失利。勿恤,不要担心,不要气馁。

【今译】

六五:无所悔恨,吃了败仗,不要气馁。只要再接再厉,终必转败为胜。无所不利。

《象辞》说:受到挫失,不要气馁,勇往直前,定有喜庆降临。

【原文】

上九:晋其角①,维用伐邑②。厉,吉,无咎,贞吝。

《象》曰:维用伐邑,道未光也。

注释

①晋其角:沙少海先生说:"其,这里用同则。角,训较量。《孙子·虚实篇》:'角之而知有余不足之处。'"

②维:考虑。用,采取。

【今译】

上九:攻击敌人,必须较量敌我双方的力量,可以考虑攻击敌人的城邑。但其结局难料:或许危险,或许吉利,或许没有灾难,或许正践凶兆。

《象辞》说:考虑到攻击敌人的城邑,这说明王道未能广泛实行,以致属邑叛乱。

明夷第三十六

☷ 离下
☷ 坤上

【原文】

明夷①：利艰贞。

【注释】

①明夷：卦名。本卦为异卦相叠（离下坤上）。上卦为坤，坤为地；下卦为离，离为日。上坤下离，是日没入地中之象。太阳既没，天地黑暗，前途莫测，喻君子处艰难之中，既要守正不阿，又要遵时养晦，所以卦名曰明夷。夷，《广雅·释诂》："夷，灭也。"明夷，意即阳光隐退。

【今译】

明夷卦：卜问艰难之事则利。

【原文】

《象》曰：明入地中，明夷。内文明而外柔顺①，以蒙大难，文王以之。"利艰贞"②，晦其明也。内难而能正其志③，箕子以之④。

【注释】

①"内文明"句，本卦内卦为离，离义为文明；外卦为坤，坤性柔顺；这既是明夷之卦的义蕴，同时又是喻周文王的品德。
②《象辞》释"利"为吉利，释"艰"为艰难，释"贞"为坚贞。
③内难：内，指本质，内在美德。难，指艰难，外部环境。
④两"以之"，《释文》："以之，郑、荀、向均作似之。"

【今译】

《象辞》说：明夷的内卦为离，离为日；外卦为坤，坤为地，太阳隐没于地中，是明夷的卦象。离为文明，坤为柔顺，然则明夷的品格是内文明而外柔顺。周文王内秉光明之德,外行柔顺之道,三分天下而有其二,犹服事于殷,蒙受羑里之辱,正与明夷卦象相似。"在艰难之中,坚贞守正,终能有利",正如太阳隐没地中,晦其光明,但终有灿然脱出之时。箕子内秉光明之德,外处艰难之境仍能坚持正道,至死不渝,正与明夷的卦象相似。

【原文】

《象》曰:明入地中①,明夷。君子以莅众用晦而明。

【注释】

①明入地中:太阳西沉,古人认为是隐入大地之中,其光明不显于外而存于地中,取这外晦内明之象,故有"莅众用晦而明"之说。

【今译】

《象辞》说:本卦内卦为离,离为日,外卦为坤,坤为地。太阳没入地中,是明夷的卦象。君子观此卦象,治民理政,不以苛察为明,而是外愚内慧,容物亲众。

【原文】

初九:"明夷于飞,垂其翼。君子于行,三日不食①。"有攸往,主人有言②。

《象》曰:君子于行,义不食也。

【注释】

①"明夷于飞"四句,是引诗作占。其中三句是四言,"垂其翼"不应独少一字。汉帛书《周易》翼字上有"左"字,当从之。明,借为鸣。夷,借为鹈,即鸣鹈。鹈声假为鹈,鸣鹈,即叫着的鹈鹕。鹈鹕,一种水鸟,俗名淘河。(采沙少海先生说)

②言:谴责,刁难。

【今译】

初九:"鹈鹕在飞翔,停栖在沼畔。君子离家走,三日无食粮。"筮遇此爻,有所往,则必遭主人谴责。

《象辞》说:君子在旅途中,依礼义不能蒙羞受食。

【原文】

六二:明夷,夷于左股①,用拯马壮②,吉。

《象》曰:六二之吉,顺以则也③。

注释

①夷:伤。

②用:因。用拯马壮,犹言因马强壮善跑而获救。此句当与"明夷,夷于左股"连看,取此以譬某人负伤因马获救。

③顺以则:此以六二、九三爻象、爻位为据,六二阴爻为柔,九三阳爻为刚,六二居九三之下,所以说"顺"。则,法则。《诗经》:"此物四骊,闲之维则。"即指驰驱的法则。此处当指御者的心意。顺以则,特指马而言,马地类,阴物,正当六二阴爻之象。犹言马顺从,善体人意,故拯救了受伤的主人。

【今译】

六二:鹈鹕,鹈鹕,伤于左股,君子负伤,因马获救。吉利。

《象辞》说:六二爻辞所讲的吉利,是因为六二阴爻处于九三阳爻之下,正像马顺从主人善体人意。

【原文】

九三:明夷于南狩①,得其大首②。不可疾贞③。

《象》曰:南狩之志,乃大得也④。

注释

①"明夷"句,沙少海先生说:"夷,从大从弓会意(《说文》)。这里指弓。明夷,即鸣夷,犹言拉弓发射。南狩,即南方猎区。"

②大首:即大头,这里指大头的野兽。

③可:闻一多说:"可,亦利也。"

④大得:原作得大,转写误倒。据阮元《校堪记》所列各古本改正。

【今译】

九三:在南方的猎区,拉弓射箭,获得一些大野兽。筮遇此爻,占问疾病则不利。

《象辞》说：决心在南方狩猎，大称其意。

【原文】

六四：入于左腹，获明夷之心于门庭①。

《象》曰：入于左腹，获心意也。

注释

①此爻较难解。李镜池说："左腹，左室。腹，借为復。古代半地下式的房屋，有复室。左復，即左室。明夷，大弓。心，心本，又叫朱或柘。朱、柘一声之转。这是一种质地坚硬的制弓的上等材料。意谓一出门口就找到了制大弓的心木，回到左室开始制作。"高亨说，此爻当读为："'入于左腹，获明夷。之心于出门庭。'明夷即鸣雉。腹读为復，山洞也。之当作小，古文小作↓，之作↓，形似而误。"爻辞言：鸣雉入于左边之山洞，君子乃得此鸣雉。（此亦记君子猎逐鸣雉之故事）君子猎逐鸣雉，曾历艰难，故筮遇此爻，出门庭宜小心谨慎。旧注认为此指殷纣王兄长微子，他看到纣王残暴伤明，屡谏不听，知道纣王心意如此，不可挽回，就离开宫廷，逃往周朝避难，以存殷商裔胄。这三种说法各有道理，旧注于训诂未免疏失，不及李、高之精。然其大意似有可取之处。作者认为本卦内容可分为两个方面，一是讲出行狩猎，即初九、六二、九三所述，备道其艰辛，喻言入世之难。二是讲隐退，强调退隐守洁是消除灾祸的良策，并以箕子的行为作为佐证。一出一隐即构成本卦的主要矛盾关系。《彖》《象》所阐述的卦义、爻义突出地强调了隐退的意义，即以六四、六五、上六三爻为本。六五爻辞说："箕子之明夷"，确切地讲，这便是箕子隐退去东方邻国避难的故事。此处"明夷"解如隐退是没有问题的。上六"不明，晦。初登于天，后入于地"同样是顺着这个意思说的。以太阳的升降比喻贵族的进退。顺此逆推，六四爻辞"获明夷之心"当解释为退隐之意初萌于心了。从六四爻"获明夷之心"到六五爻"箕子之明夷"，再到上六爻"初登于天，后入于地"，表现出意念的产生，到付诸行动，最后上升为一般性总结，有一条明显的思想发展脉络和一个符合逻辑的思辩过程。易卦的绝大多数卦中都具有内容的统一、主题的统一和思想的统一这种明显的特点。对这些特点的分析把握是解《易》的一个重要方法。因而明夷仍当解释如卦名所表示的意义，即隐退。左腹，解如字，比喻深隐之处。

【今译】

六四：回到深隐之处吧！走出居室，进入社会，就感到环境的险恶,退隐的念头油然而生。

《象辞》说:回到深隐之处,就满足了退隐的心意。

【原文】

六五:箕子之明夷①,利贞。

《象》曰:箕子之贞,明不可息也。

【注释】

①此处"明夷"如前注所释退隐。

【今译】

六五:殷亡后,箕子逃到东方邻国避难,卜问得吉兆。

《象辞》说:箕子退隐守正,他的光辉形象千古不灭。

【原文】

上六:不明,晦。初登于天,后入于地。

《象》曰:初登于天,照四国也。后入于地,失则也①。

【注释】

①则:学习的榜样。

【今译】

上六:阳光消失了,天黑了。太阳初升,君子进仕之象;太阳隐没,君子退隐之象。

《象辞》说:太阳初升,君子进仕,光照四方。太阳隐没,君子引退,国无楷模。

家人第三十七

☲ 离下
☴ 巽上

【原文】

家人①：利女贞。

注释

①家人：卦名。本卦为异卦相叠（离下巽上）。本卦专讲家庭之事，所以卦名曰"家人"。

【今译】

家人卦：卜问妇女之事吉利。

【原文】

《彖》曰：家人，女正位乎内，男正位乎外。男女正，天地之大义也。家人有严君焉，父母之谓也。父父，子子，兄兄，弟弟，夫夫，妇妇，而家道正。正家，而天下定矣。

【今译】

《彖辞》说：家人的爻象显示，六二阴爻居内卦的中位，像妇女在内，以正道守其位，九五阳爻居外卦的中位，像男人在外，以正道守其位。男外女内，皆能以正道守其位，则是天地间的大义。家庭有尊严的家长，那就是父亲、母亲。父亲像个父亲，儿子像个儿子，兄长像个兄长，弟弟像个弟弟，丈夫像个丈夫，妻子像个妻子，家道就端正了。能够正其家，天下也就安定了。

【原文】

《象》曰：风自火出，家人。君子以言有物而行有恒。

【今译】

《象辞》说：本卦外卦为巽，巽为风；内卦为离，离为火，内火外风，风助火势，火助风威，相辅相成，是家人的卦象。君子观此卦象，从而省悟到言辞须有内容才不至于空洞，德行须持之以恒才能充沛。

【原文】

初九：闲有家①，悔亡。

《象》曰：闲有家，志未变也。

注释

①闲有家：沙少海先生说："闲，训防。有，用法同于。闲有家，即防于家，是说一个人对有关家庭的意外事故，都须未雨绸缪，预作防范。"

【今译】

初九：防范家庭出现意外事故，没有悔恨。

《象辞》说：防范家庭出现意外事故，就是警惕未然事变。

【原文】

六二：无攸遂①，在中馈②，贞吉。

《象》曰：六二之吉，顺以巽也③。

注释

①遂：借为坠，意为失误。
②馈：准备饮食以招待人。中馈，即内馈，即家庭膳食。
③顺以巽：此以六二、九三爻象、爻位为据，六二阴爻喻妇人，九三阳爻喻男人，六二居九三之下，像妇顺于夫。巽，谦逊。

【今译】

六二：妇女在家中料理家务，安排膳食，没有失误，这是吉利之象。

《象辞》说：六二爻辞之所以称吉利，因为六二阴爻居九三阳爻之下，像妇人对男人顺从而又谦逊。

【原文】

九三:家人嗃嗃①,悔,厉,吉②。妇子嘻嘻,终吝。
《象》曰:家人嗃嗃,未失也。妇子嘻嘻,失家节也③。

注释

①嗃嗃(hè):通嗷嗷。《说文》:"嗷,众口愁也。"
②悔:愁苦。厉,借为励,意为勤苦劳作。
③节:犹风。家节,家风,家道。

【今译】

九三:贫困之家,众口嗷嗷待哺,这是愁苦之事,但能辛勤劳作,可以脱贫致富。而富贵之家,骄奢淫逸,妻室儿女只知嬉笑作乐,终将败落。
《象辞》说:贫困之家,而能辛勤劳作,未失正派家风。富贵之家,一味嬉笑作乐,则有失勤俭之道。

【原文】

六四:富家,大吉①。
《象》曰:富家大吉,顺在位也②。

注释

①富:当借为福。经传中,富福二字常通借。李镜池说:"上爻说的是富裕之家而'终吝';此言'大吉',可证富不是富裕之意,而是借为福。"
②顺在位:此以六四、九五爻象、爻位为据,六四阴爻居于阴位(第四爻为阴位),是为在位。六四阴爻处于九五阳爻之下,是阴柔顺于阳刚。像家人顺从家长,各守其职。

【今译】

六三:幸福家庭,大吉大利。
《象辞》说:幸福家庭,大吉大利,因为六四阴爻居于九五阳爻之下,像家人和顺而各守其职。

【原文】

九五:王假有家①,勿恤,吉。

《象》曰:王假有家,交相爱也。

【注释】

①王假有家:沙少海先生说:"假,这里当假为格,训到。有,这里用法同于。家,这里指家庙,同于《萃》《涣》卦中'王假有庙'之'庙';因本卦名《家人》,故改'庙'称'家'。家庙是人们祭祖先的地方。"《象辞》解"家"为臣民之家,与经意不合。

【今译】

九五:君王到家庙祭祀祖先,不要忧虑,祖先福佑家人,凡事吉利。

《象辞》说:君王到臣民之家,说明君臣交相爱护。

【原文】

上九:有孚威如,终吉①。

《象》曰:威如之吉,反身之谓也。

【注释】

①孚:高亨说:"罚也。"如,犹然。

【今译】

上九:君上掌握杀罚之权,威风凛凛,权柄不移,终归吉利。

《象辞》说:上九爻辞讲杀罚立威,终归吉利,因为君上能够内省己身,外树威望。

睽第三十八

兑下
离上

【原文】

睽①：小事吉。

【注释】

①睽：卦名。本卦为异卦相叠（兑下离上）。上卦为离，离为火；下卦为兑，兑为泽。上离下泽，正像水火相克，相克则相生，循环无穷尽，这是自然和社会的普遍现象。所以卦名曰睽。睽，《序卦》："睽，乖也。"意即矛盾。

【今译】

睽卦：筮遇此卦，小事吉利。

【原文】

《彖》曰：睽，火动而上，泽动而下；二女同居①，其志不同行。说而丽乎明②，柔进而上行，得中而应乎刚③，是以"小事吉"。天地睽而其事同也④，男女睽而其志通也，万物睽而其事类也。睽之时，用大矣哉。

【注释】

①二女同居：《易》传认为兑为长女，离像中女，睽的卦象是二女同事一夫，其势必相嫉妒。
②说而丽乎明：本卦上卦为离，离为日，像君王，下卦为兑，兑义为悦，像臣下以和悦顺从的态度服事君王。
③得中而应乎刚：此以六五、九二爻象、爻位为据。六五阴爻，为柔，处上卦中位，九二阳爻，为刚，处于下卦中位，所以"得中"。六五阴爻与九二阳爻，两同位之爻，刚柔相应，所以说"应乎刚"。
④睽：乖离，分开，划分。事，功，功能。

【今译】

《象辞》说：睽的上卦为离，离为火，下卦为兑，兑为泽，可见睽卦的卦象是火焰腾冲于上，泽水流动于下。离又为中女，兑又为长女，二女同居共事一夫，其势必妒，志不相投。离为日，兑性悦，象征着臣下以和悦的态度，附丽于君上的光明。睽的六三阴爻，为柔，升进至第五位，可见睽的爻位基本结构是"柔进而上升"，像臣下守中正之道，拥戴君王，附骥腾达。所以筮遇此卦，"做小事吉利"。天阳地阴，则有阴阳交感而生万物。男女异性，则有男女相慕而成眷属。万物具形，则各具秉性而成物类。异中有同，同中有异，异同的作用，是十分重大的。

【原文】

《象》曰：上火下泽，睽。君子以同而异①。

注释

①同而异：同、异均用如动词。同，综合同类，异，析别异类。

【今译】

《象辞》说：本卦上卦为离，离为火；下卦为兑，兑为泽；上火下泽，两相乖离，是睽卦的卦象。君子观此卦象，从而综合万物之所同，分析万物之所异。

【原文】

初九：悔亡，丧马，勿逐，自复①。见恶人，无咎。
《象》曰：见恶人，以辟咎也②。

注释

①逐：追赶，寻找。复，回来。本卦各爻记录了一个旅人在外旅行所历所闻之事，是实际生活的写照，初无深义。《象辞》穿凿附会，以爻象、爻位的复杂关系，进行了神秘性的解释。
②辟：借为避，《集解》本作避，这里意为消除。

【今译】

初九：不必悔恨，丢失了马匹，不必寻找，它自会回来，途中碰见坏人,也不会有灾祸。

《象辞》说:遇见坏人之所以无灾祸,意在消除恶人的恶意。

【原文】

九二:遇主于巷,无咎。

《象》曰:遇主于巷,未失道也。

【今译】

九二:遇着了热情好客的主人,没有灾难。

《象辞》说:遇着了热情好客的主人,这说明没有迷失道路。

【原文】

六三:见舆曳①,其牛掣②,其人天且劓③。无初有终。

《象》曰:见舆曳,位不当也。无初有终,遇刚也。

注释

①舆:大车,曳,拖。舆曳为曳舆的倒装。
②掣(chè):李镜池说:"掣,《说文》作挈,郑玄本作觢。制、切声同。从手制掣,为别体字,正体应作挈或觢,义为牛角一俯一仰,拉得很吃力的样子。"
③天:李镜池说:"通颠,额。这里指烙额。《释文》:'天,剠也。'马云:'剠凿其额曰天。'"劓(yì),割鼻。

【今译】

六三:看见一辆拉货的车,拉车的牛一俯一仰拉得很费劲,赶车的人是一个烙了额、割了鼻的奴隶。起初车子陷着不动,后来终于拉动了。

《象辞》说:看见一个烙额割鼻的奴隶在拉车,爻象表明:六三阴爻而居于阳位,所处不当,像人落入了悲苦的境地。起初不顺,结局倒好,因为六三阴爻上进遇到九四阳爻,像人得到强者的帮助。

【原文】

九四:睽孤①,遇元夫,交孚②。厉,无咎。

《象》曰:交孚无咎,志行也。

【注释】

①睽孤:沙少海先生说:"睽,训乖离,这里指旅人。睽孤,犹言旅人孤单地走路。"

②元夫:闻一多说元应读为兀。元夫,即跛子。交,俱。孚,同俘,犹言被抓。《象辞》解"孚"为信,与经意不合。

【今译】

九四:旅人孤单地行路,遇上一个跛子,一同被抓住,情形危险,但终无灾祸。

《象辞》说:交相信任,必无灾难,说明其志得行,目的达到。

【原文】

六五:悔亡。厥宗噬肤①。往,何咎?

《象》曰:厥宗噬肤,往有庆也。

【注释】

①"厥宗"句:沙少海先生说:"厥,同其,表领属关系,这里指代旅人。厥宗,犹言跟旅人同族的宗人。噬,训吃。肤,这里训肉。"

【今译】

六五:没有悔恨。瞧见同族宗人在吃肉,孤单的旅人欣然结伴同行,一路平安无事。

《象辞》说:同族宗人在吃肉,前往,必有喜庆之事。

【原文】

上九:睽孤,见豕负涂①,载鬼一车②:先张之弧,后说之弧③。匪寇,婚媾。往,遇雨,则吉。

《象》曰:遇雨之吉,群疑亡也。

【注释】

①睽孤:孤独的旅人,见前注。豕,大猪。负,借为伏。涂,当读为途,道路。或说涂为泥。负涂,犹言背上有泥。亦通。
②鬼:这里指打扮奇特的人。
③弧:弓。张,指开弓。说,借为脱,指放下弓箭。

【今译】

上九:旅人孤单地行路,见一头大猪伏在路上,又遇上一辆大车,上面满载着打扮得奇形怪状的人。旅人搭弓欲射,后来又放下弓箭。因为这伙人不是强盗,而是去订婚的。旅人照常行进,遇上大雨,但一切平安。

《象辞》说:上九爻辞讲的旅人途遇婚媾之人,开始相互猜疑,几致动武,后来相安无事,照常旅行。这是因为双方疑惧消失了。

蹇第三十九

 艮下
坎上

【原文】

蹇①：利西南，不利东北。利见大人。贞吉。

【注释】

①蹇：卦名。本卦为异卦相叠（艮下坎上）。上卦为坎，坎为水；下卦为艮，艮为山。山上有水，山石嶙峋，水流曲折。山高水险，喻人行路艰难，修业不息，所以卦名曰蹇。蹇，《象辞》："难也。"

【今译】

蹇卦：筮遇此卦，利西南行，不利东北行。利见贵族王公，获吉祥之兆。

【原文】

《彖》曰：蹇，难也，险在前也。见险而能止。知矣哉①。蹇"利西南"，往得中也。"不利东北"，其道穷也。"利见大人"，往有功也。当位"贞吉"②，以正邦也。蹇之时，用大矣哉。

【注释】

①"见险而能止"二句：本卦上卦为坎，坎有险义；下卦为艮，艮有止义。所以蹇卦体现了见险能止的义蕴。知，借为智。

②当位贞吉：此以六二、九五爻象、爻位为据。六二阴爻居阴位（第二位为阴位），九五阳爻居阳位（第五位为阳位）是为得位。贞，《象辞》释为"贞正"，以配六二、九五之爻象，与经意不符。

【今译】

《象辞》说：蹇，艰难的意思。蹇的上卦为坎，坎为险；下卦为艮，艮

为山。"险阻在前"是蹇卦的卦象。见险而能停止不前,这是明智之举。蹇卦辞说:"利于西南行",因为西南为坤方,坤为地,地平坦,西南之行是行于正道。卦辞说:"不利于东北行",因为东北为艮方,艮为山,山险峻,东北之行则困穷不通。卦象又显示,"会见贵族王公则有利",所往有功。六二之爻与九五之爻各居阴阳之位,有得位之象,像君臣各正其位,各持中正祥和之德,从而国家能得到治理。蹇的卦义是见险而止,进止得时,在生活中意义是重大的。

【原文】

《象》曰:山上有水,蹇。君子以反身修德。

【今译】

《象辞》说:上卦为坎,坎为水;下卦为艮,艮为山,山石嶙峋,水流曲折,是蹇卦的卦象。君子观此卦象,悟行道之不易,从而反求诸己,修养德行。

【原文】

初六:往蹇来誉①。

《象》曰:往蹇来誉,宜待也。

注释

①誉:闻一多说:"誉,读为䠶。"《说文》:"䠶,安行也。"

【今译】

初六:出门艰难,归来安适。

《象辞》说:出门艰难,归来安适,知难而退,坐待时机。

【原文】

六二:王臣蹇蹇,匪躬之故①。

《象》曰:王臣蹇蹇,终无尤也。

【注释】

①蹇:难。蹇蹇,前一蹇字为动词,犹言犯难,冒险。后一蹇字用如名词,艰难。蹇蹇犹言屡犯艰难,冒险履难。匪,当读为非。

【今译】

六二:王臣之所以屡犯艰难,并不是为自身私利。

《象辞》说:王臣出以公心屡犯艰难,其自身始终没有过失。

【原文】

九三:往蹇来反①。

《象》曰:往蹇来反,内喜之也。

【注释】

①反:高亨说:"借为昇。昇,喜乐也(昇与忭同)。"

【今译】

九三:出门困难重重,归来笑逐颜开。

《象辞》说:出门困难重重,归来笑逐颜开,这是发自内心的喜悦。

【原文】

六四:往蹇来连①。

《象》曰:往蹇来连,当位实也。

【注释】

①连:《集解》引虞翻曰:"连,辇也。"《周礼·地官·乡师》:"大军旅会同,正治其徒役与其辇辇。"郑注:"辇,挽车也。"《说文》:"连,负车也。"连、辇有相通之处。沙少海先生说:"来辇,犹言来时乘车。"

【今译】

六四:出门步履艰难,归来时却有车可乘。

《象辞》说:出门步履艰难,归来时却有车可乘,因为六四阴爻居阴位,像人才正当其位,德符其名。

【原文】

　　九五:大蹇,朋来①。
　　《象》曰:大蹇,朋来,以中节也。

注释

　　①朋:这里指朋贝。朋来,犹言赚了钱。《象辞》解"朋"如朋友,与经意有别。

【今译】

　　九五:经历了很多艰难困苦,终于获得大利。
　　《象辞》说:大难当前,得到友人相助,因为九五之爻居上卦中位,像人节操贞正自能获救。

【原文】

　　上六:往蹇来硕①,吉。利见大人。
　　《象》曰:往蹇来硕,志在内也。利见大人,以从贵也。

注释

　　①硕:汉帛书《周易》作石。硕、石均借为蹠。高亨说:"硕,借为蹠。《说文》:'蹠,楚人谓跳跃曰蹠。'《方言》一:'蹠,跳也。楚曰蹠。'(此朱骏声说,见《说文通训定声》豫部硕字下)来蹠,谓其来跳跃而行,喜之至也。"

【今译】

　　上六:出门困难重重,归来欢喜跳跃。筮遇此爻,吉利,利于会见贵族王公。
　　《象辞》说:出门困难重重,归来欢喜跳跃,说明志气高昂,奋勇取胜。爻辞说:利于会见贵族王公,说明追随贵人,必获福利。

解第四十

坎下
震上

【原文】

解①:利西南,无所往,其来复,吉。有攸往,夙②,吉。

【注释】

①解:卦名。本卦为异卦相叠(坎下震上)。上卦为震,震为雷,下卦为坎,坎为雨。雷雨交加,荡涤宇内;阴阳交合,惊蛰震伏。从而万象更新,万物育生,所以卦名曰解。

②夙:早。

【今译】

解卦:利于西南行,但是,若没有确定的目标,则不如返回,返回吉利。如果有确定的目标,则宜早行,早行吉利。

【原文】

《彖》曰:解,险以动,动而免乎险,解。解"利西南",往得众也。"其来复,吉",乃得中也。"有攸往,夙,吉",往有功也。天地解而雷雨作,雷雨作而百果草木皆甲坼①。解之时,大矣哉。

【注释】

①甲:篆文作甲,甲文、金文作十,象草木种子出土发芽之形。坼,《释文》:"坼,马、陆作宅。"王引之说:坼、宅皆借为毛,草木生叶也。甲坼,犹言破土发芽,生枝长叶。

【今译】

《彖辞》说:解的内卦为坎,坎为险;外卦为震,震为动;遇险而动,积极行动方可摆脱危险,这就是解卦所昭示的意义。卦辞说"利于西

南行",因为西南方为坤方,坤为众,西南之行必得众人之助。卦辞说"返归亦吉利",因为此行符合正道。卦辞说"有确定的目标,则宜及早行,早行吉利",因为所往必有功利。解的上卦为震,震为雷;下卦为坎,坎为雨,因而解的卦象是天地开启而雷雨并作。雷雨并作,则百果草木出土发芽。天地开启,化育万物,其作用是伟大的。

【原文】

　　《象》曰:雷雨作,解。君子以赦过宥罪。

【今译】

　　《象辞》说:本卦上卦为震,震为雷;下卦为坎,坎为雨,雷雨并作,化育万物,是解卦的卦象。君子观此卦象,从而赦免过失,宽宥罪人。

【原文】

　　初六:无咎①。
　　《象》曰:刚柔之际,义无咎也②。

注释

　　①本爻无贞事辞,只有贞兆辞。
　　②刚柔之际:际,交际,交会。此以初六、九二爻象、爻辞为据。初六阴爻,为柔,处于九二阳爻(为刚)之下,是刚柔交际之象,喻君臣、夫妻和衷共济。

【今译】

　　初六:筮遇此爻,没有灾难。
　　《象辞》说:初六与九二相接,为刚柔相应之象,喻君臣、夫妻和衷共济,其义自无灾难。

【原文】

　　九二:田获三狐,得黄矢①。贞吉。
　　《象》曰:九二贞吉,得中道也。

【注释】

①田：借为畋，狩猎。黄矢，铜箭头。

【今译】

九二：畋猎获得三只狐狸，猎物身上带着铜箭头。卜问得吉兆。

《象辞》说：九二爻辞讲的卜问得吉兆，因为九二之爻居下卦中位，像其人行事遵循正道。

【原文】

六三：负且乘，致寇至，贞吝。

《象》曰：负且乘，亦可丑也，自我致戎，又谁咎也？

【今译】

六三：带着许多财物，又是背负，又是车拉，招摇惹盗，自然招致盗寇抢劫，卜问有灾祸之象。

《象辞》说：带着许多财物，又是背负，又是车拉，招摇惹盗，这是愚蠢可耻之事，由于自己慢藏诲盗，招致盗寇，又能谴责谁呢？

【原文】

九四：解而拇①，朋至斯孚②。

《象》曰：解而拇，未当位也③。

【注释】

①解而拇：沙少海先生说："解，声借为懈，训懈怠。而，汉帛书《周易》作其，当从之，拇，通趾，训脚大指，这里代脚。解而拇，犹言懒动脚，即不想走。"

②朋：朋贝。朋至，犹言获得朋贝，即赚了钱。斯，用如则。孚，同俘。本爻当为商旅之人一次生活遭遇的记录，《象辞》则将其抹上政治色彩。

③未当位：此以九四爻象、爻位为据。九四阳爻而居阴位，亦喻人不称其位。

【今译】

九四：赚了钱，而懒怠不想走，结果被人虏去。

《象辞》说：懒怠不想动，说明其人怠于职守，不称其位。

【原文】

六五:君子维有解,吉①,有孚于小人②。

《象》曰:君子有解,小人退也。

注释

①维:闻一多说:"维犹系也。解,释也。'维有解'即系而得释。"《象辞》释"有解"与经意不合,详见译文。

②孚:惩罚。

【今译】

六五:君子被拘囚后又获释,吉利;小人则将受罚。

《象辞》说:君子解除了小人的职务,说明小人被摒退。

【原文】

上六:公用射隼于高墉之上①,获之,无不利。

《象》曰:公用射隼,以解悖也②。

注释

①隼(sǔn损):即鹰。墉,城墙。

②悖:《尔雅·释诂》:"悖,强也。"《释言》:"强,暴也。"悖,即强暴。

【今译】

上六:在高高的城墙上,王公射中一只鹰,并且抓到了,这没有什么不吉利的。

《象辞》说:王公射鹰,意在除强去暴。

损第四十一

☷ 兑下
☶ 艮上

【原文】

损①：有孚，元吉，无咎，可贞②。利有攸往。曷之用二簋③，可用享④。

【注释】

①损：卦名。本卦为异卦相叠（兑下艮上）。上卦为艮，艮为山；下卦为兑，兑为泽。上山下泽，有大泽侵蚀山根之象。所以卦名曰损。用以警戒社会：剥民则损害国基，损人则伤于德行，损益之间，不得不慎。

②孚：同俘。贞，卜问。可贞，称心的卜问。

③曷：高亨说："借为饁，馈食也。"簋（guǐ），盛饭的圆器，如同饭盆。

④卦辞记录三占：有孚。利有攸往。曷之用二簋。虽事不相关，但主题统一，表示损中有益，同属吉利。

【今译】

损卦：筮遇此卦，将有所俘获，大吉大利，没有灾难，是称心的卜问。而且所往将获利。将有人送来两盆食物，可享口福。

【原文】

《彖》曰：损，损下益上①，其道上行。损而"有孚②，元吉，无咎，可贞③。利有攸往。曷之用二簋，可用享。"二簋应有时，损刚益柔有时。损益盈虚，与时偕行。

【注释】

①损下益上：本卦上卦为艮，艮为山；下卦为兑，兑为泽。《彖辞》以山比喻统治者，以泽比喻下层群众。它认为剥损人民奉养统治者，是天经地义之事。下文"损刚益柔"其义与此同。

②孚：信，中。这里当指适中而言，即节度。与经意不同。
③贞：《象辞》释为中正，犹言稳定。

【今译】

《象辞》说：损，征赋于百姓而奉养贵族王公，这是国家法度，由统治者制定而广泛施行。征赋百姓，但能"有所节度，则大吉大利，太平无事，可以稳定社会。有所举动必获其利。祭祀鬼神，也可以只用两簋食品，因为这是依丰歉而定"。征赋百姓，奉养王公贵族，虽然是国家法度，但有时也裁抑王公贵族的利益，而赈济民困。总之损上益下，损下益上，应因时制宜，制衡得当。

【原文】

《象》曰：山下有泽，损。君子以惩忿窒欲。

【今译】

《象辞》说：本卦上卦为艮，艮为山；下卦为兑，兑为泽，可见山下有泽是损卦的卦象。君子观此卦象，以泽水侵蚀山脚为戒，从而制止其忿怒，杜塞其贪欲。

【原文】

初九：已事遄往①，无咎。酌损之②。
《象》曰：已事遄往，尚合志也。

注释

①已：《释文》："已，虞作祀。"《集解》本作祀。遄（chuán），《释文》："遄，速也。"
②酌损之：此当针对祭品而言，祭品过丰，即剥民过甚，酌损之，亦属无咎。

【今译】

初九：祭祀大事，得赶快去参加，这才不会有灾难。祭品过丰，可以酌情减损。
《象辞》说："祭祀大事，得赶快去参加"，这是体现了敬畏鬼神的心意。

【原文】

九二:利贞。征,凶。弗损,益之。

《象》曰:九二:利贞,中以为志也。

【今译】

九二:吉利的卜问。征伐他国则凶。因为这样做对于他国非但不能损伤,反而有利。

《象辞》说:九二爻辞讲的吉利的卜问,因为九二之爻居下卦中位,像人行事以处正守贞为心。

【原文】

六三:三人行则损一人,一人行则得其友。

《象》曰:一人行,三则疑也①。

注释

①一人行:高亨说:"行上疑脱志字。志行,谓其主张得以实行。疑,谓主张分歧,不得不实行,意见相对。"可备一说。无"志"字于文义亦无碍。

【今译】

六三:三人同行,难免意见分歧,必有一人被孤立。一人独行,孤单无助,则主动邀人作伴。

《象辞》说:一人独行,凡事自作主张,事无掣肘。三人同行,遇事各持己见,滋生疑惑。

【原文】

六四:损其疾,使遄有喜①,无咎。

《象》曰:"损其疾",亦可喜也。

注释

①使:使人祭祀。李镜池说:"卜辞说使人于某,是使人往祭之意。如'使人于沘'(《乙1355》),'使人于河'(《粹36·46》)。"有喜,高亨说:"古人谓病愈为有喜,因其为可喜之事也。"

【今译】

六四:要消除疾病,赶快求巫祭神,病就会有好转,必无灾难。

《象辞》说:"求巫祭神消除疾病",也是可喜之事。

【原文】

六五:或益之十朋之龟①,弗克违,元吉。

《象》曰:六五元吉,自上祐也。

注释

①朋:朋贝,即钱币。其时以贝十枚为一串,称朋,十朋,即贝一百枚。十朋之龟,言价值昂贵。

【今译】

六五:有人送给他价值十朋的大龟,这不能拒而不收,得龟用于占卜这是大吉之事。

《象辞》说:六五爻辞讲的大吉大利,因为上天保佑他,赐以灵龟,所以大吉。

【原文】

上九:弗损益之,无咎,贞吉。利有攸往。得臣无家①。

《象》曰:弗损益之,大得志也。

注释

①臣:这里指奴隶。铜器铭文每说锡臣多少家,知奴隶以家计算。无家,当为单身奴隶。

【今译】

上九:不要减损,不要增益,一任其旧,没有灾难,卜问得吉兆。筮遇此爻,有所往则必获利,将得到一单身奴隶。

《象辞》说:不要减损,不要增益,公允执中,如此行事,平生志愿当能实现。

益第四十二

震下
巽上

【原文】

益①:利有攸往。利涉大川。

【注释】

①益:卦名。本卦为异卦相叠(震下巽上)。上卦为巽,巽为风;下卦为震,震为雷。风雷激荡,其势愈增。所以卦名曰益。与损卦之义互相对立,构成一个统一的组卦。参见前注。

【今译】

益卦:筮遇此爻,利于有所往,利于涉水渡河。

【原文】

《彖》曰:益,损上益下①,民说无疆②,自上下下③,其道大光④。"利有攸往",中正有庆⑤。"利涉大川",木道乃行。益动而巽⑥,日进无疆。天施地生,其益无方⑦。凡益之道,与时偕行。

【注释】

①损上益下:正与损卦《彖辞》"损下益上"对待而言,参见前注。
②说:借为悦。无疆,犹言无边。
③下下:前一"下"为动词,犹言深入。后一"下"用如名词,即下层,犹言民间。
④光:借为广。
⑤中正有庆:此以六二、九五爻象、爻位为据。六二阴爻居阴位(第二位为阴位),处下卦中位。九五阳爻居阳位(第五爻为阳位),处上卦中位,是正得其位。《象辞》又以六二喻臣民,九五喻君王,像君臣百姓各安其位。
⑥益动而巽:益指益卦。上卦为震为动,下卦为巽为谦。敢为而谦逊,是益卦

的义蕴。

⑦方：《广雅·释诂》："方，类也。"无方，犹言不分种类，不分地域，一视同仁。

【今译】

《彖辞》说：益，就是指减轻赋役，苏解民困，这样老百姓就会欢喜无边。君上谦卑，深入民间，体察民意，那么他的道义广庇四方。益卦辞说"利于有所往"，因为九五、六二分别居于上卦下卦中位，像君臣百姓，各守其道，所以吉庆安宁。卦辞又说"利于涉水渡河"，因为益的上卦为巽，巽为木；下卦为震，震义为动，这一卦象表示刳木为舟，浮水而行，平安顺利。巽义为谦逊，敢于作为而心怀谦逊，其事业必定与日俱进，不可限量。上天泽润万物，大地生育万物，天地对于万物一视同仁，泽惠无边。天地对于万物，君上对于百姓，施恩布惠的主要原则是：贵在及时，要在应急。

【原文】

《象》曰：风雷，益。君子以见善则迁，有过则改。

【今译】

《象辞》说：本卦上卦为巽，巽为风；下卦为震，震为雷，风雷激荡，是益卦的卦象。君子观此卦象，惊恐于风雷的威力，从而见善则从之，有过则改之。

【原文】

初九：利用为大作①，元吉，无咎②。
《象》曰：元吉，无咎，下不厚事也③。

注释

①用：这里用法同于。大作，犹言大兴土木。
②沙少海先生说："《益》卦则根据周室兴衰的史实，着重阐述周室由兴到衰，即由益到损的变迁情况。"验之各爻辞，其说甚是。此爻所指，李镜池说："联系下文及周人的历史看，这个'大作'似指太王迁岐后作庙筑城，文王作丰，周公营建洛邑等。这些'大作'必然要占卜。《周易》即根据占卜材料编选入书。"《象辞》

作者则没有顾虑这些史料的特指意义,只作了一般性的解说。

③下:这里指庶民。厚,俞樾说:"厚读为后。"厚事即后事,犹言拖拉了工程进度。

【今译】

初九:筮遇此爻,利于大兴土木,大吉大利,并无灾祸。

《象辞》说:大吉大利,并无灾祸,因为百姓努力工作,加快了工程进度。

【原文】

六二:或益之十朋之龟,弗克违①。永贞吉。王用享于帝,吉。

《象》曰:或益之,自外来也。

注释

①"或益之十朋之龟"二句:与损卦六五爻辞同。但与下文连看,似与文王有关。《书·大诰》:"予不敢闭于天降威,用宁王遗我大宝龟,绍天明。"意即文王送我们大宝龟,命我们继承天命。录此以备考。

【今译】

六二:有人赐予价值十朋的大龟,不可拒违其命。卜问得长久的吉兆。君王祭祀天帝,吉利。

《象辞》说:有人赐予我们以宝龟,说明这大宝龟是从外面送来的。

【原文】

六三:益之用凶事①,无咎,有孚,中行告公用圭②。

《象》曰:益用凶事,固有之也。

注释

①凶事:犹言丧事。此处似指武王逝世。用,因。

②中行:高亨说:"似为人名,疑即仲衍。行字古文作衍,从人从行……衍、衍形近,因误为衍。仲衍乃微子启之弟。"圭,即珪。祭祀时要执珪,故以"用圭"指代祭祀。此句疑叙周公征讨武庚之事。

【今译】

六三:因为武王逝世,增加祭祀鬼神的祭物,没有灾祸。武庚乘国丧作乱,周公发兵征讨,大获胜仗,抓获俘虏。仲衍向周公报告,从而举行祭祀。

《象辞》说:因为有丧事,增加祭祀鬼神的祭物,这是自然之理。

【原文】

六四:中行告公,从,利用为依迁国①。

《象》曰:告公从,以益志也。

注释

①中行:即六三爻辞所讲的仲衍,又称微仲。依,即殷。《康诰》"殪戎殷",《中庸》引作"壹戎衣(依)",可证衣、依、殷古音相同。此句疑讲周公听从成王之命将殷商遗民分封给各侯国之事。

【今译】

六四:仲衍向周公报告了处理殷室遗民之事,周公听从了,顺利地将殷商遗民分封给各封国。

《象辞》说:周公听从了王命,说明君臣上下团结更加巩固。

【原文】

九五:有孚,惠心勿问①,元吉。有孚,惠我德。

《象》曰:有孚,惠心勿问之矣。惠我德,大得志也。

注释

①惠:贾谊《新书·道篇》:"心省恤人谓之惠。"惠心,好心。勿问,不必追问。惠心勿问,犹言安抚俘虏不追究其罪责。

【今译】

九五:捕获了很多俘虏,安抚他们,不必追究,大吉大利。这些俘虏,将感戴我的恩德。

《象辞》说:捕获了很多俘虏,安抚他们,不要追究他们的责任,使他们感戴我的恩德,说明这样可以笼络人心。

【原文】

　　上九:莫益之,或击之①,立心勿恒,凶。
　　《象》曰:莫益之,偏辞也②,或击之,自外来也。

【注释】

　　①莫:不定代词,犹言没有人。益,帮助。或,不定代词,犹言有人。击,攻击。
　　②偏:当读为遍,即周遍。

【今译】

　　上九:没有人帮助他,还有人攻击他。在这种情况下,立志不坚定,就要坏事。
　　《象辞》说:没有人帮助他,这是周遍之辞,表示根本没有相助者。有人攻击他,说明这攻击来自外部。

夬第四十三

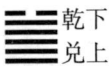乾下
兑上

【原文】

夬①：扬于王庭，孚号②："有厉。"告自邑："不利即戎③。"利有攸往④。

注释

①夬(guài)：卦名。本卦为异卦相叠（乾下兑上）。上卦为兑，兑为泽；下卦为乾，乾为天，兑上乾下，有洪水涨上天之象，洪水滔天，必冲决堤防，所以卦名曰夬。夬，《序卦》："夬者，决也。"

②扬：《礼记·乐记》："乐者非谓黄钟、大吕、弦歌、干扬也。"干，兵器，今犹干戈连语。干扬，即以兵器为道具起舞，即所谓武舞。孚号，即呼号。

③戎：武装，这里指军事行动，即戎，犹言投入战斗。

④利有攸往：李镜池说："是占行旅，不连上读。"

【今译】

夬卦：王庭里正跳舞作乐。有人呼告："有敌人来犯。"邑中传来命令："出击不利，要严阵以待。"筮遇此爻，出外旅行则吉利。

【原文】

《彖》曰：夬，决也。刚决柔也①。健而说，决而和。"扬于王庭"，柔乘五刚也②。"孚号有厉"③，其危乃光也④。"告自邑，不利即戎"，所尚乃穷也。"利有攸往"，刚长乃终也⑤。

注释

①刚决柔：本卦初、二、三、四、五爻均为阳爻，为刚；仅第六爻为阴爻，为柔。阳刚强盛，阴柔弱小，故曰"刚决柔"。

②"扬于王庭"二句：《彖辞》认为本卦上六为阴爻，居于五阳爻之上，是小人

凌驾群贤,阴柔凌驾群刚之象。

③孚号有厉:《象辞》解"孚号"为号令。解"厉"为严厉。正缘它所理解的小人"扬于王庭"的意思而来。

④危:危险。

⑤长:增长。夬卦下五爻皆为阳爻,为刚,再上进一位,则全卦之爻皆阳,阴柔彻底消退。比喻去尽小人,留得满朝君子。

【今译】

《象辞》说:夬,就是决断的意思。夬卦刚众柔弱,刚能决胜于柔。上卦为兑,兑义为悦;下卦为乾,乾义为健。刚健而又和悦,敢于决断而又能和睦相处,这是夬卦的品德。"小人被举用于王庭",这是因为上六阴爻居于全卦阳爻之上。"小人窃位,发号施令,声厉词严",小人得势,蕴藏着危机,而且是普遍的危机。"邑中传来命令说出击不利",因为发兵出战,崇尚武力,这是穷困之道。"利有所往",是说上六之爻,孤悬独立,阳刚之爻再增进一步,则全卦纯阳,意味着小人消退,君子得势。

【原文】

《象》曰:泽上于天,夬。君子以施禄及下,居德则忌。

【今译】

《象辞》说:本卦上卦为兑,兑为泽;下卦为乾,乾为天,可见泽水上涨,浇灌大地,是夬卦的卦象。君子观此卦象,从而泽惠下施,不敢居功自傲,并以此为忌。

【原文】

初九:壮于前趾①,往,不胜为咎。

《象》曰:不胜而往,咎也。

注释

①壮:借为戕,即伤。

【今译】

初九:脚趾受伤,仍然继续前进,将因为脚力不胜而遭致灾难。
《象辞》说:脚力不胜而继续行进,将遭灾难。

【原文】

九二:惕号,莫夜有戎,勿恤①。
《象》曰:有戎勿恤,得中道也。

注释

①惕号:惊呼。莫,古暮字。戎,这里指兵戎之灾。恤,担忧。

【今译】

九二:恐惧地惊叫,夜间有敌来犯,但不足为患。
《象辞》说:有敌来犯,不足为患,因为九二之爻居下卦中位,像人得中正之道。

【原文】

九三:壮于頄①,有凶。君子夬夬独行②,遇雨若濡,有愠③,无咎。
《象》曰:君子夬夬,终无咎也。

注释

①壮:借为戕。頄(kuí葵),颧骨。
②夬夬:借为趹趹,急走貌。
③濡:湿。愠,恼怒。

【今译】

九三:颧骨受伤,这是凶象。君子匆匆忙忙地独个儿行路,碰上了雨,全身淋湿了,令人很不快,但没有灾难。
《象辞》说:君子匆匆忙忙地独个儿行路,但最后没有灾难。

【原文】

九四:臀无肤,其行次且①。牵羊悔亡,闻言不信。

《象》曰:其行次且,位不当也。闻言不信,聪不明也。

【注释】

①次且:借为趑趄。马融说:"却行不前也。"

【今译】

九四:臀部负伤,走起路来踉踉跄跄。牵羊上路,悔恨丢失了羊儿,这是由于对别人的告诫不相信。

《象辞》说:行路艰难,因为九四阳爻而居阴位,像人处境不利。对于别人的告诫不相信,说明听觉虽好,但不明事理。

【原文】

九五:苋陆夬夬中行①,无咎。

《象》曰:中行无咎,中未光也②。

【注释】

①苋:王夫之《周易稗疏》:"苋字当从丅,而不从艹,音胡官切。山羊细角者也。"《说文》苋部:"山羊细角者,从兔足。"陆,借为踛,跳而跑。中行,道路中间。

②中行无咎:《象辞》解"中行"为行中,犹言行中正之道,与经意有异。光,借为广。

【今译】

九五:细角山羊在道路中间蹦蹦跳跳,筮遇此爻无灾难。

《象辞》说:行中正之道,仅称无灾难,大概是没有将中行之道推广施行。

【原文】

上六:无号①,终有凶。

《象》曰:无号之凶,终不可长也。

【注释】

①无号:高亨说:"无,当作犬,形似而误。号,哭号。古人以犬号为凶兆。

《墨子·兼爱》下篇:'昔者三苗大乱,犬哭于市。'是其例。故爻辞言:'犬号,终有凶。'"《象辞》认为无号即无号令,与经意有别。

【今译】

上六:狗在哭叫,预兆着终将有凶险之事。

《象辞》说:国无号令,其势必遭凶险,说明国运衰微,终不可保。

姤第四十四

巽下
乾上

【原文】

姤：女壮，勿用取女①。

【注释】

①姤(gòu)：卦名。本卦为异卦相叠(巽下乾上)。上卦为乾，乾为天；下卦为巽，巽为风。天下有风，吹拂万物；阴阳交遇，万物盛壮。在《彖》《象》看来，用喻君王在上，颁教命于下，风行天下，洽合人意，治道大行，所以卦名曰姤。姤，当读为遘，《说文》："遘，遇也。"即交合之意。姤卦与夬卦卦象相对，构成了一个统一的组卦。壮，借为戕，伤。取，借为娶。女壮，当为梦占辞，即求筮的人以梦中之事求占吉凶。

【今译】

姤卦：梦见女子受伤。筮遇此卦，不利于娶女。

【原文】

《彖》曰：姤，遇也，柔遇刚也①，"勿用取女"，不与长也。天地相遇，品物咸章也②。刚遇中正③，天下大行也。姤之时，义大矣哉。

【注释】

①柔遇刚：本卦的基本结构是，初六阴爻居于下，其余五阳爻居于上。意为阴爻初生，即所遇者皆为阳爻，故曰"柔遇刚"。

②品：种类。品物，犹言物类，万物。咸，皆。章，犹言茂盛。

③刚遇中正：本卦九二阳爻，为刚，居下卦中位，九五阳爻，为刚，居上卦中位，均得其位。像君子得位，行贞正之道。

【今译】

《彖辞》说：姤，就是相遇的意思，即指初六阴爻与其余五阳爻相

遇。卦辞所讲的:"不利于娶女",因姤卦的卦象是一阴爻与五阳爻相遇,像一女遇五男,他们之间是不能长久相处的。卦象又显示:天地相构,阴阳交流,万种物类成长壮大。九二阳爻、九五阳爻分别居于下卦、上卦之中位,像君臣分居其位,秉行中正之道,因而正道大行于天下。天地相构,阴阳交流,合乎时宜,循乎时序,其意义是十分重大的。

【原文】

《象》曰:天下有风,姤。后以施命诰四方①。

注释

①后:君。诰,告。

【今译】

《象辞》说:本卦上卦为乾,乾为天;下卦为巽,巽为风,可见天下有风,是姤卦的卦象,君王观此卦象,从而效法于风之吹拂万物,施教化于天下,昭告四方。

【原文】

初六:系于金柅①。贞吉。有攸往,见凶。羸豕孚蹢躅②。

《象》曰:系于金柅,柔道牵也。

注释

①金:这里指黄铜。柅(nǐ 尼),高亨说:"织布帛的一种工具,缠线于其上,线之一端系于机,此物东北人呼为'闹子',闹即柅之转音。"系于金柅,是梦中之象,求筮者以此求占吉凶。本卦六爻皆以梦象为占。梦中之象多为日常生活中现象的反映,无深义。《象》不甘以平易解之,故作高深之辞,这是布道者惯用的手法。

②羸:瘦弱。豕,猪。孚,读为桴(fú),牵引。蹢躅(zhí zhú),徘徊不前的样子。

【今译】

初六:细柔之线牵附于黄铜柅子之上。这是吉利的贞兆。若占问有所往,则必逢凶险,就像瘦弱的猪被不情愿地拖回来。

《象辞》说:细柔之线牵附于黄铜梶子上,是说柔物被牵制于刚物,以像柔弱者依附于刚强者,则获吉利。

【原文】

九二:包有鱼①,无咎,不利宾②。

《象》曰:包有鱼,义不及宾也③。

注释

①包:《释文》:"包,本亦作庖。"即厨。包有鱼,梦占之辞。
②宾:这里用如动词,犹言宴请宾客。
③义:读为宜。

【今译】

九二:厨中有鱼。占得此爻,没有灾祸,但不利宴请宾客。

《象辞》说:厨中有鱼,有鱼无肉,乃小康之象,不宜大肆宴请宾客。

【原文】

九三:臀无肤,其行次且①。厉,无大咎也。

《象》曰:其行次且,行未牵也。

注释

①肤:肉,臀无肤,犹言臀部负伤。次且,借为赵趄。马融说:"却行不前也。"此句为梦占辞。

【今译】

九三:臀部负伤,行走困难。占得此爻,有危险,但尚无大的灾难。

《象辞》说:行走困难,因为没有人扶持。

【原文】

九四:包无鱼。起凶①。

《象》曰:无鱼之凶,远民也。

【注释】

①起:孔颖达说:"起,动也。"

【今译】

九四:厨中无鱼。筮遇此爻,有所动作必遭凶险。

《象辞》说:厨中无鱼之爻,显示其人必遭凶险。因为九四阳爻而居阴位,像君王失其权位,脱离民众。

【原文】

九五:以杞包瓜,含章,有陨自天①。

《象》曰:九五含章,中正也。有陨自天,志不舍命也②。

【注释】

①"以杞"三句:沙少海先生说:"以,这里通倚,训缠着。包,这里通匏。包瓜,犹言匏瓜。章,训文彩。含章,犹言很有文彩。天,这里声假为颠,训头顶。陨,训掉下。"天,《象辞》解如字,与经意不合。此句记梦中之象,但无贞兆之辞。

②不:高亨说:"当读为否,否,闭塞不通也。舍,借为捨。志不舍命,即志否捨命,谓其志闭塞不得行,则舍弃生命也。"

【今译】

九五:匏瓜缠着杞树生长,隐印的瓜纹很好看。忽然从头顶上方掉下一个瓜来。

《象辞》说:九五爻辞讲的隐含文彩,即指九五之爻居上卦中位,像人秉含中正之德。自天上陨落,说明高尚的志行不得施行,故舍命而殉志。

【原文】

上九:姤其角①,吝,无咎。

《象》曰:姤其角,上穷吝也。

【注释】

①姤:遭遇。"姤其角"也是梦象。

【今译】

上九:遭遇野兽,处于它的角锋之下,不是好兆头,但没有大的灾难。

《象辞》说:遭遇野兽,处于它的角锋之下,因为上九阳爻居一卦之尽头,像人处于穷困之境地。

萃第四十五

坤下
兑上

【原文】

萃①：亨。王假有庙②。利见大人，亨，利贞。用大牲③，吉。利有攸往。

注释

①萃：卦名。本卦为异卦相叠(坤下兑上)。上卦为兑，兑为泽；下卦为坤，坤为地。有泽淹大地，洪水横流之象。用比喻政事丛杂，危机四伏。以警戒君子顺天任贤，防范未然，所以卦名曰萃。萃《彖辞》："萃，聚也。"

②假：《集解》引虞翻曰："假，至也。"有，高亨说："犹于也。"

③大牲：牛。古代以牛为大牲。

【今译】

萃卦：通泰。王到宗庙举行祭祀。占得此卦，利于会见贵族王公，亨通，这是吉利的贞兆。用牛牲祭祀，也很吉利，并且出行吉利。

【原文】

《彖》曰：萃，聚也。顺以说，刚中而应，故聚也①。"王假有庙"，致孝享也，"利见大人，亨"，聚以正也。"用大牲，吉，利有攸往"，顺天命也。观其所聚，而天地万物之情可见矣。

注释

①"顺以说"三句：本卦下卦为坤，坤义为顺，上卦为兑，兑义为悦。所以柔顺而又和悦是萃卦的义蕴。九五阳爻，为刚，居于上卦中位，所以说"刚中"。它与居于下卦中位的六二阴爻，同位相应。这些从不同角度反映出的综合性的卦、爻之象，就组成了萃卦的卦象。它的哲理的和社会的含义则表现为"聚"。聚，聚积，团结。

【今译】

《象辞》说:萃,就是聚积的意思。萃卦的下卦为坤,坤义为顺;上坤为兑,兑义为悦,而且九五阳爻居上卦中位,这是萃卦的卦象。它昭示人们:顺应事理,取悦人心,君子各守中正之道,互相和应,这样必能团结大众。"王到宗庙祭祀",这是君王致孝先祖的亨祭。"利于会见王公贵族,亨通",这是说君子团结聚集,是本着光明正大的原则,并非以私邪互相交通。"用牛牲祭祀,吉利,并且出行吉利",这是顺应天命的举动。君子相聚则相励以正道,小人相聚则相推入祸门,综观天地间人类、物类的类聚群分,它们的吉凶祸福就可以知道了。

【原文】

《象》曰:泽上于地,萃。君子以除戎器,戒不虞①。

注释

①《集解》引虞翻曰:"除,修。戎,兵也。"不虞,意外之患。

【今译】

《象辞》说:本卦上卦为兑,兑为泽;下卦为坤,坤为地。泽水淹地,是萃卦的卦象。君子观此卦象,以洪水横流,祸乱丛聚为戒,从而修治兵器,戒备意外的变乱。

【原文】

初六:有孚不终①,乃乱乃萃②,若号③,一握为笑④,勿恤。往,无咎。

《象》曰:乃乱乃萃,其志乱也。

注释

①不终:犹言抓来后又逃跑。
②乱:纷乱。萃,当读悴,忧虑。《象辞》解"萃"如悴,憔悴。
③若:高亨说:"若,犹而也。"号,呼号。
④一握:闻一多谓同喔喔、咿喔,笑声(见《周易义证类纂》)。

【今译】

初六:捕获了俘虏,却又逃跑了,引起纷乱和忧虑,大家呼喊着四处追捕。终于追回了,又高兴得嘻嘻哈哈,用不着担忧了。占得此爻,大胆前往,没有灾难。

《象辞》说:混乱呵,憔悴呵,其人神志昏乱。

【原文】

六二:引吉①,无咎。孚乃利用禴②。

《象》曰:引吉,无咎,中未变也。

注释

①引吉:沙少海先生说:"引,声假作永,训长期。引吉,犹言永吉,即长期吉利。同于'永贞吉'、'利永贞'。"

②孚:同俘,这里指用作人牲的俘虏。禴(yuè),经传作礿,春祭名。

【今译】

六二:占得此爻,长时间吉利,没有灾难。占问祭祀,贞兆显示:春祭要用俘虏作人牲才好。

《象辞》说:"长时间吉利,没有灾难",因为六二阴爻居于下卦中位,像人坚守正道,绝不改变。

【原文】

六三:萃如嗟如①。无攸利。往,无咎,小吝。

《象》曰:往无咎,上巽也②。

注释

①萃:借为悴,忧虑。如,形容词词尾,无义。

②巽:通逊,服从。上巽,巽上的倒装,犹言顺从上面的人。

【今译】

六三:忧愁嗟叹。占得此爻,无所利。出行则无灾难,但有小小的麻烦。

《象辞》说:出行无灾难,因为六三阴爻居于九四阳爻之下,像臣下顺从君上,行为谨慎。

【原文】

九四:大吉,无咎。

《象》曰:大吉,无咎,位不当也。

【今译】

九四:大吉大利,没有灾难。

《象辞》说:贞兆本来是大吉大利,但结果仅仅是没有灾难,因为九四阳爻而居阴位,像人才小德薄而忝高位,论其官运则谓亨通,论其居官则求无灾祸而已。

【原文】

九五:萃有位,无咎①。匪孚,元永贞,悔亡②。

《象》曰:萃有位,志未广也。

注释

①萃:借为瘁。有,这里用法同于。
②孚:高亨说:"罚也。"元,大。永,长久。

【今译】

九五:瘁心力于其职守,没有灾祸。不轻易责罚别人,卜问长期的吉凶,贞兆显示:没有大的悔恨。

《象辞》说:瘁心力于其职守,结果仅仅是没有灾祸,因为才具驽下,不能有所建树。

【原文】

上六:赍咨涕洟,无咎①。

《象》曰:赍咨涕洟,未安上也。

注释

①赍咨(jī zī)：即咨嗟，叹息。涕，眼泪。洟，鼻涕。

【今译】

上六：叹息流涕，忧心忡忡，但没有灾难。

《象辞》说：叹息流涕，忧心忡忡，因为上六之爻居于一卦的尽头，孤悬无据，像人虽居高位，但如履薄冰，惊恐度日。

升第四十六

巽下
坤上

【原文】

升①:元亨②,用见大人③,勿恤。南征吉④。

【注释】

①升:卦名。本卦为异卦相叠(巽下坤上)。外卦为坤,坤为地;内卦为巽,巽为木。木植于地,由小到大,由低到高,年年生长,所以卦名曰升。
②元:大。亨,亨通。
③用见:《释文》:"用见本或作利见。"汉帛书《周易》亦作利见,当据改。
④南征:据李镜池说,似指穆王伐楚之事。

【今译】

升卦:非常亨通,有利于会见王公贵族,不用担忧。占得此爻,出征南方吉利。

【原文】

《象》曰:柔以时升①,巽而顺,刚中而应,是以大"亨"②,"用见大人,勿恤",有庆也。"南征吉",志行也。

【注释】

①象:今本作象。阮元《校勘记》曰:"石经、岳本、宋本、闽本、监本、古本、足利本,象作象,按象字误也。"今据改。柔以时升,升卦的初爻为阴爻,为柔,第四、第五、第六爻均为阴爻,这种结构有阴爻逐次上升之象。
②"巽而顺"三句:本卦上卦为坤,坤义为顺;下卦为巽,巽义为逊,所以谦逊而又和顺是升卦的义蕴。九二阳爻,为刚,居下卦中位,所以说"刚中"。六五阴爻,为柔,居上卦中位,与九二为同位之爻,刚柔相应。象征君臣各守其位,互相和应。这些卦、爻之象综合起来就是升卦的卦象。它的哲理和社会的含义则表现

为升。因其象征着不断发展,所以前途远大,功业完满。亨,完美。

【今译】

《象辞》说:本卦的初爻为阴,它依时演进,逐次上升,这是升卦的基本结构。升卦的上卦为坤,坤义为顺;下卦为巽,巽义为逊。而且九二阳爻居于下卦的中位,六五阴爻居于上卦的中位,这是升卦的卦象。它向人们显示:内有谦逊的美德,外抱柔顺的态度,君臣各居其位,秉行贞中之道,团结统一,所以国运通泰,功业完满。卦辞所说的"利于会见王公贵族,不必担虑",是指将有喜庆之事。卦辞又说:"出征南方吉利",表示出征有利,志得意行。

【原文】

《象》曰:地中生木,升。君子顺德,积小以高大。

【今译】

《象辞》说:本卦外卦为坤,坤为地;内卦为巽,巽为木。可见木植于地中,是升卦的卦象。君子观此卦象,从而遵循德义,加强修养,从细小起步,逐步培育崇高的品德。

【原文】

初六:允升,大吉①。

《象》曰:允升,大吉,上合志也②。

注释

①允:沙少海先生说:"通𦫵。《集韵》:'𦫵,余准切。本作𦫵,训进。会意。'升,这里训发展。允升,犹言前进发展。"

②上:当读为尚。

【今译】

初六:前进发展,大吉大利。

《象辞》说:前进发展,大吉大利,是说尚能契合心意。

【原文】

九二:孚乃利用禴,无咎①。

《象》曰:九二之孚,有喜也。

注释

①孚:即俘。禴,春祭名。此句又见于萃卦六二之爻,详见前注。《象辞》解"孚"如忠信,与经意不合。

【今译】

九二:春祭宜用俘虏作为人牲,则无灾祸。

《象辞》说:九二爻辞讲祭祀鬼神必以忠信,从而将有喜庆之事。

【原文】

九三:升虚邑①。

《象》曰:升虚邑,无所疑。

注释

①虚:高亨说:"大丘也。虚邑,邑在大丘之上者也。"邑,城邑。此爻无贞兆辞。

【今译】

九三:登临于建立在大丘之上的城邑。

《象辞》说:登临于建立在大丘之上的城邑,登高望远,所见甚明,故无所疑惑。

【原文】

六四:王用亨于岐山①。吉,无咎。

《象》曰:王用亨于岐山,顺事也。

注释

①王:周王。亨,即享字,祭祀。岐山,西周境内的地名,在今陕西岐山县东北。据李镜池说,享祭岐山,可能是指太王迁于岐山时事,也可能指文王迁于丰之前的事。

【今译】

六四：周王在岐山祭祀鬼神。筮遇此爻，吉利，并无灾祸。

《象辞》说：周王在岐山祭祀鬼神，之所以吉而无灾祸，因为这是顺乎天理之事。

【原文】

六五：贞吉，升阶①。

《象》曰：贞吉②，升阶，大得志也。

注释

①升：登。阶，梯。升阶，犹言拾级而升。

②贞：贞卜。《象辞》释贞为忠信，与经意不合。

【今译】

六五：占得吉兆，所占之事将逐步发展。

《象辞》说：信守正道，自然吉利，其事业必然逐步发展，说明其志愿得伸，目的达到。

【原文】

上六：冥升，利于不息之贞①。

《象》曰：冥升在上，消不富也②。

注释

①冥：夜晚。升，兴，这里作不寐讲。贞，卜问，贞兆。利于不息之贞，犹言这是利于勤劳不息的人的贞兆。

②富：高亨说："富字义可通，但不确切，疑富当借为福。"

【今译】

上六：深夜不眠，勤勉不息地工作则符合此吉兆。

《象辞》说：上六爻辞讲深夜不眠，因为上六之爻据一卦之首，爻位孤悬，其人虽处高位，但环境不利，不过，勤于职守则可以消灾得福。

困第四十七

☵坎下
☱兑上

【原文】

困①：亨。贞大人吉，无咎。有言不信②。

注释

①困：卦名。本卦为异卦相叠（坎下兑上）。上卦为兑，兑为阴，为泽；下卦为坎，坎为阳，为水，大泽漏水，水草鱼虾，处于穷困之境。阳处阴下，刚为柔掩，像君子才智难展，处于困乏之地。所以卦名曰困。
②言：李镜池说："借为愆，罪。"信，伸，这里指申述清楚。

【今译】

困卦：通泰。卜问王公贵族之事吉利，没有灾难。筮遇此爻，有罪之人无法申辩清楚。

【原文】

《彖》曰：困，刚掩也①。险以说，困而不失其所，"亨"，其为君子乎？"贞大人吉"，以刚中也。"有言不信"②，尚口乃穷也。

注释

①掩：《释文》："掩，本作揜，虞作弇。"《集解》本亦作弇。掩、弇、揜古通用。《说文》："弇，盖也。揜，覆也。"
②有言不信：《彖辞》释"言"如字，释"信"为信任，与经意有别。

【今译】

《彖辞》说：困卦的上卦为兑，兑为阴；下卦为坎，坎为阳。阳刚掩压于阴柔下，这是困卦的卦象。困卦的上卦为兑，兑义为悦；下卦为坎，坎义为险。处境困苦而内心和平，是困卦的品德。虽然身处困境，但不失其操守,穷中求通,恐怕只有德才兼备的君子才具有这种信念。卦辞说:"王公贵族占卜得吉兆",因为九二、九五阳爻居于下卦、上卦的中位,这一爻位显示王公贵族行事中正,自然吉利。卦辞又说:"讲话别人不相信",因崇尚空谈,不务实际,无人信任,自致穷困。

【原文】

《象》曰:泽无水,困。君子以致命遂志①。

【注释】

①致命:犹言献出生命。遂志,犹言实行志愿。

【今译】

《象辞》说:本卦上卦为兑,兑为泽;下卦为坎,坎为水;水渗泽底,泽中干涸,是困卦的卦象。君子观此卦象,以处境艰难自励,穷且益坚,舍身捐命,以行其夙志。

【原文】

初六:臀困于株木①,入于幽谷②,三岁不觌。
《象》曰:入于幽谷,幽不明也。

【注释】

①困:此处犹今语挨打。株木,木棍,这里指官吏所用的刑杖。
②幽谷:这里指牢狱。《象辞》解"幽谷"如字,与经意有别。

【今译】

初六:臀部被狱吏的刑杖打伤,被投入黑暗的牢房中,三年不见其人。
《象辞》说:进入了幽深的山谷,自然幽暗不明。

【原文】

九二:困于酒食,朱绂方来①,利用享祀。征,凶。无咎②。
《象》曰:困于酒食,中有庆也。

【注释】

①朱绂：李镜池说："红色的服装，代指穿红色服装的民族。不是国名。绂借为袚。《说文》：'袚，蛮夷衣。'"《象辞》则解为天子所赐的侯王公卿之服。

②无咎：此为另一占之贞兆辞。

【今译】

九二：酒醉未醒，穿着红色服装的蛮夷前来进犯，忧患猝临，宜急祭神求佑。至于占问出征，则有危险。其他事无大的灾祸。

《象辞》说：酒醉未醒，天子命赐公卿之服，因为九二之爻居下卦中位，这是将有喜庆之事的兆头。

【原文】

六三：困于石①，据于蒺藜②，入于其宫，不见其妻，凶。

《象》曰：据于蒺藜，乘刚也。入于其宫，不见其妻，不祥也。

【注释】

①困：绊倒，困于石，犹言被石头绊倒。

②蒺藜：草名，一种有刺的植物。

【今译】

六三：被石头绊倒，被蒺藜刺伤，历难归家，妻子又不见了，这是凶险之兆。

《象辞》说：被石头绊倒，被蒺藜刺伤，之所以屡遇艰难，因为六三阴爻居于九二阳爻之上，像弱者攀附于强暴之人，必受其挟持威凌。回到家中，妻子又不见了，这是不祥之兆。

【原文】

九四：来徐徐，困于金车①。吝，有终。

《象》曰：来徐徐，志在下也。虽不当位，有与也②。

【注释】

①金：《释名·释天》："金，禁也。"金车，即指禁车，犹言囚车。

②《象辞》不解"困于金车",孤立地解释"来徐徐",与经意显别。

【今译】

九四:其人被关押在囚车里,慢慢地走来。真不幸,但最后还是被释放。

《象辞》说:行走缓慢,不求速进,志向卑微的表现。九四之爻居于九五之下,像人甘居下位,因为态度谦卑,倒能得人帮助。

【原文】

九五:劓刖①,困于赤绂②,乃徐有说③,利用祭祀。

《象》曰:劓刖,志未得也。乃徐有说,以中直也。利用祭祀,受福也。

注释

①劓(yì):割鼻。刖(yuè),断腿。
②赤绂:参见前注"朱绂"。
③说:借为脱。

【今译】

九五:割了鼻子,断了腿,被身着红色服装的蛮夷虏去。后来慢慢找到脱身的机会,终于逃脱回家。宜急祭神酬谢。

《象辞》说:割了鼻子,断了腿,是说其人不得志,身处险境。后来慢慢地脱离了险境,因为九五之爻居上卦中位,像人立身正直,自能化险为夷。宜祭祀鬼神,因为爻象指示:祈求鬼神保佑,承受其福荫。

【原文】

上六:困于葛藟①,于臲卼②,曰动,悔有悔。征,吉③。

《象》曰:困于葛藟,未当也。动,悔有悔,吉行也。

注释

①葛藟(lěi):蔓生植物,有刺,又叫葛针。
②于臲卼(niè wù):高亨说:"以六三爻辞例之,此文当作'困于葛藟,据于臲

脆。'脱'据',应据补。"臲卼,小木桩。

③有:当读为又。"征,吉",当属另占附载。《象辞》所释与经意有出入,详见译文。

【今译】

上六:被葛藟绊倒,被小木桩刺伤,处境如此艰难,不宜有所行动,否则悔上加悔。至于占问出征则吉利。

《象辞》说:被葛藟绊倒,因为行为不得当。悔悟到动则招悔,必能谦慎行事而逢吉利。

井第四十八

☰ 巽下
☵ 坎上

【原文】

井①：改邑不改井，无丧无得。往来井，井汔至②，亦未繘井③，羸其瓶④，凶。

注释

①井：卦名。本卦为异卦相叠（巽下坎上）。上卦为坎，坎为水；下卦为巽，巽为木。上坎下巽，有树木得水滋润而蓬勃生长之象。水为人类生存的重要条件，水井是居民的重要生活设施。《易卦》以井为卦名，用来集中反映劳动与生活，自然条件与人类生存的依赖关系。这种关系用《易经》的语言，可以概括为"养。"在《彖辞》与《象辞》看来"养"具有着两方面的含义，一方面，指自然对人类提供的生养条件，另一方面指人类对自然生存环境的爱惜养护，形成了"井养"与"养井"这一对特殊的概念。

②汔(qì)：《说文》："水涸也。"至，借为窒，淤塞。

③繘(jú)：借为矞，《广雅·释诂》："矞，穿也。"繘井，即挖井，淘井。

④羸：闻一多、高亨说当读为儡。《说文》："儡，相败也。"羸其瓶，犹言将打水的瓶弄破了。

【今译】

井卦：改建邑落而不改建水井，等于什么也没有干。人们往来井边汲水，水井干涸淤塞，不去加以淘洗，反而将吊水罐打破，这是凶险之象。

【原文】

《彖》曰：巽乎水而上水①，井。井养而不穷也②。"改邑不改井"，乃以刚中也。"往来井，井汔至，亦未繘井"，未有功也。"羸其瓶"，是以凶也③。

【注释】

①高亨说:"巽上当有木字,转写脱去。"当据补。

②井养而不穷:井以养人,所以说"井养",人们从井中汲水饮用,用之不穷,所以说井养而不穷。

③王弼本无"往来井井"四字,《集解》本有,当据补。

【今译】

《象辞》说:本卦下卦为巽,巽为木;上卦为坎,坎为水。水下浸而滋润,树木得水而生长,这是井卦的卦象。井以水养人,经久不竭,这是井卦的品德。卦辞说"改进邑落而不改建水井",因为九二、九五阳爻分居下卦、上卦的中位,位象相合,像水井适用,不用改造。"众人往来井边汲水,水井干涸淤塞,也不去加以淘洗",是说长此以往水井将对人们失去功用。"打破吊水罐",自毁坏生活用具,所以是凶险之象。

【原文】

《象》曰:木上有水,井。君子以劳民劝相。

【今译】

《象辞》说:本卦下卦为巽,巽为木;上卦为坎,坎为水。水下浸而树木生长,这是井卦的卦象。君子观此卦象,取法于井水养人,从而鼓励人民勤劳而互相劝勉。

【原文】

初六:井泥不食。旧井无禽①。

《象》曰:井泥不食,下也。旧井无禽,时舍也。

【注释】

①爻辞所言两井字:字同义殊。"井泥"之"井",为水井。"旧井"之"井"为陷阱。泥,水中含泥。本卦各爻所写都是村邑中劳动与生活的情景,如汲水、修井之类,事极简单。编者将它们收集在一起,系于井卦之下。利用卦象系统的神秘含义,赋予它一种不同寻常的色彩。《象辞》作者则向隅虚构,从这些平凡生活记录当中竭力寻觅高深的道理,附会种种玄妙的象征性意义。封建学者更是进一步添枝加叶,以致经文朴素的本来面目长时期以来被这些东西所掩盖,读者综观各

卦爻辞与《象辞》便会有进一步的了解和体会。

【今译】

初六：井水混浊不可食用。坍塌的陷阱已关不住野兽。

《象辞》说：井水混浊不可食用，因为泥土落入其中。坍塌的陷阱已关不住野兽，是说人们已将这陷阱舍弃不用了。

【原文】

九二：井谷射鲋①。瓮敝漏②。

《象》曰：井谷射鲋，无与也。

注释

①井谷：井口。鲋，《集解》引虞翻曰："鲋，小鲜也。"指小鱼。水井淤塞，长期不用，以致井中生长出小生物。

②本爻无贞兆辞。

【今译】

九二：在井口张弓射井中小鱼。瓮瓶又破又漏。

《象辞》说：在井口张弓射井中小鱼，如此谋食求生，可见其人无依无靠。

【原文】

九三：井渫不食①，为我心恻②。可用汲。王明，并受其福。

《象》曰：井渫不食，行恻也。求王明，受福也。

注释

①渫(xiè)：《汉书·王褒传》张晏注："渫，污也。"

②恻：《说文》："痛也。"犹今语痛心，伤心。

【今译】

九三：君上看见井水污浊不能食用，为我们感到伤心。淘洗干净，就可汲饮。君上英明呵，众人都获得他们的好处。

《象辞》说:井水污浊不能食用,这是触景生情的感叹。盼求君王英明,是企望获得好处。

【原文】

六四:井甃①,无咎。

《象》曰:井甃,无咎,修井也。

注释

①井甃(zhòu 昼):用砖石垒筑井壁。

【今译】

六四:用砖石垒筑井壁,进行顺利。

《象辞》说:用砖石垒筑井壁,进行顺利,这是讲修井之事。

【原文】

九五:井洌寒泉①,食。

《象》曰:寒泉之食,中正也。

注释

①洌:《说文》:"洌,水清也。"井洌,犹言井水清凉。

【今译】

九五:水洁泉寒,清凉可口,可以食用。

《象辞》说:九五爻辞讲水洁泉寒,清凉可口,因为九五之爻居上卦中位,象征人得中正之道。

【原文】

上六:井收勿幕①,有孚,元吉。

《象》曰:元吉在上,大成也。

注释

①爻辞所讲的井,当为陷阱。井收,指陷阱下宽上收。幕,《释文》:"覆也。"

孚,古俘字,这里指猎获物。

【今译】

　　上六:陷阱下宽上窄,十分隐蔽,甚至可以不加伪装。果然捕获了野兽,大吉大利。

　　《象辞》说:上六爻辞讲大吉大利,因为上六之爻处一卦之首位,说明其人爵位高登,大有成就。

革第四十九

离下
兑上

【原文】

革①:巳日乃孚②,元亨,利贞。悔亡。

【注释】

①革:卦名。本卦为异卦相叠(离下兑上)。上卦为离,离为火;下卦为兑,兑为泽。水下浇而火上腾,水火相克,在水火的斗争中,万物变化,有生有灭。然而生者又复灭,灭者又复生,野火烧不尽,春风吹又生。以社会言,夫妻不睦则家庭变故,君臣不睦则王朝更替,然而,家庭还将延续,王朝还有代兴。都体现了除陈布新的规律,所以卦名曰革。革,《杂卦》:"去故也。"

②巳:借作祀,祭祀。孚,古俘字。这里用如动词,意为用俘虏为人牲。

【今译】

革卦:祭祀之日用俘虏作人牲,亨通,吉利的卜问。没有悔恨。

【原文】

《彖》曰:革,水火相息,二女同居,其志不相得曰革。"巳日乃孚"①,革而信之。文明以说②,大"亨"以正③。革而当,其"悔"乃"亡"④。天地革而四时成。汤武革命,顺乎天而应乎人。革之时,大矣哉。

【注释】

①巳日乃孚:《彖辞》释"巳日"为祭祀之日。释"孚"为忠信,与经意有异。参见前注。

②文明以说:《彖辞》认为井卦的下卦为离,离义为文明,像侯王施行文明政教;下卦为兑,兑义为悦,像人们喜悦拥戴。

③大"亨"以正:此句是对卦辞"元亨,利贞"的改造,改变了它原来的意义和

语法结构。此句为并列结构,以,连词。大,伟大。亨,完美。正,贞正。

④悔:灾难。亡,消亡,消除。

【今译】

《象辞》说:革卦的上卦为兑,兑为泽;下卦为离,离为火。又兑为长女,离为中女。这一卦象昭示的意义是:水火相聚则互相克制,二女共事一夫则互相争妒,矛盾着的双方,都力图克制对方,所以卦名为革。卦辞说:"祭祀之日,将美政善行禀告于鬼神",王侯既能施行文明政教,民众自然喜悦拥戴,因而他的道德称得上是伟大、完美、贞正。除旧布新,改革得当,隐伏的灾祸就会消除。天地变革时令而成四季之气候。汤武取代桀纣,这是顺天应命的义举。依时变革,就能使天地常新,显示出伟大的作用。

【原文】

《象》曰:泽中有火,革。君子以治厤明时①。

注释

①厤:《集解》本作历,即后起之曆字。

【今译】

《象辞》说:本卦外卦为兑,兑为泽;内卦为离,离为火。内蒸外煏,水涸草枯,如同水泽之中,大火燃烧,这是革卦的卦象。君子观此卦象,了解到泽水涨落,草木枯荣的周期变化,从而修治历法,明确时令。

【原文】

初九:巩用黄牛之革①。

《象》曰:巩用黄牛,不可以有为也。

注释

①巩:紧固。用:用同如以。本卦专讲战争之事,从这个角度分析各爻之辞,与《象辞》对爻辞的解说,大相径庭。对《周易》经、传应进行比较分析,既要注意了解《易传》的哲学的和伦理的理论体系,又要冲破它在解释经文过程中掺揉进

去的种种高深莫测的道理和玄妙的穿凿附会的意义,以了解在特定的历史条件下产生的经文原有朴素的义蕴。本爻所讲的"巩用黄牛之革",即指用黄牛之革加固战车,即备战之意,《象辞》却赋予了不同的意义。本卦以下各爻同样存在类似情况。

【今译】

初九:用黄牛的皮革束紧加固(战车)。

《象辞》说:用黄牛的皮革束紧加固,说明其人被紧紧束缚不能有作为。

【原文】

六二:巳日乃革之。征,吉,无咎①。

《象》曰:巳日革之,行有嘉也。

注释

①巳日:即祭祀之日,参见前注。古人战前必祭祀。祭祀之日改变了,意味着作战日期也要改变。

【今译】

六二:祭祀的日期要改变。随之要重新卜问征战的日期,结果卜得吉兆,没有灾难。

《象辞》说:祭祀的日期要改变,大概是因为将有喜庆之事。

【原文】

九三:征,凶,贞厉。革言三就①,有孚。

《象》曰:革言三就,又何之矣②。

注释

①革言:闻一多说:"言,读为䩛。"《说文》:"䩛,当膺也。"即指马胸带。革言,指皮革制成的马胸带。三就,犹言三重。《士丧礼》:"马缨三就。"注:"缨,当胸,以削革为之。三就,三匝三重也。"革言三就,喻指整顿装备,振奋精神,重新开战。

②就:《象辞》解"就"为鞫,审讯。认为爻辞"革言三就",是说犯人更改供辞,以至于经过多次审讯。

周易下经·革第四十九 221

【今译】

　　九三:出征,吃了败仗,卜问得凶兆。但是,只要振奋精神,整顿装备,重新开战,则能转败为胜,生擒强敌。

　　《象辞》说:犯人屡次推翻供辞,只得反复进行审讯,这说明抵赖无用,只能招出实情。

【原文】

　　九四:悔亡。有孚,改命①,吉。
　　《象》曰:改命之吉,信志也②。

注释

　　①改命:改变任命。
　　②信:借为伸。信志,犹言施展抱负。

【今译】

　　九四:没有悔恨。至于占问战争,则小有战果,如果改帅易将,则将大吉。

　　《象辞》说:九四爻辞讲改帅易将之所以吉利,因为这样能使有才德的人施展抱负。

【原文】

　　九五:大人虎变,未占有孚。
　　《象》曰:大人虎变,其文炳也。

【今译】

　　九五:王公大人赫然斯怒,化柔弱为威猛,不用卜占,即知将大获胜仗。

　　《象辞》说:王公赫然斯怒,威猛如虎,说明其人仪表威严,光彩照人。

【原文】

　　上六:君子豹变,小人革面①。征,凶。居贞吉。

《象》曰:君子豹变,其文蔚也。小人革面,顺以从君也。

注释

①豹变:与上文"虎变"结构相同,大发威怒的意思。革面,革,改变。革面,犹言变脸,指基层官兵情绪发生了不利于战斗的激剧变化。《象辞》释"革面",则是站在有利于统治者角度讲话,与经文朴素的记录有别。

【今译】

上六:君子精神振奋,但基层官兵一反常态。筮遇此爻,占问征伐,则凶险。卜问居处则吉利。

《象辞》说:君子精神振奋,说明其仪态清朗雍容。小人洗心革面,说明小人去恶从善,服从君上。

鼎第五十

巽下
离上

【原文】

鼎①：元吉，亨。

注释

①鼎：卦名。本卦为异卦相叠（巽下离上）。上卦为离，离为火；下卦为巽，巽为木。木材燃烧，火焰腾腾，是炊煮之象。炊煮用鼎，鼎为古人极为重视的器皿，用于庄重的场合，赋予它丰富的象征性意义。鼎煮食物，有养贤之意。化生为熟，有变革的意思。鼎为三足，又有稳重之象。观《彖》《象》的解说，《易卦》作者正是在这些意义上以之为卦名的。

【今译】

鼎卦：大吉大利，亨通。

【原文】

《彖》曰：鼎，象也①。以木巽火，亨饪也②。圣人亨以享上帝，而大亨以养圣贤。巽而耳目聪明，柔进而上行，得中而应乎刚③，是以"元亨"④。

注释

①鼎：象也，程颐说："鼎，大器也，重宝也。……以形言，则耳对植于上，足分峙于下，周圆内外，高卑厚薄，莫不有法而至正，至正然后成安重之象，故鼎者法象之器，卦之为鼎，以其象也。"意思就是，鼎，不仅仅是一种具有实际用途的器皿，而且是具有某种象征意义的并起着提醒警戒作用的陈设品。

②此文三"亨"字，《释文》："亨，本又作亯，同普庚反，煮也。"亨、享、亯本一字。亨，训煮，后起字作烹。亨又有祭祀义，字或作享。此文其后的"以享上帝"，即其义。

③"巽而耳目聪明"三句：本卦下卦为巽，巽义为谦逊；上卦为离，离义为聪明。用以喻臣下品质谦逊，以其聪明才智服务于君王。本卦初爻为阴为柔，升至第五爻，六五之爻居于上爻中位，所以说"柔进而上升"，像臣下以聪明才干取悦于君，地位不断升进。本卦九二、六五分居下卦、上卦中位，两同位之爻，阴阳相呼应，所以说"得中而应乎刚"，像臣下秉行正道，和应其君。这些卦象、爻象所显示的意义是为臣之道的高度概括。

④高亨说："'元'下当有'吉'字，转写脱去。经文曰：'元吉，亨'，传文亦当曰：'元吉，亨'，明矣。卦辞云'元吉，亨'者，元，大也；亨，通也。此言大吉而亨通也。"

【今译】

《彖辞》说：鼎，是法象之器。鼎的内卦为巽，巽为木；外卦为离，离为火。木被火笼罩燃烧，这是烹饪食物的基本条件。圣人烹饪食物来祭祀上帝，君王烹饪大量的食物来供养圣贤。臣下则态度谦逊，以其聪明才智服务于君王，因而他的志愿能逐步地舒发，地位不断地升进。臣下秉守贞正之道，和应于君王，其前途必然无限，大吉大利，通泰平安。

【原文】

《象》曰：木上有火，鼎。君子以正位凝命①。

注释

①凝：《释文》引郑云："凝，成也。"

【今译】

《象辞》说：本卦下卦为巽，巽为木；上卦为离，离为火。可见木上有火，以鼎烹物，这是《鼎》卦的卦象。君子观此卦象，取法于鼎足三分，正立不倚，从而持正守位，为君上所倚重，不负使命。

【原文】

初六：鼎颠趾①，利出否②。得妾以其子，无咎。

《象》曰：鼎颠趾，未悖也。利出否，以从贵也。

【注释】

①颠:倒。鼎颠趾,即言鼎足向上,这是象占辞,以梦中之象占卜其吉凶。全卦六爻,均以梦象为占。《象辞》或许不解此层意思,断章取譬,攀附大义。

②出:清除。否,指恶人。

【今译】

初六:将鼎倾覆,鼎足向上,筮遇此爻,利于清除恶人。以无子而纳妾。因纳妾而得子,没有灾祸。

《象辞》说:将鼎倾覆,这不是悖乱之举。清除朝中恶人,这是听从了上面的旨意。

【原文】

九二:鼎有实①。我仇有疾,不我能即②。吉。

《象》曰:鼎有实,慎所之也。我仇有疾,终无尤也。

【注释】

①实:实物,食物。鼎有食,犹今言锅里有饭,比喻吃饭不用发愁。这是梦中之象。

②仇:仇家。即,义为靠近,这里指骚扰。不我能即,犹言不能即我,这是上古汉语中宾语倒装的现象。

【今译】

九二:鼎中有食物。筮遇此爻,家里有饭吃,仇家有疾病,再没有什么东西困扰我,吉利。

《象辞》说:家里有饭吃,家境优裕,犹宜重其身家,慎其出处。仇家有疾病,我可以安享清福,终于没有灾祸。

【原文】

九三:鼎耳革①。其行塞②。雉膏不食,方雨,亏③,悔,终吉。

《象》曰:鼎耳革,失其义也④。

【注释】

①革:脱落。求筮者梦见鼎耳脱落,占其凶吉。
②行:这里指外出打猎。塞,指打猎无获。
③雉膏:犹言肥野鸡肉。亏,减少。
④义:借为宜。

【今译】

九三:鼎耳脱落了。筮遇此爻,打猎无所获。野味莫吃光,老天要下雨,不知何日能出猎,坐吃山空,食物将匮乏,节约渡难关,终于得吉利。

《象辞》说:鼎耳脱落,意在说其人行动失宜。

【原文】

九四:鼎折足,覆公𫗧①,其形渥②,凶。
《象》曰:覆公𫗧,信如何也。

【注释】

①折:断。𫗧(sù),吕祖谦《音训》引虞云:"八珍之具也。"
②渥:汤汁濡地。形渥,犹言汤汁倾翻遍地狼藉。吕祖谦《音训》说:"形,九家、京、荀悦、虞作刑,一行、陆希声亦作刑。渥,郑作剭。晁氏曰:'九家、京、虞作剭,重刑也。'"此说可作参考。此三句均为象占之辞,述梦中之象。

【今译】

九四:鼎足太轻,不堪重负,以致折断,倾覆王公的珍馐美味,弄得汁液满地,形容狼藉。这是凶险之兆。

《象辞》说:倾覆了王公的珍馐美味,这是喻指其人德薄而位尊,力小而任重,以致败坏军国大事,其结果如何呢?

【原文】

六五:鼎黄耳、金铉①。利贞。
《象》曰:鼎黄耳,中以为实也。

【注释】

①黄耳:这里指铜耳。铉,鼎上关盖的横杠。金铉,即铜横杠。求筮者梦见豪华的食鼎,求占其吉凶。

【今译】

六五:豪华之鼎,上面装配有铜耳、铜铉。筮遇此爻吉利。

《象辞》说:豪华之鼎,上面装配着铜耳、铜铉,这样的食鼎,理应盛着佳肴美味。

【原文】

上九:鼎玉铉①。大吉,无不利。

《象》曰:玉铉在上,刚柔节也②。

【注释】

①象占之辞。玉铉,以玉石为鼎盖之横杠。

②刚柔节:节,节度。此爻以六五、上九爻象、爻位为据。六五阴爻,为柔,居上九之下,上九阳爻,为刚,居六五之上。刚上柔下,喻君臣各安其位。

【今译】

上九:金属之鼎配以玉石之铉。占得此爻,大吉,无所不利。

《象辞》说:上九爻辞讲玉石之铉配在金属之鼎上面,表明刚柔相接,上下安分,没有凌乱侵夺的现象。

震第五十一

☷震下
☷震上

【原文】

震①:亨,震来虩虩,笑言哑哑②。震惊百里,不丧匕鬯③。

【注释】

①震:卦名。本卦为同卦相叠(震下震上)。震卦为雷,两震相叠,有巨雷连击,震惊百里之象,所以卦名曰震。用以喻天威莫测,灾祸难料,警戒人们敬天修德,省身远恶。

②高亨说:"震来虩虩,笑言哑哑"两句,与初九爻辞重复,此当是衍文"。虩虩(xì),通愬愬,声通。恐惧的样子。亨,这里作享,祭祀。

③匕:勺子。鬯(chàng),用黑黍与香草酿成的酒曰鬯,盛鬯酒的器皿也叫鬯。此用前义。

【今译】

震卦:临祭之时,雷声传来,有的人吓得浑身发抖,片刻之后,才能谈笑如常。巨雷猝响,震惊百里,有的人却神态自若,手里拿着酒勺子,连一滴酒都没有洒出来。

【原文】

《彖》曰:震,"亨"。"震来虩虩",恐致福也。"笑言哑哑",后有则也①。"震惊百里",惊远而惧迩也。"不丧匕鬯",出可以守宗庙社稷,以为祭主也。

【注释】

①高亨说:"'震来虩虩,恐致福也。笑言哑哑,后有则也'四句,与初九《象》传重复,此处当是衍文。"

【今译】

《象辞》说:震卦说,临祭之时,"雷声传来吓得浑身发抖",是因为相信:敬畏重大的天象可以免罪而得福。"后来听到雷声仍能谈笑如常",是说后来对这类事情有了些经验。"巨雷猝响,震惊百里",表明百里之内,远近皆惧。"猝闻惊雷,态度镇静,不丧匕鬯",其人则可以出任艰巨,保宗庙,守社稷,作为祭祀的主人。

【原文】

《象》曰:洊雷,震①。君子以恐惧修省。

注释

①洊(jiàn):孔颖达说:"洊者,重也。"

【今译】

《象辞》说:本卦上下卦都为震,震为雷。可见巨雷连击,是震卦的卦象。君子观此卦象,从而戒惧恐惧,修省其身。

【原文】

初九:震来虩虩,后笑言哑哑,吉。
《象》曰:震来虩虩,恐致福也。笑言哑哑,后有则也。

【今译】

初九:雷声传来,吓得浑身发抖,后来听到雷声,仍谈笑如常,吉利。

《象辞》说:雷声传来,吓得浑身发抖,是因为相信敬畏重大的天象可以免罪得福。后来听到雷声仍能谈笑如常,是说后来对这类事情有了些经验。

【原文】

六二:震来厉,亿丧贝,跻于九陵①。"勿逐,七日得。"
《象》曰:震来厉,乘刚也。②

【注释】

①亿:沙少海先生说:"这里用法同唯,助词,无义。"贝,古人以贝为货币。跻,登。跻于九陵,犹言翻越了九重山,极言其远。

②乘刚:此以六二、初九爻象、爻位为据。六二阴爻,为柔,初九阳爻,为刚,六二处于初九之上,是阴柔凌驾阳刚之上。

【今译】

六二:雷电交加,十分危险,惊慌之中丢失了钱币,翻山越岭,走了很远的路程去寻找也没有找到。筮者告诉他:"不必追寻了,七八日内,这损失可得补偿。"

《象辞》说:雷电交加之时,翻越九重山,爻象显示其人触犯雷电,处境危险。

【原文】

六三:震苏苏①。震行,无眚。

《象》曰:震苏苏,位不当也。

【注释】

①苏苏:《释文》:"苏苏,疑惧貌。郑云:'不安也。'"

【今译】

六三:出门时遇到电闪雷鸣,感到疑惧不安。继续前进,不会有灾祸。

《象辞》说:出门时遇到电闪雷鸣,感到疑惧不安,因为六三阴爻而居阳位,像人处境不利。

【原文】

九四:震遂泥①。

《象》曰:震遂泥,未光也②。

【注释】

①遂:《释文》:"遂,荀本作队。"遂,借作队,队即古坠字。爻辞讲:"震遂泥",

犹言雷电下击于地。此爻无贞兆辞。《象辞》则解释成人坠于泥中,与经意有出入。

②光:借为广。

【今译】

九四:雷电下击,接触到地面。

《象辞》说:其人猝闻惊雷,吓得坠入泥中,说明其人见识不广,胆量不大。

【原文】

六五:震往来厉。意无丧有事①。

《象》曰:震往来厉,危行也。其事在中,大无丧也。

注释

①意:《集解》本作亿,亦发语词,犹惟也。

【今译】

六五:巨雷轰鸣,危险在前。只要小心谨慎,不至于酿成灾祸,亦无损于事。

《象辞》说:巨雷轰鸣,危险在前,喻指人的行动将有危险。但是其事符合义理,故能没有大的损失。

【原文】

上六:震索索,视矍矍①,征凶②。震不于其躬,于其邻。无咎,婚媾有言③。

《象》曰:震索索,中未得也④。虽凶无咎,畏邻戒也。

注释

①索索:《释文》:"索索,郑云:犹缩缩,足不正也。"《论语·乡党》:"足缩缩如有循。"缩缩,即脚步很小,像谨慎畏戒有所遵循的样子。矍矍(jué jué),《说文》:"鹰隼之视也。"

②征凶:征,出行。凶,危险。

③婚媾：闻一多认为犹今言亲戚。言,这里意为愆,罪过。

④中未得也：此以上六爻象、爻位为据。上六阴爻处于一卦之尽头,位象不佳,像人孤立无依。

【今译】

上六：雷电交加,其人行动谨慎,警戒四顾,因为行路艰难,危险四伏。但是雷电不会击在他身上,而是落在邻人的头上。因为他本人没有什么过错,而其他邻人却犯有罪责。

《象辞》说：雷电交加,行动谨慎,因为内心虚空,精神紧张。虽然凶险但毕竟没有灾祸,因为对于邻人的遭遇有所警戒,从而能远恶近善。

艮第五十二

☶ 艮下
☶ 艮上

【原文】

（艮）①：艮其背不获其身②，行其庭不见其人。无咎。

注释

①艮(gèn亘)字当重。上艮字系卦名，不能省，据补。艮，卦名。本卦为同卦相叠（艮下艮上）。艮为山，山为退隐之处，又有静止稳重之象，喻人进而思退，明哲保身，所以卦名曰艮。艮，《序卦》："艮者，止也。"

②艮：《象卦》："艮，止也。"犹言歇息，止息。艮其背，犹言歇背，今语有歇脚、歇手、歇肩之类，其结构相同。此处比喻其人开脱责任，卸职引退。获，找到，看到。

【今译】

（艮）：卸掉责任，挂笏隐退，朝列之中已看不到他的身影，在他的庭院中寻找，也没有找到。其人远走高飞，自无灾祸。

【原文】

《象》曰：艮，止也。时止则止，时行则行，动静不失其时，其道光明。艮其止①，止其所也②。上下敌应，不相与也③。是以不获其身，行其庭不见其人，无咎也。

注释

①艮其止：高亨说："朱熹（引晁说之）说、俞樾说、朱骏声说：艮其止当作艮其背。盖背古字作北，因形近误为止，或背字笔画损缺成北，因形近误为止也。"卦辞背字，汉帛书《周易》作北，可证古本作北。艮，当如《象辞》所释"止也"。

②止：止息。止其所，犹言在家休息。

③"上下敌应"两句：本卦三同位爻，都是阴与阴对应，阳与阳对应，所以说上

下敌对相应,比喻人处于敌对环境之中,无有相助者(初六与六四为两阴爻,六二与六五为两阴爻,九三与上九为两阳爻,都是同位之爻象相对立)。与,助也。

【今译】

《象辞》说:艮,就是静止如山的意思。时宜止则止,时宜行则行,行止不失其时,则其道光明。卸掉负荷,歇息其背;离官去职,居家休息。因为上下左右相与为敌,无法协同。连自身也无法保全,于是弃官远遁,既不在朝,也不在家,所以卦辞说"在他的庭院中寻找,也没有找到"。其人明哲,自然无灾祸。

【原文】

《象》曰:兼山,艮。君子以思不出其位。

【今译】

《象辞》说:本卦为两艮卦相重,艮为山,可见艮卦的卦象是高山重立,渊深稳重。君子观此卦象,以此为戒,谋不踰位,明哲保身。

【原文】

初六:艮其趾①,无咎,利永贞。
《象》曰:艮其趾,未失正也。

注释

①艮其趾:犹言歇歇脚。趾,代脚。

【今译】

初六:歇脚养息,不要轻举妄动,自然无灾难,这是长期吉利的贞兆。
《象辞》说:歇脚养息,不要轻举妄动,远离不义,不失正道,自然永远吉利。

【原文】

六二:艮其腓,不拯其随①,其心不快。

《象》曰:不拯其随,未退听也。

【注释】

①腓:腿肚。艮其腓,与初六爻辞艮其趾同义而词异,仍是歇脚之意。拯,拯救,保护。随,借为隋,垂肉。不拯其随,犹言没有保护好腿部肌肉。此两句比喻其人身处险境,未能迅速走避,反而停立不行,所以遭受灾害。

【今译】

六二:停立不行,但腿部肌肉还是负伤,心里很不愉快。

《象辞》说:腿部肌肉还是负伤,因为其人固执己见,没有退回来,听取别人的意见。

【原文】

九三:艮其限①,列其夤②,厉,薰心。
《象》曰:艮其限,危薰心也。

【注释】

①限:《释文》:"马云:限,要(腰)也。郑、荀、虞同。"艮其限,犹言卸肩护腰。
②列:裂本字。《集解》本作裂。夤(yín),《释文》:"马云:夹脊肉也。郑本作䏦。"夹脊肉即胁部肌肉。此两句,仍是顺六二爻辞的意思说下来,言其人引退不及以致身罹灾祸。

【今译】

九三:卸掉重担,保护腰部,但是胁间肉却已裂开了,引退不及时,则罹凶险。这是由于为名利所惑,不能迅速引退卸职所招致的灾祸。

《象辞》说:"卸掉重担,保护腰部,胁间肉却已裂开了,引退不及时,则罹凶险",危险是由为名利迷惑所致。

【原文】

六四:艮其身,无咎。
《象》曰:艮其身,止诸躬也。

【今译】

六四:引退保身,没有灾祸。

《象辞》说:引退保身,是说其人注意力全部集中在自身的安危上,所以不会招惹灾难。

【原文】

六五:艮其辅①,言有序,悔亡。

《象》曰:艮其辅,以中正也。

注释

①辅:借为䩉,颊腮,今语谓嘴巴。艮其辅,犹言闭口少言。今犹有嚼舌头之俗语,比喻多言。

【今译】

六五:闭口少言,讲话有分寸,自然没有悔恨。

《象辞》说:闭口少言,讲话有分寸,没有悔恨,因为六五之爻居上卦中位,像人谨守中正之道。

【原文】

上九:敦艮,吉①。

《象》曰:敦艮之吉,以厚终也。

注释

①敦:李镜池说:"敦,借为嵩,声通。《说文》:'嵩,物初生之题也。'徐灏《说文注笺》:'嵩之言,颠也。页部:题,额也。颔亦颠也。'段注:'嵩,犹头也。'统言之,嵩指头;分言之,嵩指额。"《象辞》作者释敦为厚,释艮为止。认为爻辞"敦艮",犹言以忠厚为归宿。与经意不合。

【今译】

上九:注意保护自己的脑袋,首级不失,自然吉利。

《象辞》说:爻辞讲以忠厚为归宿之所以吉利,因为上九之爻为一卦之终爻,像人秉守忠厚,必得善终。

渐第五十三

艮下
巽上

【原文】

渐①:女归吉②。利贞。

【注释】

①渐:卦名。本卦为异卦相叠(艮下巽上)。上卦为巽,巽为木;下卦为艮,艮为山。木植于山上,不断生长。喻人立身于道义,培养其德行,进而影响他人,移风易俗。所以卦名曰渐。渐,就是渐进的意思。
②归:古代以女子出嫁为归。

【今译】

渐卦:女大当嫁,这是好事。这是吉利的贞卜。

【原文】

《彖》曰:渐之进也①。"女归吉"也,进得位,往有功也②。进以正,可以正邦也。其位刚得中也③。止而巽,动而不穷也④。

【注释】

①渐之进也:朱熹说:"之字疑衍。"朱说是。此句当为"渐,进也"。
②"进得位"两句:本卦初爻为阴爻,居阳位,升进而至于第二爻、第四爻,皆居阴位,是位像相得,喻女子出嫁夫家,得主妇之位。
③其位刚得中也:此以九五爻象、爻位为据。九五阳爻,为刚,居上卦中位,第五位又为阳位,是性相合而位得中。喻君王正其位,治理其邦国。
④止而巽:本卦下卦为艮,艮为山,其象为静止;上卦为巽,巽义为逊。沉着谦逊是渐卦的品德。

【今译】

《彖辞》说:渐,就是渐进的意思。本卦初爻为阴,进而升为第二

爻、第四爻,皆以阴爻而居阴位,这种卦象显示,女子出嫁,可得主妇之位,能持家庭之政。推而广之,君王能正其位,治其国。渐的下卦为艮,艮义为止;上卦为巽,巽义为逊。像人沉着而谦逊,无往不利,永不困穷。

【原文】

《象》曰:山上有木,渐。君子以居贤德善俗①。

注释

①善俗:《释文》:"善俗,王肃本作善风俗。"善,改善。

【今译】

《象辞》说:本卦下卦为艮,艮为山;上卦为巽,巽为木,木植山上,不断生长,是渐卦的卦象。君子观此卦象,取法于山之育林,从而以贤德自居,担负起改善风俗的社会责任。

【原文】

初六:鸿渐于干①。小子厉,有言②,无咎。
《象》曰:小子之厉,义无咎也。

注释

①鸿:王弼说:"鸿,水鸟也。"渐,进,走到。干,《释文》:"荀、王肃云:山间涧水也。"即山涧。鸿渐于干,这是象占之辞。本卦六爻均以鸿雁为占,所占多为日常生活中的事情,《象辞》则附会解释。
②小子:指小孩。言,沙少海先生说:"当借为㖄。篆文言与㖄,形近而讹。《说文》:㖄,语相诃拒也。训呵责、谴责。"

【今译】

初六:鸿雁走进了山涧。筮遇此爻,警惕小孩顽皮,遭遇危险,应该加以谴责,则没有灾难。

《象辞》说:小孩顽皮遭遇危险,因为有家长呵责制止,理应不会出事故。

【原文】

六二:鸿渐于磐,饮食衎衎①。吉。

《象》曰:饮食衎衎,不素饱也。

注释

①磐:本作般。王引之说:"《史记·孝武纪·封禅书》《汉书·郊祀志》并引武帝诏曰:'鸿渐于般'。孟康注曰:'般,水涯堆也。'其义为长。"水涯堆,犹言水边高地。衎衎(kàn),《礼记·檀弓》上:"饮食衎尔。"郑玄注:"衎尔,自得貌。"

【今译】

六二:鸿雁走上水边高地,饱饮饱食,自得喜乐。筮遇此爻,吉利。

《象辞》说:饱饮饱食,自得喜乐,喻指其人,自食其力,从不白吃白喝。

【原文】

九三:鸿渐于陆。夫征不复,妇孕不育,凶。利御寇。

《象》曰:夫征不复,离群丑也①,妇孕不育,失其道也。利御寇,顺相保也。

注释

①丑:《尔雅·释诂》:"丑,众也。"

【今译】

九三:鸿雁走到旱地上。筮遇此爻,丈夫出征可能不再回返,妇女怀孕可能流产,这是凶险之兆。但有利于抵御敌寇。

《象辞》说:丈夫出征不再回返,说明其人掉队遇险。妇女怀孕而流产,说明其人失其保胎之道。利于抵御敌寇,说明国人能够同心同德,保家卫国。

【原文】

六四:鸿渐于木,或得其桷①,无咎。

《象》曰:或得其桷,顺以巽也②。

【注释】

①桷(jué):《说文》:"榱也。椽方曰桷。"圆的叫椽,方的叫桷,房屋顶上承瓦的木条。

②顺以巽:此以六四、九五之爻象、爻位为据。顺,顺从。巽,谦逊。

【今译】

六四:鸿雁飞到树木上,有的停息在河边堆放的桷木上。筮遇此爻,没有灾难。

《象辞》说:有的鸿雁停息在河边堆放的桷木上之所以没有灾难,是因为六四阴爻居于九五阳爻之下,像人有驯服而又谦逊之德。

【原文】

九五:鸿渐于陵。妇三岁不孕,终莫之胜①,吉。

《象》曰:终莫之胜,吉,得所愿也。

【注释】

①胜:胜过,取代。莫之胜,是说没有人能取代她。

【今译】

九五:鸿雁走到山陵上。筮遇此爻,妻子多年不能怀孕,但始终不会被人取代,吉利。

《象辞》说:始终没有被人取代,吉利,妻子实现了与其丈夫和谐白头的愿望。

【原文】

上九:鸿渐于阿①,其羽可用为仪②,吉利。

《象》曰:其羽可用为仪,吉,不可乱也。

【注释】

①阿:原讹为陆。但作陆不仅与九三爻辞重复,且不协韵。江永、王引之、俞樾均说是阿之讹。阿、仪古为韵。今据改。《说文》:"阿,大陵也。"

②仪:古人文舞的道具,用鸟羽编织。

【今译】

上九:鸿雁走到山头上,它的羽毛可用来编织舞具。这是吉利之兆。

《象辞》说:鸿雁的羽毛可用来编织舞具,这是吉利之兆,编织舞具的羽毛应该纯而不杂,像人心志不乱。

归妹第五十四

兑下
震上

【原文】

归妹①：征，凶。无攸往。

【注释】

①归妹：卦名。本卦为异卦相叠（兑下震上）。上卦为震，震为动；下卦为兑，兑义为悦。上震下兑，则喻男女动心而生爱慕之情，男女爱慕则有婚姻之动，所以卦名曰归妹。归，出嫁。妹，少女的总称。

【今译】

归妹卦：筮遇此爻，出征凶险。无所利。

【原文】

《彖》曰：归妹，天地之大义也。天地不交，而万物不兴。归妹，人之终始也。说以动，所归妹也①。"征凶"，位不当也。"无攸利"，柔乘刚也。

【注释】

①所归妹也：《释文》："所归妹也，本或作所以归妹。"有以字，文意较顺。

【今译】

《彖辞》说：归妹，即男女婚配，这是天地间的大义。天地不相交，则万物不生育。男女婚配，是人类自身繁衍的起点。归妹之卦，下卦为兑，兑义为悦；上卦为震，震义为动，可见男子悦慕女子，女子入嫁男家，这就是归妹卦的含义。卦辞说"出征则凶险"，因为九二、九四阳爻而居阴位，六三、六五阴爻而居阳位，所处皆不当。卦辞又说"无所

周易下经·归妹第五十四 243

利",因为下卦六三阴爻处于初九、九二阳爻之上,上卦上六、六五阴爻处于九四阳爻之上,这是阴柔凌驾阳刚之象,像弱者冒独强者,自然无所利。

【原文】

　　《象》曰:泽上有雷,归妹。君子以永终知敝①。

注释

　　①终:始终,全过程。永终,犹言贯穿全过程。敝,当作弊,弊病。

【今译】

　　《象辞》说:归妹之卦,下卦为兑,兑为泽;上卦为震,震为雷。可见泽上雷鸣,雷鸣水动,用以喻男女心动相爱而成眷属。这是归妹卦的卦象。君子观此卦象,从而在长期的婚姻生活中,体察到婚姻的成功与失败。

【原文】

　　初九:归妹以娣①。跛能履。征,吉。
　　《象》曰:归妹以娣,以恒也。跛能履,吉,相承也②。

注释

　　①娣:女弟,俗称妹妹。姊妹同嫁一夫,以妹为陪嫁,谓之媵,是群婚制的遗迹,先秦尚有此风俗。
　　②承:帮助。

【今译】

　　初九:嫁女而将其妹妹一同陪嫁。跛脚而能行走。筮遇此爻,出行吉利。
　　《象辞》说:嫁女而将其妹妹一同陪嫁,是说姊妹共嫁一夫,这是古代贵族婚嫁的常规。跛脚而能行走,出行吉利,因为跛者获得别人的帮助。

【原文】

　　九二：眇能视①，利幽人之贞②。

　　《象》曰：利幽人之贞③，未变常也。

注释

　　①眇：目盲，眇能视，此为象占之辞。是求筮者梦中之象。喻其人脱离牢狱，重见天日。

　　②幽人：囚徒。

　　③贞：卜问。《象辞》释贞为正。

【今译】

　　九二：眼睛瞎了而能看得见，这是利于囚徒的贞卜。

　　《象辞》说：这是利于囚徒的贞卜，因为身处囚笼尚不失正道，故能重见光明。

【原文】

　　六三：归妹以须①，反归以娣。

　　《象》曰：归妹以须，未当也。

注释

　　①须：借为嬃。高亨说："嬃，姊也。"以须，犹言以姊为陪嫁。

【今译】

　　六三：嫁女而用其姊陪嫁，随后又与其妹妹返归父母家。

　　《象辞》说：嫁女而用其姊陪嫁，这件事不妥当。

【原文】

　　九四：归妹愆期，迟归有时①。

　　《象》曰：愆期之志，有待而行也②。

注释

　　①愆：过，过期。时，《谷梁传·隐公七年》范注引作待。时当作待。

②行:高亨说:"行,犹嫁也。古语谓婚曰行,后人谓嫁曰适,均以女嫁是行往夫家也。"

【今译】

九四:出嫁时超过了婚龄,迟迟不嫁是因为有所等待。

《象辞》说:超龄而不嫁,因为她决意找到合意的郎君。

【原文】

六五:帝乙归妹①,其君之袂不如其娣之②袂良。月几望③,吉。

《象》曰:帝乙归妹,不如其娣之袂良也。其位在中,以贵行也④。

注释

①帝乙:殷帝名乙,纣王之父。归妹,此处当指帝乙嫁女于周文王。
②袂:衣袖,这里代指嫁妆。
③望:每月阴历十五日为望。几,接近。月几望,约指每月十三、十四日。
④其位在中:此以六五爻象、爻位为据。六五阴爻,女子之象,处上卦中位,是得其位象。喻女子嫁往夫家处尊贵之位。

【今译】

六五:帝乙嫁女于周文王,以其次女陪嫁。论嫁妆姊的不如妹的好。良辰择在某月十四日,吉利。

《象辞》说:帝乙嫁女于周文王,姊的嫁妆不如妹的好。六五之爻居上卦中位,像女嫁夫家处于尊贵之位。

【原文】

上六:女承筐,无实①;士刲羊,无血②。无攸利。

《象》曰:上六无实,承虚筐也。

注释

①承:捧。承筐,犹言捧着盛祭品的器具。实,实物。
②士:男未娶称士。刲(kuī),宰割,刺杀。古代贵族结婚有献祭家庙之礼,爻辞所讲"女承筐,士刲羊"即为行献祭之礼。

【今译】

上六:献祭之时,新娘捧着盛祭品的筐具,但筐中无物;新郎以刀刺羊,但羊不流血。此不祥之兆,无所利。

《象辞》说:上六之爻居一卦之尽头,孤悬无所依赖,正宜其捧着空空的筐具。

丰第五十五

☲ 离下
☳ 震上

【原文】

丰①：亨②，王假之③。勿忧，宜日中④。

【注释】

①丰：卦名。本卦为异卦相叠（离下震上）。上卦为震，震为雷；下卦为离，离为电。电闪雷鸣，是上天垂示的重大天象。人们因雷鸣而敬戒修身，因闪电而明察事理，其成就必巨，所以卦名曰丰。
②亨：当作享，祭祀。
③假：当读为格，至、到。之，指代祭祀之所。
④宜日中：君王到庙中祭祀宜在中午时分。

【今译】

丰卦：举行祭祀，君王将亲临宗庙。不要担心，最佳时刻当在正午时分。

【原文】

《彖》曰：丰，大也。明以动①，故丰。"王假之"，尚大也②。"勿忧，宜日中"，宜照天下也。日中则昃，月盈则食③，天地盈虚，与时消息，而况于人乎？况于鬼神乎？

【注释】

①明以动：本卦上卦为震，震为雷；下卦为离，离为电。电闪雷鸣，光满天地是丰卦最突出的卦象。喻人明于事理，依理而行，成就必大。
②尚：尊尚，重视。大，大事，这里指祭祀。
③昃：与昗同，日西斜曰昃。食，《释文》："食，或作蚀。"蚀，侵蚀。月食，意指月亏，与月圆相对而言。

【今译】

《彖》说:丰卦,就是指丰大的意思。人能洞察事物之理,明照一切,则行动成就必大,所以卦名叫丰。"君王亲临宗庙祭祀",说明对祭祀大事的重视。"不要担忧,最佳时刻在正午时分",因为正午太阳当头,普照天地,正如君王居天下之首,如日中天。不过,太阳当顶,然后开始偏斜,月亮圆满,然后开始亏缺。天地间万物万事不可能久盈不虚,一切都是随着时序而消长的。何况人,他的事业怎能长盛不衰?何况鬼神,它怎能长享一姓之祭祀呢?

【原文】

《象》曰:雷电皆至,丰。君子以折狱致刑①。

注释

①折狱:断狱。致刑,施刑。

【今译】

《象辞》说:本卦上卦为震,震为雷;下卦为离,离为电。电闪雷鸣,是上天垂示的重大天象,这也是丰卦的卦象。君子观此卦象,有感于电光雷鸣的精明和威严,从而裁断讼狱,施行刑罚。

【原文】

初九:遇其配主①,虽旬②,无咎。往有尚③。
《象》曰:虽旬无咎,过旬灾也④。

注释

①配:《释文》:"郑作妃。云嘉偶曰妃。"配主,犹言女主人。此卦历来解说纷纭,莫衷一是。作者认为此卦是讲述商旅之事的专卦。卦中分别记录了同行商旅之人的不同遭遇:有的与旧主人的寡妻结合,弃商而别谋生计;有的则在辛苦的旅途中精神错乱,寄住在老店主家里,几年后店主一家遭遇灾祸而不知所终;有的则赚得美玉发了大财。各爻之间具有内容上的统一性和结构上的内在联系,各爻辞中还不乏典型性的细节描述,使这一群商人悲欢苦乐跃然纸上。读者细读各爻,自可分析得知。《象辞》的解说则望文生义,多为空洞之辞。

②旬：李镜池说："借为姰，《说文》：'姰，男女并也.'指男女姘居结合。"
③尚：助，赞同。
④《象辞》以十日释旬，与经意有异。

【今译】

初九：旅途之中受到一位女主人的接待，与这位寡居的女人结成夫妻。占卜结果显示：不会遭人议论，而且能得到人们的赞同。

《象辞》说：十日之内没有灾难，意思是超过一旬就有灾了。

【原文】

六二：丰其蔀①。日中见斗②。往得疑疾③。有孚发若④。吉⑤。

《象》曰：有孚发若⑥，信以发志也。

注释

①丰：大，这里用如动词，加大。蔀，《释文》："郑、荀作菩，云小席。"丰其蔀，犹言将小席拼缀起来。
②斗：北斗星。日中见斗，这是幻觉。
③往：出外，这里指同行之人，旅伴。疑疾，高亨说："多疑之病，精神病之一种。"
④孚：罚。这里当指刺激。发，借为化，化解，清醒。若，他，指精神错乱者。
⑤吉：这里当指病愈。
⑥孚：《象辞》释为诚信。发，释为表达。若，词尾无义。与经意有别。

【今译】

六二：将小席拼缀起来，躺下休息。正午时分，有人说看见北斗星。看来旅伴之中有人精神错乱。对他加以刺激，或许可以使他清醒。

《象辞》说：存心诚信，一言一行都能表现出来，因为这是坦白直率地表达了自己的心愿。

【原文】

九三：丰其沛①，日中见沫②。折其右肱③。吉。

《象》曰：丰其沛，不可大事也。折其右肱，终不可用也。

【注释】

①丰:大,用如动词,增多。沛,《子夏易传》作芾。芾亦作茇,声通。《说文》:"茇,草根也。"

②沬:借为魅,鬼怪。

③肱(gōng 工):手臂。

【今译】

九三:将铺草加厚,躺下休息。正午时分,此人又说看见鬼魅。将他的右臂折断。经此一吓,或许他能清醒。

《象辞》说:将铺草加厚,这起不了什么大的作用。将其右臂折断,那他就终身残废了。

【原文】

九四:丰其蔀,日中见斗。遇其夷主①,吉。

《象》曰:丰其蔀,位不当也。日中见斗,幽不明也。遇其夷主,吉行也。

【注释】

①蔀(pù):小席。斗,北斗星,参见前注。夷,常。夷主,大概是经常接待这些旅人的老店主。

【今译】

九四:将小席拼缀起来,躺下休息。正午时分,此人还在说看见北斗星,看来还未恢复正常。幸好遇着了他的老店主,把他托付给老店主,这一下可清静平安了。

《象辞》说:将小席拼缀起来,随地休息,是所处不得当,正如九四阳爻而处于阴位一样。正午时分看见北斗,也许天空迷暗不明的缘故。遇着他的老店主,这是吉利之行。

【原文】

六五:来章①,有庆誉。吉。

《象》曰:六五之吉,有庆也。

【注释】

①章:借为璋,美玉。来,赚来。

【今译】

六五:赚得美玉,大家都庆贺夸奖他。这是吉利之兆。

《象辞》说:六五爻辞所讲的吉利,是因为有吉庆之事。

【原文】

上六:丰其屋①,蔀其家②,阒其户③,阒其无人④,三年不觌⑤,凶。

《象》曰:丰其屋⑥,天际翔也。阒其户,阒其无人,自藏也。

【注释】

①丰:大,意为空敞,这里用如动词。丰其屋,犹言这所房子空空荡荡的。
②蔀:小席。这里用如动词。蔀其家,犹言屋顶上散乱盖着草席。
③阒:与窥同,探视。
④阒(qù去):虚空寂静。
⑤觌:见。
⑥丰:《象辞》释为增修扩建。

【今译】

上六:房子空荡荡的,屋顶上散乱盖着草席,从门缝里探视,寂无一人。看样子这里多年未住人了。这是不祥之兆。

《象辞》说:增修扩建房屋,看来此人如鸟飞蓝天,志得意满,发财不小。从门缝里探视,寂无一人,看来财多害身,横遭灾祸,他逃生去了。

旅第五十六

☶艮下
☲离上

【原文】

旅①：小亨。旅贞吉。

【注释】

①旅：卦名。本卦为异卦相叠（艮下离上）。上卦为离，离为火；下卦为艮，艮为山。山中燃火，是野居途宿之象，所以卦名曰旅。

【今译】

旅卦：稍见亨通。贞卜旅行，吉利。

【原文】

《彖》曰：旅，"小亨"，柔得中乎外①，而顺乎刚②，止而丽乎明③，是以"小亨，旅贞吉"也。旅之时，义大矣哉。

【注释】

①柔得中乎外：此以六五爻象、爻位为据。六五阴爻，为柔，居外卦中位，是谓"得中乎外"。像旅行在外之人，能依正道行事。
②顺乎刚：此以上九、六五爻象、爻位为据。上九阳爻，为刚，处于六五阴爻之上，是阴柔顺乎阳刚。像羁旅人依托于强者的庇护。
③止而丽乎明：本卦下卦为艮，艮为山，山有静止之象；上卦为离，离为日，因而说大山静止处于阳光的普照之下。

【今译】

《彖辞》说：旅卦有稍见亨通之义。因为六五阴爻居外卦中位，处于上九阳爻之下，像旅人行中正之道，得到强者的庇护，如高山正直，处在阳光的普照之中，所以卦辞说："稍见亨通，出行合乎道义，必逢吉祥"。浪迹四海,萍踪漂泊,本是艰难丛杂,因而依义顺时,是出行的首要原则。

【原文】

《象》曰:山上有火,旅。君子以明慎用刑,而不留狱①。

【注释】

①留狱:办案拖拉,滞留案件。

【今译】

《象辞》说:本卦上卦为离,离为火;下卦为艮,艮为山。山上有火,洞照幽隐,这是旅卦的卦象。君子观此卦象,从而明察刑狱,慎重判决,既不敢滥施刑罚,也不敢延宕滞留。

【原文】

初六:旅琐琐①,斯其所②,取灾。
《象》曰:旅琐琐,志穷灾也。

【注释】

①旅:商旅。琐琐是惢惢的假借,多疑之谓。《说文》:"惢,心疑也。"
②斯:毛奇龄《仲氏易》说:"斯,本作分析解,故《说文》以斯为分,《尔雅》以斯为离。"所,处所。斯其所,离开住处。

【今译】

初六:旅人三心二意,进退犹豫,最后还是离开住所,结果自遭灾祸。
《象辞》说:旅人三心二意,说明其人四处碰壁,精神疲惫。

【原文】

六二:旅即次①,怀其资,得童仆,贞②。
《象》曰:得童仆,贞,终无尤也③。

【注释】

①次:借为肆,市场。旅即次,犹言旅人来到市场。
②贞:高亨说:"贞下当有吉字,转写脱去。"此说有理。贞,卜问。古时买仆买妾常卜问。
③《象辞》引爻辞,贞下亦应有吉字。尤,过失。

【今译】

六二:旅人来到市场,带着钱财,买来一男仆,卜问得吉兆。
《象辞》说:买一男仆,卜问得吉兆,看来这笔买卖没有问题。

【原文】

九三:旅焚其次①,丧其童仆,贞厉。
《象》曰:旅焚其次,亦以伤矣。以旅与下,其义丧也②。

【注释】

①次:市肆,见前注。
②下:当指新买之男仆。义,借为宜。

【今译】

九三:旅人来到着火的市场上,新买的男仆乘乱跑掉。卜问得险兆。
《象辞》说:旅人来到着火的市场,岂不遭受损失。因为旅人带着男仆同往,男仆乘乱跑掉是很自然的。

【原文】

九四:旅于处①,得其资斧②,我心不快。
《象》曰:旅于处,未得位也③。得其资斧,心未快也。

【注释】

①处:犹所,住处。
②资斧:钱财。资,资财。斧,仿农具的一种钱币,故名。
③未得位也:此以九四爻象、爻位为据。九四阳爻而居阴位,像人所处环境不利。

【今译】

九四：旅人回到客居之处，因为赚了不少钱，心中不踏实。

《象辞》说：旅人回到客居之处，这不是恰当的住处。赚了不少钱，恐怕抢劫，自然心中不踏实。

【原文】

六五：射雉，一矢亡，终以誉命①。

《象》曰：终以誉命，上逮也②。

【注释】

①誉：赞誉。命，命中，犹言善射。
②逮：及。上逮，犹言名声传到上面去了。

【今译】

六五：射野鸡，一发命中，其人因而博得善射的美名。

《象辞》说：终于博得善射的美名，众口传誉，上面的人也知道了。

【原文】

上九：鸟焚其巢，旅人先笑后号咷，丧牛于易①。凶。

《象辞》曰：以旅在上，其义焚也②。"丧牛于易"，终莫之闻也③。

【注释】

①易：通狄。李镜池说："这是写周人历史上的一件大事，说大王被人侵迫，从邠迁到岐山周原，狄人侵犯时，烧杀抢掠，周人像鸟被烧了巢一样，无家可归，全族迁徙，成了旅人。他们原先生活过得很快乐，后来就够悲惨了，呼号哭泣，不但家园被毁坏，连牛羊等牲畜也给狄人抢了去。这真是一次大灾难。"
②上：上位，高爵。以旅在上，《象辞》释此爻是顺着六五爻辞的解释而来的，前面讲其人善射，名声上达，此处则讲其人因此而博得高爵，以旅人而居高爵是所得非分。《象辞》释此爻，又是以上九爻象、爻位为据。上九阳爻居一卦之首，像人身居上位，遭人嫉恨。义，借为宜。
③闻：王念孙说："闻，读为问，相恤问也。"

【今译】

上九:鸟儿的巢窠被焚烧,周人的邑落被抢劫,四处流落的周人呵,美好的生活已成往事,悲惨的现实即在眼前,狄人牵着牛羊去,往后的日子怎么过。

《象辞》说:以商旅身份而身登高爵,非分之极,其居室被焚毁是意料之中的事,牛羊在易地被抢劫,也没有人来体恤安慰,是理所应当。

巽第五十七

巽下
巽上

【原文】

巽①,小亨,利有攸往,利见大人。

注释

①巽(xùn 训):卦名。本卦是同卦相叠(巽下巽上)。巽为风,两巽相重,有长风相随之象。卦名之所以为巽,据李镜池研究,巽字篆文像二人跪于地上,表示顺服之意。

【今译】

巽卦,稍见亨通。利于出行,利于会见王公贵族。

【原文】

《彖》曰:重巽以申命①。刚巽乎中正而志行②。柔皆顺乎刚③,是以"小亨。利有攸往,利见大人"。

注释

①重巽:本卦为两巽相重。申,申述,表明。命,意旨。
②刚巽乎中正:本卦九二、九五阳爻,为刚,分别居于下卦与上卦的中位,所以说"刚巽乎中正"。巽,《说卦》:"巽,入也。"这里为入居之意。此种爻象表明,行为合于正道,自然志得意行。
③柔皆顺乎刚:本卦初六、六四阴爻,为柔,分别居于二阳爻之下,是阴柔俯顺于阳刚之象。像臣民俯顺于君上,所以为"小亨"之兆。

【今译】

《彖辞》说:巽义为顺。两个巽卦相重,意在强调申述这个伦理原则。本卦九二、九五阳爻分居于下卦与上卦的中位,像君王行事合于

正道,因而志得意行,臣民顺从君王,因而"稍有亨通之象"。"利于出行,利于会见王公大人",就是"小亨"之象的具体表现。

【原文】

《象》曰:随风,巽。君子以申命行事。

【今译】

《象辞》说:本卦为巽卦相叠而成,巽为风,因而长风相随,吹拂不断,是巽卦的卦象。君子观此卦象,取法于长吹不断的风,从而不断地申明教义,反复地颁行政令,灌输纲常大义。

【原文】

初六:进退,利武人之贞。
《象》曰:进退,志疑也。利武人之贞,志治也①。

注释

①贞:卜问。《象辞》释为坚定。志治,犹言意志坚定而不慌乱。

【今译】

初六:进退听命,这是利于武人的占卜。
《象辞》说:进退听命,是因为自己没有成见。武人具有坚定的意志是应该的,因为只有意志坚定,才能勇敢无畏,临危不乱。

【原文】

九二:巽在床下,用史巫纷若①,吉,无咎。
《象》曰:纷若之吉,得中也②。

注释

①巽:俯顺,俯卧。史、巫都是古代从事迷信活动的人。祝史司祭,巫以降神,清除不祥。纷若,纷杂混乱的样子,若,形容词词尾。高亨说:"纷,疑借为衅。衅是一种巫术,用牲血涂人身或器物等,以驱逐鬼魅,清除不祥。"可备一说。

②得中:此以九二爻象、爻位为据,九二用爻居下卦中位,是得中其位。在此

处喻人病情有好转之兆。

【今译】

九二:病人卧床不起,祝史巫士降神祭祀,禳灾驱鬼,忙碌不停。病情有好转,灾难消除了。

《象辞》说:祝史巫士禳灾驱鬼忙碌不停,之所以使病情有好转,因为九二阳爻居下卦中位,爻象既得,灾难自退。

【原文】

九三:频巽,吝①。

《象》曰:频巽之吝,志穷也。

注释

①频:借为颦,皱眉,喻指愁眉不展。巽,顺从。吝,艰吝,心中不顺畅。

【今译】

九三:勉强顺从,其心必不顺畅。

《象辞》说:勉强顺从,而内心不顺畅,说明这是出于无可奈何。

【原文】

六四:悔亡,田获三品①。

《象》曰:田获三品,有功也。

注释

①田:同畋,狩猎。三品,犹言多种多类。

【今译】

六四:没有悔恨,狩猎获得各种猎物。

《象辞》说:狩猎获得各种猎物,说明狩猎大有收获。

【原文】

九五:贞吉,悔亡,无不利。无初有终。先庚三日,后庚三日①,吉。

《象》曰:九五之吉,位正中也②。

注释

①先庚三日:即庚日之前三日,即丁日;后庚三日,即庚日之后三日,即癸日。上古历法,每旬十日,以甲、乙、丙、丁、戊、己、庚、辛、壬、癸十字记之。从丁日到癸日共七日,周人占时日,多以七日为度。可参见蛊卦、复卦注。

②位正中也:此以九五爻象、爻位为据。九五阳爻居上卦中位,此位象极佳,故曰"正中"。

【今译】

九五:贞卜得吉兆,没有悔恨,无所不利。虽没有良好的开端,但有良好的结局。时日定在丁日或癸日,其事一定成功。

《象辞》说:九五爻辞之所以讲吉利,因为九五阳爻居上卦中位,像人事合于正道,自然吉利。

【原文】

上九:巽在床下,丧其资斧①,贞,凶。

《象》曰:巽在床下,上穷也②。丧其资斧,正乎凶也。

注释

①巽:伏。资斧,资财。此爻似记录失盗的情形。

②上:指上九之爻。上九居一卦之尽头,是穷途末路之象。

【今译】

上九:人隐伏在床底下,钱财则被洗劫一空。卜问得凶兆。

《象辞》说:隐伏在床底下,正是上九阳爻穷途末路之象。钱财被洗劫,不正是凶险之事吗?

兑第五十八

兑下
兑上

【原文】

兑①：亨。利贞。

【注释】

①兑：卦名。本卦为同卦相叠（兑下兑上）。兑为泽，两兑相叠，有两泽相连，两水交流之象，喻上下相和，则团结一致，朋友相慕，则切磋讲习，这是一个令人欢欣的场面，所以卦名曰兑。兑，《象辞》说："兑，说也。"说，即悦。

【今译】

兑卦：亨通。吉利的贞卜。

【原文】

《象》曰：兑，说也。刚中而柔外①，说以"利贞"②，是以顺乎天而应乎人。说以先民③，民忘其劳。说以犯难，民忘其死。说之大，民劝矣哉。

【注释】

①刚中而柔外：本卦九二、九五阳爻，为刚，分居下卦、上卦中位，是为"刚中"。六三、上六阴爻，为柔，分居下卦、上卦外位，所以说"柔外"。这种卦象显示，君子内秉刚健之德，外抱柔和之姿，坚行正道。
②说：取悦于民。利，与人谋利。贞，贞正，犹言坚持正道。以，连词。
③先民：引导大众。

【今译】

《象辞》说：兑，就是喜悦的意思。君子内秉刚健之德，外抱柔和之姿，以团结协和为愿望，以利人利物为存心，坚持正道，所以能够顺乎天意而合乎人心。以悦民之道引导大众前进,大众将不顾劳累而追随,以悦民之道引导大众冒险,大众也会不顾生死而赴之。悦民之道的伟大作用就在于大众因此而劝勉奋进,共济时艰。

【原文】

《象》曰:丽泽①,兑。君子以朋友讲习。

【注释】

①丽:王弼说:"丽,犹连也。"

【今译】

《象辞》说:本卦为两兑相叠,兑为泽,两泽相连,两水交流是兑卦的卦象。君子观此卦象,从而广交朋友,讲习探索,推广见闻。

【原文】

初九:和兑,吉。

《象》曰:和兑之吉,行未疑也①。

【注释】

①疑:高亨说:"疑,借为碍。《说文》:'碍,止也。'即阻止之义。"可备一说。

【今译】

初九:和睦欢喜,吉利。

《象辞》说:和睦欢喜之所以吉利,是因为人际邦交无所猜疑。

【原文】

九二:孚兑,吉,悔亡①。

《象》曰:孚兑之吉,信志也②。

【注释】

①孚兑:被俘而不恐惧,犹言优待俘虏。

②《象辞》释"孚"为诚信,与经意不合。志,沙少海先生说:"借志为之,用如

代词。"

【今译】

　　九二：优待俘虏，吉利，没有悔恨。
　　《象辞》说：以诚信待人，人亦热忱待之，之所以吉利，因为互相之间有了信任。

【原文】

　　六三：来兑，凶①。
　　《象》曰：来兑之凶，位不当也②。

注释

　　①来：招来，归服。
　　②位不当：此以六三爻象、爻位为据。六三阴爻而居阳位，喻人所行与其地位不相称。

【今译】

　　六三：以使人归服为乐，蕴藏着凶险。
　　《象辞》说：以使人归服为乐，蕴藏着凶险，因为力小而任大，德薄而欲多，所行必不当。

【原文】

　　九四：商兑未宁①，介疾有喜②。
　　《象》曰：九四之喜，有庆也。

注释

　　①商：商谈。商兑，犹言商谈互相和好，恢复邦交。宁，定。未宁，犹未达成协议。
　　②介：小。介疾，小毛病。这里喻指两国间的矛盾分歧。喜，犹言病愈，愈合。

【今译】

　　九四：商谈恢复邦交之事，尚未达成协议，但两国的矛盾分歧有了愈合的趋势。

《象辞》说：九四爻辞所讲的喜，即是指将有喜庆之事。

【原文】

九五：孚于剥①，有厉。

《象》曰：孚于剥②，位正当也③。

注释

①孚于剥：李镜池说："句式同《随·九五》'孚于嘉'，意即被剥国所俘虏。"从本卦各爻辞所记录的内容看，这是一个讲邦交的专卦，李说可采。《象辞》释此句为"位正当"，据其通例，"有厉"之下当脱一"吉"字。

②《象辞》释"孚"为诚信。剥，剥落，侵削。

③位正当：九五阳爻处上卦中位，是得其位。

【今译】

九五：被剥国俘虏。剥国无理挑衅，必遭惩罚（对我方而言，坏事将变为好事）。

《象辞》说：当被侵剥之时，仍以诚信待人，正如九五阳爻所象，其人秉行中正之道，必能逢凶化吉。

【原文】

上六：引兑①。

《象》曰：上六引兑，未光也②。

注释

①引：引导。兑，欢喜，和睦。

②未光：此以上六爻象、爻位为据。上六处一卦尽头，是孤立之象。

【今译】

上六：引导大家和睦相处。

《象辞》说：上六爻辞讲引导大家和睦相处，用意虽佳，但上六阴爻处一卦之尽头，像其人未必能一呼百应。

涣第五十九

【原文】

涣①：亨，王假有庙②。利涉大川。利贞。

【注释】

①涣：卦名。本卦为异卦相叠（坎下巽上）。下卦为坎，坎为水；上卦为巽，巽为风。风行水上，推波助澜，四方横流，所以卦名曰涣。涣，《说文》："水流散也。"用以喻君王乘德教之舟，乘风破浪，宣布四方。

②假：借为格，至。有，汉帛书《周易》作于。此处有亦用同于。

【今译】

涣卦：亨通，因为君王亲临宗庙，禳灾祈福。并利于涉水过江河。这是吉利的贞卜。

【原文】

《彖》曰：涣，"亨"，刚来而不穷①，柔得位乎外而上同②。"王假有庙"，王乃在中也。"利涉大川"，乘木有功③。

【注释】

①刚来而不穷：本卦九二阳爻，为刚，居下卦中位，九五阳爻，为刚，居上卦之中位，分居内外卦之主位，是中正其位而四向可通之象。像君王居位用权，安稳灵便。

②柔得位乎外而上同：本卦六四阴爻，为柔，居外卦之阴位（第四位为阴位），是柔得位而处于外。初六、六四阴爻，分别处于九二、九五阳爻之下，有柔刚相应之象，所以说"上同"。像百僚守职，拥戴君上。

③乘木有功：本卦上卦为巽，巽为木，下卦为坎，坎为水，乘舟渡水，平安无事。

【今译】

《象辞》说:涣卦,有亨通之象。因为九二、九五之爻分别为内外卦之主爻,像君王居位,大权在握,指挥灵通,而且百僚守职,顺从君王。"王亲临宗庙祭祀",说明众星拱卫,君王处于天枢之地。所谓"利于涉水渡河",比喻君王以"德教"为舟,破浪穿行,所向有功。

【原文】

《象》曰:风行水上,涣。先王以享于帝,立庙。

【今译】

《象辞》说:本卦上卦为巽,巽为风;下卦为坎,坎为水。风行水上,是涣卦的卦象。先王观此卦象,从而享祭天帝,建立宗庙,推行尊天孝祖的"德教"。

【原文】

初六:用拯马壮,吉①。

《象》曰:初六之吉,顺也。

注释

①用:因。拯,声假作乘,乘骑。壮,借为戕,伤。沙少海先生说:本卦"是一个讲水灾的专卦。……全部爻辞,都讲与水灾有关的事情,首先讲洪水成灾,冲毁房屋。中间提到殃及人畜。最后提到人们要吸取教训,加强防范,以免灾难重临。"细绎各爻,此说有理。《象辞》所释与此大有出入。

【今译】

初六:洪水突来,因而乘马逃避,匆促跌伤,幸免淹亡之祸,吉利。

《象辞》说:初六爻辞讲的吉利,是因为初六阴爻居九二阳爻之下,有阴柔顺从阳刚之意。像马顺从人意。

【原文】

九二:涣奔其机①,悔亡。

《象》曰:涣奔其机②,得愿也。

【注释】

①涣:洪水。奔,借为崩,冲毁。(采沙少海先生说)。机,惠士奇《易说》谓当作兀。《说文》:"兀,下基也。"这里指房基。

②涣:《象辞》释为冲洗,冲散。机,当借为迹,污迹。与经意有别。

【今译】

九二:洪水奔涌,冲毁房基。性命无虞。不幸中之万幸。

《象辞》说:荡涤冲刷其污垢,正是心中所愿。

【原文】

六三:涣其躬,无悔。

《象》曰:涣其躬,志在外也。

【今译】

六三:洪水冲到身上,幸免于难,尚可庆幸。

《象辞》说:冲刷他的身体,说明其人志在教育他人,治理国家。

【原文】

六四:涣其群,元吉,涣有丘,匪夷所思①。

《象》曰:涣其群,元吉,光大也②。

【注释】

①群:人群。丘,山丘。匪,读为非。夷,平常。匪夷所思,犹言不是平常可以想见的。

②光:借为广。

【今译】

六四:洪水冲向人群,然而十分幸运,因为人群聚集在山丘上,洪水只能淹到山脚,否则其后果是平常难以想象的。

《象辞》说:冲刷大众百姓,说明君王德教广施,教化大行。

【原文】

九五:涣汗其大号①,涣王居②,无咎。

《象》曰:王居无咎,正位也。

【注释】

①涣汗:水势盛大貌。大号,国都。
②涣王居:犹言洪水淹及王宫。

【今译】

九五:洪水横溢,淹没国都,淹及王宫,幸好人员早已撤走,没有大的灾难。

《象辞》说:王宫没有遭遇灾难,因为九五阳爻居上卦中位,位尊且正,自然无灾难。

【原文】

上九:涣其血去逖出①,无咎。
《象》曰:涣其血,远害也②。

【注释】

①血:借为恤,忧患。去,消除。逖,通畅,警惕。出,产生。
②《象辞》以"远害"释此句,盖其句读有异。当理解为:"涣其血,去,逖出。"释血,为血光之灾。释逖为远。

【今译】

上九:洪水退去,忧患消除,但仍须警惕,加强防范,这样就没有灾难。

《象辞》说:有血光之灾,走开,远远地走开,这样就可以远离灾害。

节第六十

☵ 兑下
坎上

【原文】

节①:亨。苦节②,不可贞。

【注释】

①节:卦名。本卦为异卦相叠(兑下坎上)。上卦为坎,坎为水;下卦为兑,兑为泽。水满溢于泽外,务必高筑堤防以约束之,所以卦名曰节。节,节制。用以警惕人们:天地有节度,才能常新,国家有节度,才能安稳,个人有节度,才能全性。

②苦:用如动词。节,节制。苦节,犹言以节制为苦,即所谓以放肆为乐。

【今译】

节卦:亨通。如果以节制为苦,其凶吉则不可卜问。

【原文】

《彖》曰:节,"亨"。刚柔分而刚得中①。"苦节,不可贞",其道穷也。说以行险②,当位以节③,中正以通。天地节而四时成。节以制度,不伤财,不害民。

【注释】

①刚柔分而刚得中:本卦上卦为坎,坎为阳卦,为刚;下卦为兑,兑为阴卦,为柔。上阳下阴,是为"刚柔分"。九二、九五阳爻,为刚,分居于下卦、上卦的中位,是"刚得中"。像君臣王位,各守其分。

②说以行险:本卦内卦为兑,兑义为悦;外卦为坎,坎义为险。临难不苟,敢行险道是节卦的义蕴。

③当位以节:本卦上六阴爻居阴位,九五阳爻居阳位,六四阴爻居阴位,刚柔得当,爻象相通,以像君臣各遵节度,有条不紊。

【今译】

《彖辞》说:节卦,有亨通之象。因为刚柔分别而位象恰当。像君臣各正其位,各守其分。卦辞说:"如果以节制为苦,其凶吉不可卜问",因为违反纲常大义,胡作妄为,必然走向穷途末路,节卦具有临难不苟,威武殉道的义蕴,同时又体现了恪守本分,遵礼守义的原则,因而能达到中立不倚通行无阻的境地。天地有节度而寒来暑往,形成四时节气。国家有节度,因而制定了君子教庶民,庶民养君子的社会通则。君子不可以骄奢暴殄天物,不可以残暴伤害人民。

【原文】

《象》曰:泽上有水,节。君子以制数度①,议德行。

注释

①数度:犹言制度。

【今译】

《象辞》说:本卦下卦为兑,兑为泽;上卦为坎,坎为水。泽中水满,因而须高筑堤防,这是节卦的卦象。君子观此卦象,从而建立政纲制度,确立伦理原则。

【原文】

初九:不出户庭,无咎。
《象》曰:不出户庭,知通塞也①。

注释

①通塞:义在塞。犹好歹、缓急之类偏义复词。塞,阻塞不通。

【今译】

初九:筮遇此爻,杜门不出,没有灾祸。
《象辞》说:杜门不出,因为其人知道所行必不通。

【原文】

九二:不出门庭,凶。

《象》曰:不出门庭,凶。失时极也。

【今译】

九二:筮遇此爻,杜门不出,也有凶险。

《象辞》说:杜门不出,也有凶险,因为坐失良机,错误已极。

【原文】

六三:不节若,则嗟若①,无咎。

《象》曰:不节之嗟,又谁咎也?

注释

①节:节制,节俭。嗟,悔叹。若,语末助词无义。

【今译】

六三:不节俭则困穷,处困穷则知悔过,知悔过则可以无灾难。

《象辞》说:奢侈带来了悔恨,这是谁之过?

【原文】

六四:安节①,亨。

《象》曰:安节之亨,承上道也②。

注释

①安节:安于节俭遵礼的生活。

②承:遵从。上道:君上之道。

【今译】

六四:安于节俭遵礼的生活,通泰。

《象辞》说:安于节俭遵礼的生活之所以吉利,是因为顺从了君上的旨意。

【原文】

九五:甘节,吉。往有尚①。

《象》曰:甘节之吉,居位中也②。

【注释】

①甘:甜。甘节,犹言以节俭遵礼为乐。尚,帮助。
②居位中:此以九五爻象、爻位为据。九五阳爻居上卦中位,像人守中正之道。

【今译】

九五:以节俭遵礼为乐,吉利。秉此而行,所往必得别人资助。
《象辞》说:以节俭遵礼为乐之所以吉利,因为九五之爻,所居恰当,像人居德行义,自然获得人家资助。

【原文】

上六:苦节,贞凶,悔亡①。
《象》曰:苦节,贞凶,其道穷也。

【注释】

①苦节:以节俭遵礼为苦。悔,用如动词。悔亡,为败落而悔恨。

【今译】

上六:以节俭遵礼为苦,卜问得凶兆,其人将为家道败落而悔恨。
《象辞》说:以节俭遵礼为苦,卜问得凶兆,正如上六阴爻孤悬一卦之尽头,像人走入穷困不通的境地。

中孚第六十一

兑下
巽上

【原文】

中孚①：豚鱼吉②。利涉大川。利贞。

注释

①中孚：卦名。本卦为异卦相叠（兑下巽上）。下卦为兑，兑为泽；上卦为巽，巽为风。泽上有风，风起波涌，君子居高临下，以诚信为本，施教于下，教化人民。所以卦名曰中孚。中孚，《杂卦》说："信也。"意为诚信。

②豚(tún 屯)鱼：王引之说："豚鱼者，士庶人之礼也。《士昏礼》：'特豚合升去蹄；鱼十有四。'《士丧礼》："豚合升，鱼鱄鲋九，朔月奠用特豚鱼腊。'《楚语》：'士有豚犬之奠，庶人有鱼炙之荐。'《王制》：'庶人夏荐麦，秋荐黍。麦以（与）鱼，黍以豚。'豚鱼乃礼之薄者，然苟有中信之德，则人感其诚，而神降之福。故曰'豚鱼吉'，言虽豚鱼之荐亦吉也。"

【今译】

中孚卦：豚鱼献祭，虽物薄但心诚，吉利。并利于涉水过河。这是吉利的贞卜。

【原文】

《彖》曰：中孚，柔在内而刚得中①，说而巽②，孚乃化邦也③。"豚鱼吉"，信及豚鱼也。"利涉大川"，乘木舟虚也④，中孚以"利贞"⑤，乃应乎天也。

注释

①柔在内而刚得中：本卦内两爻为阴，为柔，外四爻为阳，为刚，所以说："柔在内"。九二、九五阳爻，为刚，分别处于下卦、上卦的中位，所以说："刚得中"。

②说而巽：本卦下卦为兑，兑义为悦；上卦为巽，巽义为逊。和悦而谦逊是中

孚之卦的基本品质。

③孚:诚信。化,教化。邦,国。化邦,犹言改造全国人民的思想行为。

④乘木舟虚:本卦下卦为兑,兑为泽;上卦为巽,巽为木。刳木为舟,行于水上,也是本卦的卦象。虚,虚空中立。

⑤中孚:内心诚信,利,利人利物。贞,行道中正。以,连词。

【今译】

《彖辞》说:中孚之卦的基本结构是阴柔之爻居于内,阳刚之爻居于外;其基本品质是和悦而谦逊。像人具有柔顺、刚健、和悦、谦逊四种美德,秉此而行德教,则可以教化全国。卦辞说:"豚鱼献祭,尚且吉利",就是说,豚鱼物虽薄,但表现了他的一片诚心。卦辞又说:"利于涉水渡河",因为本卦下卦为兑,兑为泽;上卦为巽,巽为木。刳木为舟,行于水上,自然平安畅达。好比人内心诚信,利人利物,坚持正道,与天理相符合,又何惧于人间的惊涛骇浪。

【原文】

《象》曰:泽上有风,中孚。君子以议狱缓死。

【今译】

《象辞》说:本卦上卦为巽,巽为风;下卦为兑,兑为泽,泽上有风,风起波涌。这是中孚的卦象。君子观此卦象,有感于风化邦国,唯德教为先,因而审议讼狱,不轻置重典。

【原文】

初九:虞①,吉。有它不燕②。

《象》曰:初九虞吉,志未变化。

注释

①虞:《公羊传·文公二年》何休注:"虞,犹安神也。"即今所谓安葬。安神之礼,属丧礼。

②它:意外之事。燕,讌之省文,通宴。讌饮之礼,属吉礼。

【今译】

初九:行安神之礼,吉利。有这样的变故,自然不行讌礼。

《象辞》说:初九爻辞讲行安神之礼,吉利,因为慕恋先人的心愿未变。

【原文】

九二:鹤鸣在阴,其子和之①。我有好爵,吾与尔靡之②。

《象》曰:其子和之,中心愿也。

注释

①阴:树荫。和,应和。

②爵:古人饮酒之器,形似小雀,即今所谓酒杯。靡,共同。这里用如动词,犹言同饮。

【今译】

九二:老鹤在树荫下鸣叫,小鹤在旁边附和。我有美酒,与你共享用。

《象辞》说:小鹤和应老鹤,这是心灵相通的表现。

【原文】

六三:得敌,或鼓,或罢①;或泣,或歌。

《象》曰:或鼓或罢,位不当也。

注释

①得:《说文》:"得,取也。"得敌,犹言克敌。或,不定代词,意为有的人。鼓,击鼓进攻。罢,休,犹言班师。

【今译】

六三:击败了敌人,有的击鼓追击,有的凯旋报捷;消息传来,有的高兴得热泪盈眶,有的放声高歌。

《象辞》说:有的人击鼓追击,有的凯旋报捷,但从爻象看来,六三阴爻而处于阳位,胜利之中,恐怕隐伏着不测之祸。

【原文】

六四:月几望①,马匹亡,无咎。

《象》曰:马匹亡,绝类上也②。

【注释】

①几望:犹言每月的十三、十四日。
②绝:杜绝。类上,类似上次的事情。

【今译】

六四:月中的时候,马匹丢失了,但无大的灾祸。
《象辞》说:马匹丢失了,此后要加倍警惕,防止再发生类似事情。

【原文】

九五:有孚挛如①,无咎。
《象》曰:有孚挛如②,位正当也③。

【注释】

①挛如:相串连的样子。
②《象辞》释"孚"为诚信。挛如,犹言相连一贯。
③位正当:此以九五爻象、爻位为据。九五阳爻居上卦中位,是为位正当。

【今译】

九五:俘虏成群,串连捆绑,没有灾难。
《象辞》说:存心诚信,始终如一,正如九五爻象所显示的,其人行事与其地位大合符节。

【原文】

上九:翰音登于天①,贞凶。
《象》曰:翰音登于天,何可长也?

【注释】

①翰音:《礼记·曲礼》:"鸡曰翰音。"鸡飞上天,这是以异象为占。古人以为鸡飞狗窜预示凶险。

【今译】

上九:鸡飞到天空,卜问得凶兆。
《象辞》:鸡飞到天空,它怎能长久飞翔呢?

小过第六十二

☷艮下
☳震上

【原文】

　　小过①：亨，利贞。可小事，不可大事。飞鸟遗之音②，不宜上，宜下，大吉。

【注释】

　　①小过：卦名。本卦为异卦相叠（艮下震上）。下卦为艮，艮为山；上卦为震，震为雷。人过山顶，天上鸣雷，危险垂临，不可不惧。所以卦名曰小过。
　　②《说卦》说："震为鹄。"（《释文》引荀爽《九家集解本》有此句，今本无。）飞鸟过山，也是小过之卦象。

【今译】

　　小过卦：亨通，这是吉利的贞卜。但是只适宜于小事，不适宜大事。飞鸟空中过，叫声耳边留，警惕人们：登高必遇险，下行则吉利。

【原文】

　　《彖》曰：小过①，小者过而亨也。过以"利贞"，与时行也。柔得中②，是以小事吉也③。刚失位而不中④，是以"不可大事"也。有"飞鸟"之象焉。"飞鸟遗之音，不宜上，宜下，大吉"，上逆而下顺也。

【注释】

　　①小过：王念孙说："小过下当有'亨'字。"当据补。
　　②柔得中：本卦六二阴爻，为柔，居下卦中位。像人才力虽弱，但能遵守正道。
　　③小事吉：郭京本作"可小事"，与经文合，当从。
　　④刚失位而不中：本卦九四阳爻为刚，居于阴位（第四位为阴位），是为刚失位。九三、九四阳爻，不居下卦、上卦的中位，是所居不中。

【今译】

　　《象辞》说：小过之卦，有亨通之象，意思是小事错误，无碍大局，仍能亨通。小事错误，但能存利人之心，行中正之道，进退合时，还是可以通行无阻。本卦六二阴爻居下卦中位，像人才力虽弱，但遵循正道，做力所能及的事，自然吉利。但是九三、九四两阳爻所处不当，像人才力虽大，但不遵循正道，如果图谋大事，必不能成功。本卦上震下艮，有飞鸟过山之象。"飞鸟空中过，叫声耳边留，警戒人们：攀高将遇险，下行则吉利"，因为向上钻营攀附，是逆理而行，安分守己则是顺理之举。

【原文】

　　《象》曰：山上有雷，小过。君子以行过乎恭，丧过乎哀，用过乎俭。

【今译】

　　《象辞》说：本卦下卦为艮，艮为山；上卦为震，震为雷，山上有雷，是小过的卦象。君子观此卦象，惧畏天雷，不敢有过失。因而行事不敢过于恭谦，居丧不敢过度哀伤，用度不敢过于节俭，唯适中而已。

【原文】

　　初六：飞鸟以凶。
　　《象》曰：飞鸟以凶，不可如何也。

【今译】

　　初六：飞鸟经过空中，预兆着凶险。
　　《象辞》说：飞鸟经过空中，预兆着凶险，这是无可奈何之事。

【原文】

　　六二：过其祖，遇其妣[①]；不及其君，遇其臣。无咎。
　　《象》曰：不及其君，臣不过也[②]。

【注释】

　　①过：错过。祖，祖父。妣，祖母。

②《象辞》释此句以君臣大礼,与经意有异。

【今译】

六二:错过了他的祖父,但遇着了他的祖母;没有赶上国君,还是遇着了臣僚。虽有差迟,但非徒劳,因而无灾难。

《象辞》说:没有赶上国君,因为臣子固不宜超越国君。

【原文】

九三:弗过,防之。从或戕之①,凶。

《象》曰:从或戕之,凶如何也。

注释

①弗:读为不。过,指责。从,借为纵,放纵,听任。

【今译】

九三:不要过分指责,但要制止他的错误发展,如果听任放纵,反而害了他,必遭凶险。

《象辞》说:听任放纵反而害了他,凶险已极,不可言状。

【原文】

九四:无咎,弗过,遇之①。往厉,必戒。勿用永贞②。

《象》曰:弗过,遇之,位不当也。往厉,必戒,终不可长也。

注释

①咎:错误。无咎,此处不是贞兆辞,犹言没有过错。遇,犹迎面遏止。

②厉:危险。往厉,犹言冒险。戒,警戒。永,长,这里指不远的将来。贞,卜问。

【今译】

九四:没有过错,不要指责他,但要防止发生错误。前去冒险,则必须立即加以警告,无须乎卜问往后的吉凶。

《象辞》说:不要过分指责,但要防止发生错误,因为九四阳爻处于阴位，像人处境不利，容易出错。前去冒险，必须加以警告，因为明知而故犯，只能加速自己的失败。

【原文】

六五：密云不雨，自我西郊。公弋，取彼在穴①。

《象》曰：密云不雨，已上也。

注释

①弋（yì义）：射鸟。彼，指代野兽。本爻两句似无联系，实则"密云"句讲求占之事已初露端倪。"公弋"句讲，施行之中，成功却出乎意料。

【今译】

九五：在我西郊的上空，云气密布，降雨在即。王公本是去射鸟，可是在洞穴捉到野兽。

《象辞》说：云气密布，降雨在即，因为雨云已聚集在空中。

【原文】

上六：弗遇，过之，飞鸟离之①，凶，是谓灾眚②。

《象》曰：弗遇，过之，已亢也③。

注释

①遇：遏止。过，过失，这里用如动词。离，借为罹，遭遇。之，指代罗网。
②眚：灾。与灾同义。
③亢：王肃云："穷高也。"已亢，此以上六爻象、爻位为据。上六阴爻居一卦之首，凌驾一切，喻小人放肆，猖狂已极。

【今译】

上六：不加制止，因而犯下过失，好比飞鸟钻入罗网，凶险呵，这叫做灾难。

《象辞》说：不加制止，因而犯下过失，正如上六阴爻位象所示，其人太猖狂了。

既济第六十三

离下
坎上

【原文】

既济①:亨。小利贞。初吉,终乱②。

注释

①既济:卦名。本卦为异卦相叠(离下坎上)。上卦为坎,坎为水;下卦为离,离为火。水处火上,水势压倒火势,救火之事,大功告成。所以卦名曰既济。既,已经。济,《尔雅·释言》:"济,成也。"既济,犹言事情已经成功。

②乱:变故。

【今译】

既济卦:亨通。这是小见吉利的贞卜。起初吉利,最后将发生变故。

【原文】

《彖》曰:既济,"亨",小者亨也。"利贞",刚柔正而位当也①。"初吉",柔得中也②。"终"止则"乱",其道穷也③。

注释

①刚柔正而位当也:本卦上卦为坎,坎为阳卦,为刚;下卦为离,离为阴卦,为柔,刚上柔下是"刚柔正"。初九、九三、九五均为阳爻,居阳位;六二、六四、上六均为阴爻,居阴位,是刚柔"位当"。《彖辞》以此释"利贞"。利,利人利物。贞,中正。

②柔得中:本卦六二阴爻,为柔,处下卦中位,是"柔得中"。

③其道穷也:本卦上六阴爻处于一卦之尽头,像臣子权势太盛,终于陷入穷困之地。

【今译】

　　《彖辞》说：既济之卦，有亨通之象，意思是小事亨通，大事则未必。卦辞讲本卦具有"利人利物，行道中正"的征兆，因为本卦基本结构显示：上刚下柔，像君臣正位，上下安分；阴阳各爻所处恰当，像君臣各尽其职，遵循君道臣道。所谓"起初吉利"，因为六二爻象显示，权臣初仕，以媚顺为事，其力尚不能为恶，所谓"最后有变乱"，因为上六爻象显示：权臣窃柄，欺君乱政，最终陷入绝境，归于灭亡。

【原文】

　　《象》曰：水在火上，既济。君子以思患而豫防之①。

【注释】

　　①患：灾患。豫，借为预。

【今译】

　　《象辞》说：本卦上卦为坎，坎为水；下卦为巽，巽为火。水上火下，水浇火熄，是既济之卦的卦象。君子观此卦象，从而有备于无患之时，防范于未然之际。

【原文】

　　初九：曳其轮，濡其尾①，无咎。
　　《象》曰：曳其轮，义无咎也②。

【注释】

　　①曳：拉，拖。濡，沾湿。尾，衣后之假尾，西周人尚以假尾为饰。
　　②轮：借为纶，腰带之穗。义，读为宜，理应。

【今译】

　　初九：提着腰带过河，打湿了衣尾，没有大问题。
　　《象辞》说：提着腰带过河，打湿了衣尾，理应无灾难。

【原文】

　　六二：妇丧其茀①，勿逐，七日得。

《象》曰:七日得,以中道也。

【注释】

①丧:丢失。茀,汉帛书《周易》作发。茀、发均借为袚,头巾。

【今译】

六二:妇人丢失了头巾,不用寻找,七日内可以不寻而得。

《象辞》说:七日内可以不寻而得,因为六二阴爻居阴位,位象既得,失物将还。

【原文】

九三:高宗伐鬼方,三年克之①。小人勿用。

《象》曰:三年克之,惫也。

【注释】

①高宗:名武丁,庙号高宗,盘庚后第三代。鬼方,国名,严允部落之一。

【今译】

九三:高宗讨伐鬼方,费时三年才打败它。筮遇此爻,不可重用小人。

《象辞》:费时三年才打败它,因为鬼方这时已疲惫不堪。

【原文】

六四:繻有衣袽,终日戒①。

《象辞》曰:终日戒,有所疑也。

【注释】

①繻有衣袽(rú):王弼说:"繻宜曰濡,衣袽所以塞舟漏也。"袽,《说文》作絮。古无棉花,富者以乱丝为絮,贫者以乱麻为絮。戒,小心,警惕。

【今译】

六四:撑着用败絮塞罅漏的船,整日里提心吊胆。

《象辞》说:整日里提心吊胆,说明心中疑虑重重。

【原文】

九五:东邻杀牛,不如西邻之礿祭①,实受其福。

《象》曰:东邻杀牛,不如西邻之时也②。实受其祸,吉大来也。

注释

①"杀牛"下,汉帛书《周易》有"以祭"二字。礿(yuè 钥),古代祭名。这里的东邻、西邻当指殷人与周人。

②时:《广雅·释诂》:"时,善也。"

【今译】

九五:殷人杀牛厚祭鬼神,不如周人薄祭鬼神,周人倒是得到鬼神的福佑。

《象辞》说:殷人杀牛厚祭鬼神,不如周人薄祭鬼神的用意美善,周人得到鬼神的福佑,将有重大的吉庆降临。

【原文】

上六:濡其首,厉。

《象》曰:濡其首,何可久也?

【今译】

上六:涉水过河,水拍湿其头部,危险。

《象辞》说:水拍湿其头部,怎能呆很久的时间呢?

未济第六十四

坎下
离上

【原文】

未济①：亨。小狐汔济②，濡其尾。无攸利。

【注释】

①未济：卦名。本卦为异卦相叠（坎下离上）。上卦为离，离为火；下卦为坎，坎为水。火处水上，火势压倒水势，救火之事，大功未成。所以卦名曰未济。此卦与既济卦构成一个相对统一的组卦。《周易》六十四卦，以乾、坤两卦开始，以既济、未济两卦结束。乾坤纲缊，万物化生，繁衍不已，变化不息。既济、未济，代谢无疆。六十四卦这一编排组合，是《易经》变化发展思想突出的反映。

②汔（qì 气）：声假作几，将要。济，渡水。

【今译】

未济卦：亨通。小狐狸快要渡过河，却打湿了尾巴。看来此行无所利。

【原文】

《象》曰：未济"亨"，柔得中也①。"小狐汔济"，未出中也②。"濡其尾，无攸利"，不续终也。虽不当位，刚柔应也③。

【注释】

①柔得中：本卦六五之爻为阴爻，为柔，居上卦中位，是阴柔得位。

②中：中正之道。未出中，犹言所行不合事理。此句针对"小狐汔济"而言，比喻庸才任重事，必至中途颠仆。

③虽不当位：刚柔应也，本卦初六、六三、六五均为阴爻，而居阳位，是"不当位"。但是九二、九四、上九均为阳爻，为刚，与三阴爻相互呼应，所以说"刚柔应"。

【今译】

　　《象辞》说:未济卦有亨通之象。因为六五阴爻居于上卦中位,位象相得。但是庸才任重事,必至中途颠仆。好比"小狐过河,打湿尾巴,所行无所利",没有好结果。不过庸才虽居大位,但能顺从君上,不至为害过深,一切尚可补救。

【原文】

　　《象》曰:火在水上,未济。君子以慎辨物居方①。

注释

　　①辨物居方:俞樾说:"辨物者,分别其物品也。居方者,处置其方位也。"

【今译】

　　《象辞》说:本卦上卦为离,离为火;下卦为坎,坎为水。火在水上,水不能克火,是未济卦的卦象。君子观此卦象,有感于水火错位不能相克,从而以谨慎的态度辨别事物的性质,审视其方位。

【原文】

　　初六:濡其尾,吝①。
　　《象》曰:濡其尾,亦不知极也②。

注释

　　①濡:沾湿。尾,衣尾,参见前注。吝,艰难。
　　②极:高亨说:"当作儆,形近而误。儆与下文正字谐韵。《说文》:'儆,戒也。'"

【今译】

　　初六:涉水渡河,沾湿了衣尾,前进有困难。
　　《象辞》说:涉水渡河,沾湿了衣尾,见微知巨,再冒险前进,是不知儆戒。

【原文】

　　九二:曳其轮①,贞吉。

《象》曰:九二贞吉,中以行正也②。

注释
①曳:拉,拖。轮,借为纶,参见前注。
②中以行正:此以九二爻象、爻位为据。九二居下卦中位,像人行事,符合中正之道。

【今译】
九二:提着腰带涉水过河。卜问得吉兆。
《象辞》说:九二爻辞讲贞吉,因为九二阳爻处下卦中位,像人行事遵循正道。

【原文】
六三:未济,征,凶,利涉大川①。
《象》曰:未济,征凶,位不当也。

注释
①高亨说:"利上当有不字,转写脱去。(讼云:'不利涉大川。'此文当与彼文同。)"当据补。

【今译】
六三:渡不了河,出行有凶险。不利于涉水渡河。
《象辞》说:渡不了河,出行有凶险,因为六三阴爻居阳位,像人处境不利。

【原文】
九四:贞吉,悔亡。震用伐鬼方,三年,有赏于大国①。
《象》曰:贞吉,悔亡,志行也。

注释
①震:高亨说:"震,当是人名,周君或周臣也。"李镜池说:"震,动。"译文从李说。伐鬼方,参阅前卦"高宗伐鬼方"注。大国,指殷国。

【今译】

九四:吉利的贞卜。没有悔恨。大动干戈,助殷讨伐鬼方,费时三年,打败了它,获得殷国的奖赏。

《象辞》说:吉利的卜问,没有悔恨,说明志得意行。

【原文】

六五:贞吉,无悔。君子之光,有孚,吉。

《象》曰:君子之光,其晖吉也①。

注释

①晖:意义同辉。《释文》:"晖,又作辉。"孔颖达说:"象曰:'其晖吉'者,言君子之德,光辉著见,然后乃得吉也。"

【今译】

六五:吉利的贞卜,没有悔恨。打了胜仗,捕获了俘虏,这是君子的光荣,吉利。

《象辞》说:君子光荣,君子光明正大,自然吉利。

【原文】

上九:有孚于饮酒,无咎。濡其首。有孚,失是①。

《象》曰:饮酒濡首,亦不知节也。

注释

①是:借为题,本义为额,这里指脑袋。

【今译】

上九:捕获了俘虏,饮酒庆贺。没有灾难。但酗酒闹事,头发都淋湿了。俘虏乘机作乱,将他们杀了。

《象辞》说:酗酒闹事头发都淋湿,也太不知节制了。

系辞上

【原文】

天尊地卑,乾坤定矣。卑高以陈,贵贱位矣①。动静有常,刚柔断矣②。方以类聚③,物以群分,吉凶生矣。在天成象,在地成形,变化见矣④。是故,刚柔相摩,八卦相荡⑤。鼓之以雷霆,润之以风雨,日月运行,一寒一暑,乾道成男,坤道成女。乾知大始,坤作成物⑥。乾以易知,坤以简能⑦。易则易知,简则易从。易知则有亲,易从则有功。有亲则可久,有功则可大。可久则贤人之德,可大则贤人之业⑧。易简而天下之理得矣。天下之理得,而位成乎其中矣⑨。

【注释】

①卑高:贵贱,其义相同。前者指自然界低下,崇高的顺序,后者指社会中贵贱,尊卑的等级。陈,陈列。位,这里用如动词,其义与"陈"同。

②动:古人认为天体常动,处于主动的位置,其性为刚;静,古人认为地常静,处于被动位置,其性为柔。

③"方"当作"人",篆文"人"作"𠔼","方"作"𠂊",形似而误。

④象:天象,日月星辰风雨雷电构成天象。形,大地环境,江河山峰草木虫鱼构成大地环境。见,读为现。

⑤摩:摩擦。荡,激荡。刚柔,古人将天地万物分为刚性、柔性两大类。八卦,古人以八卦代表天地风雷水火山泽八种基本物质。

⑥知:王念孙说:"知犹为也,为亦作也。"大始,最初,最始。作成,生成养育。

⑦易:平易。知,读为智。易知,犹言从平常中显示智慧。简,简明。能,功能。简能,犹言从简略中体现出功能。

⑧两"贤",这里都用如动词,前一"贤"字,意为改善,塑造。后一"贤"字,意为成就,造就。

⑨位:这里是总自然、社会的刚柔、尊卑的等列系统而言。

【今译】

天是崇高的,地是卑下的,乾卦尊高,坤卦卑下就是据此确定的。天地万物依一定的自然序列由卑下而崇高森然罗列,社会中贵贱尊卑的等列也是据此确定的。天运行不息,地卑伏安静是一种常规,据此就可以断定,运行的天是刚健的,静伏的地是柔弱的。人各以其类相聚集,物各以其群相分别,彼此利害的调和与冲突,祸福吉凶就在其中产生。天上日月星辰风雨雷电形成了各种天象,地上江河山泽草木虫鱼形成了大地环境。天空大地的种种现象体现了变化发展。所以,刚柔所表示的不同事物互相摩擦,八卦所表示的各种物质互相激荡。并且用雷霆来鼓动它们,用风雨来泽润它们。于是日月运行永不停止,寒暑更替永无穷尽。代表天的乾卦成为男性的象征,代表地的坤卦成为女性的象征。天的功能在于伟大的创始,地接下来完成养育万物的任务。天以平易来显现它的智慧,地以简略来显现它的功能。正因为平易才容易被人了解,正因为简略才容易使人遵从。容易被人了解才能使人亲近,容易使人遵从才能发挥功效。有了亲近之感,这种依存关系才能长久地维持下去,有了功效才能发展壮大。长久的依恋,就能塑造人的品德;发展壮大,就能成就人的功业。掌握了平易简要的原则,天地间的道理就能理解了。理解了天地间的道理,阴阳刚柔贵贱尊卑的位置系统就自然确立起来了。

【原文】

圣人设卦观象系辞焉,而明吉凶。刚柔相推而生变化。是故,吉凶者,失得之象也。悔吝者,忧虞之象也。变化者,进退之象也。刚柔者,昼夜之象也。六爻之动,三极之道也①。是故,君子所居而安者,《易》之序也。所乐而玩者,爻之辞也②。是故,君子居则观其象,而玩其辞;动则观其变,而玩其占③。是以自天祐之,吉无不利。

注释

①三极:《说文》:"极,栋也。"屋上最高的横梁称栋,引申为最高的意思。天、地、人为宇宙万物最崇高的,故称之为三极。

②安:或读为按、案。玩,玩赏,揣摩。

③占:占断,临事卜问占断其吉凶。

【今译】

圣人创制卦画,分析卦爻所显示出来的征兆,并附记上解释的文辞,来说明未来的凶吉。阳刚之爻和阴柔之爻互相推演变化而产生了卦象的种种变化。所以,吉凶是成功、失败的象征。悔吝是忧愁惊惧的象征。变化是进取和退守的象征。刚柔是昼夜交替的象征。六爻的变化,反映着宇宙间最高范畴天道、地道、人道的本质内容。所以,君子平居之时细心观察的是《易》的卦爻之象。所欣赏而用心揣摩的是易卦的爻辞。所以,君子无事之时则观察卦象,揣摩爻辞,有所行动之时就观察卦象的变化,揣摩占断的吉凶。因此自然会得到上天的保佑,吉祥而无所不顺利。

【原文】

彖者①,言乎象者也。爻者②,言乎变者也。吉凶者,言乎其得失也。悔吝者,言乎其小疵也。无咎者,善补过也。是故,列贵贱者,存乎位。齐小大者,存乎卦③。辩吉凶者,存乎辞。忧悔吝者,存乎介。震无咎者,存乎悔④。是故,卦有小大,辞有险易。辞也者,各指其所之。

注释

①彖:此处不是指《象辞》,而是指《卦辞》。参见乾卦注释。
②爻:《系辞》作者称爻辞为爻,不是指爻画。依《周易》筮法,筮遇一卦,其中某一爻变,或阳爻变阴爻,或阴爻变阳爻,则以某一爻爻辞为主。论断吉凶。
③列:排列,显示。齐,俞樾说:"齐犹言列也。"列贵贱者存乎位,《易传》认为:每卦六爻,由初位至上位,分别表示人、臣、君王的位次。齐小大者存乎卦,《易传》认为:每卦由两经卦组成,由于经卦所表示事物不同以及两经卦构成的矛盾关系不同,从而反映了社会间一切大小之事,大的如治国正邦,小的如修身治家,无不在卦象之中显现出来。
④介:当读为忿。《说文》:"忿,忽也。"存,在。存乎,犹言在于。震,动,指人有所行动。

【今译】

卦辞,所说明的是卦的整体的象征意义。爻辞,所说明的是每一爻所显示的微妙的变化。吉凶,所说明的是人们行动的得失。悔吝,所说明的是人们的行为有小的偏失。无咎,所说明的是人们善于补救过失。所以,显示贵贱高低是通过确定的爻位。反映大小等差是通过确定的卦象。辨别吉凶就依据卦辞、爻辞来寻求。人们遭受悔吝之忧是因为忽略而不警惕。有所行动而没有遭遇灾祸，是因为追悔而善于补救。所以，卦象的象征意义有大有小，爻辞的论断有凶险平安。总之，卦辞、爻辞都指示出了吉利凶险的变化趋向。

【原文】

《易》与天地准，故能弥纶天地之道①。仰以观于天文，俯以察于地理，是故知幽明之故。原始反终②，故知死生之说。精气为物，游魂为变③，是故知鬼神之情状。与天地相似，故不违。知周乎万物，而道济天下，故不过④。旁行而不流⑤，乐天知命，故不忧。安土敦乎仁，故能爱。范围天地之化而不过，曲成万物而不遗，通乎昼夜之道而知⑥，故神无方而《易》无体⑦。

【注释】

①准：《释文》引京云："准，等也。"弥纶，普遍包络概括。《释文》引京云："弥，遍也。"《集解》虞翻曰："纶，络也。"

②原：尹注《管子》："原，察也。"原始，犹言追溯初始。反，推究。反终，推究终结。

③物：此处指神灵。变，这里指鬼怪。

④知：借为智。周，周遍。济，《尔雅·释诂》："济，成也。"过，过失。

⑤旁：当读为方，二字古通用，方，正直。

⑥昼夜之道：焦循曰："昼夜之道即一阴一阳之道。"知，预测。

⑦神：玄妙的变化称之为神。方，固定的方法。体，固定的模式。

【今译】

易卦所展示的世界与天地同样广大，所以能够包容天地之间的一切道理。创制易卦的圣人，抬头观察天文，低头观察地理，所以知道幽暗与光明的道理。追溯万物的初始，推究万物的终结，所以知道生死的根由。精气凝成灵物，游魂变为鬼怪，所以知道鬼神的情状。圣人的道德与天道地道相吻合，所以不会与之相冲突。他的智慧深广无边，遍及万物，用他的法则来救济天下，所以不会有过错。他直道而行不流于偏颇，泰然处世，认识命运，所以他没有忧虑。安于自身的处境，培养着仁的本性，所以能够博爱万物。圣人创制的《易》，包括了天地的变化而正好恰如其分,千方百计地成全万物而无所遗漏,透彻地反映了阴阳变化的规则,而且能预知凶吉。所以玄妙的变化没有一定的规则,《易》的变化也没有固定的模式。

【原文】

　　一阴一阳之谓道。继之者善也,成之者性也。仁者见之谓之仁,知者见之谓之知,百姓日用而不知,故君子之道鲜矣①。显诸仁,藏诸用,鼓万物而不与圣人同忧,盛德大业至矣哉! 富有之谓大业。日新之谓盛德。生生之谓《易》②。成象之谓乾。效法之谓坤。极数知来之谓占③。通变之谓事。阴阳不测之谓神。

注释

　　①君子之道:高出智者只见其智、仁者只见其仁的片面的认识方法,是一种全面的认识方法。鲜,少。
　　②富有:富有之地。新,生育万物。生生,变易无穷。
　　③数:占筮所用蓍策之数,这里指蓍策的推衍变化以及由此而产生的卦、爻变化。极数,犹言穷尽卦、爻的变化。

【今译】

　　一阴一阳对立转化,就叫做规律。阴阳循环不已,因为逝者过时来者合适,阴阳区分对立,因为它们各自具有不同的本性。对于这些现象的认识,仁者有自己的看法,智者也有自己的看法。只有百姓日日运用阴阳的道理却毫无认识。所以全面的认识方法,就鲜为人知了。阴阳之道,明显表露出来的是对万物的仁爱,隐藏难知的是生成万物的功能。它兴盛万物全出于无心,与为济世救民而忧虑的圣人全不相同。它的崇高品德和伟大事业达到极限。拥有宇宙万物就叫伟大的事业。生育万物就叫崇高的品德。层出不穷生生不已就叫做《易》。主动生成各类物象就叫做乾。效法而助成它就叫做坤。穷尽卦爻变化以预测未来就叫占问。通晓事物的变化有所行动就叫做事。至于运动变化中不可捉摸的偶然性那就称作神秘。

【原文】

　　夫《易》,广矣大矣! 以言乎远,则不御①;以言乎迩,则静而正;以言乎天地之间,则备矣。夫乾,其静也专,其动也直,是以大生焉。夫坤,其静也翕,其动也辟②,是以广生焉。广大配天地,变通配四时,阴阳之义配日月,易简之善配至德。

注释

①《集解》引虞翻说:"御,止也。"
②翕(xī):《集解》引宋衷曰:"翕犹闭也。"即收容,容纳之意。辟,或作辟,字相通。陆德明说:"辟,开也。"即开敞之意。

【今译】

易卦的功用深广远大!用它来论述远方之事,则通行无阻;用它来论述近处的事,则精辟正确;用它来论述天地万物,则无所不包。乾,(天)静止而统一,它的作用是直降而普施,因此生育了整个世界。坤,(地)安静而宽容,它的作用是四散伸展,因此生育了万种物类。《易经》的道广大无边可以与天地相匹配,它的变化通达可以与四时相匹配,它的阴阳之义可以与日月相匹配,它的平易简要的完美可以与天地的至德相匹配。

【原文】

子曰:"《易》其至矣乎!"夫《易》,圣人所以崇德而广业也。知崇礼卑,崇效天,卑法地,天地设位,而《易》行乎其中矣。成性存存①,道义之门。

注释

①成:成全。存存,前一"存"字用如动词,犹言维持其生存。

【今译】

孔子说:"《易》的道理已经达到极限了吧!"《易》,圣人用来提高自己的德行,用来推广自己的事业。圣人的智慧是崇高的,它的礼节是卑谦的。崇高的智慧是效法上天,卑谦的礼节是效法大地。天地崇卑的地位业已确立,《易》的道理就通行于其中。成全万物的本性,维持万物的生存,这是《易》的原则,也是进入道义的门户。

【原文】

圣人有以见天下之赜，而拟诸其形容，象其物宜①，是故谓之象。圣人有以见天下之动，而观其会通，以行其典礼，系辞焉，以断其吉凶，是故谓之爻。言天下之至赜，而不可恶也②，言天下之至动，而不可乱也。拟之而后言，议之而后动，拟议以成其变化。

注释

①赜(zé 则)：繁杂。拟，比拟。象，象征。形容，指事物的表象。物宜，指事物的特性。

②高亨认为，恶疑借为谔。《说文》："谔，妄言也。"

【今译】

圣人利用易卦来显示天下万物的繁杂现象，并且用适当的象征，比拟出事物的表象，体现出事物的特性，因此称之为卦象。圣人利用易卦来显示天下万物的运动变化，从而观察这些变化的普遍联系，以推行立身处世的典则和节度，并且附记上文字来判断吉凶，因此称之爻画。议论天下万物的复杂现象不可信口开河，议论天下万物的复杂运动不可胡乱瞎说。必须利用卦象爻画对事物进行比拟，然后再进行讨论，通过讨论来探求事物的变化，经过比拟和讨论，从而使卦爻的变化契合事物的变化。

【原文】

"鸣鹤在阴，其子和之。我有好爵，吾与尔靡之。"子曰："君子居其室，出其言，善则千里之外应之，况其迩者乎？居其室，出其言，不善则千里之外违之，况其迩者乎？言出乎身，加乎民；行发乎迩，见乎远。言行，君子之枢机①，枢机之发，荣辱之主也。言行，君子所以动天地也，可不慎乎？"

注释

①枢机：弩弓之枢机，略似小盒，中有枢柱与其他机件。发射时动其枢柱，则箭发出。

【今译】

"鹤在日荫中鸣叫,小鹤应声相和。我有好酒,我与你共同享用。"孔子说:"君子在他的私室发表言论,如果是好的言论,即使在千里之外也有人响应,何况近在身边的人呢?君子在他的私室发表言论,如果是不好的言论,即使在千里之外也有人抵制,何况近在身边的人呢?言论发于自身,而播散在大众之中;行为发生在身旁,但影响却及于远方。言论和行动,对君子而言,正如弩机对于弓箭是至关重要的。言论行为的得失,是荣辱的主宰。言论和行为,是君子用以影响天地万物的工具,怎么能不谨慎呢?"

【原文】

"同人,先号咷而后笑。"①子曰:"君子之道,或出或处,或默或语。二人同心,其利断金②;同心之言,其臭如兰③。"

注释

①此引同人卦九五爻辞。《系辞》所释与经意有出入,参见前注。
②利:锋利。刀刃锋利以致可以斩断金属。喻无坚不摧。
③臭:气味。兰,兰草。其臭如兰,言其气味芬芳。

【今译】

"志趣相同的人相聚,先大哭而后大笑。"孔子说:"君子立身处世的原则,或者入世或者出世,或者沉默无语或者议论弘发。只要两人同心一意,则没有什么困难不能克服;心意一致的言论,它的气味如同兰草一样芬芳。"

【原文】

"初六,藉用白茅①,无咎。"子曰:"苟错诸地而可矣②,藉之用茅,何咎之有?慎之至也。夫茅之为物薄,而用可重也。慎斯术也以往③,其无所失矣。"

注释

①藉:铺垫。用,以。白茅,草名,柔软洁白,故名。

②错:借为措,《说文》:"措,置也。"
③慎斯术:《释文》说一本作顺斯术。以顺解慎,义可通。斯,此。术,方法。这是指慎重之道。

【今译】

"初六爻辞说,祭品用白茅铺垫,没有过失。"孔子说:"只要慎重,即使将祭品放在地上也可以,用白茅铺垫着祭品,有什么过失呢?这是极端的慎重。白茅这物品极普通的,而可以派上大用场。遵循慎重之道来行事,就不会有什么过失。"

【原文】

"劳谦君子,有终吉。"子曰:"劳而不伐,有功而不德,厚之至也①,语以其功下人者也。德言盛,礼言恭。谦也者,致恭以存其位者也。"

注释

①伐:夸耀。德,用如动词,犹言以德自居。厚,忠厚。

【今译】

"勤劳而谦逊的君子,终究有好的结果。"孔子说:"勤劳而不夸耀,有功而不居功,这是极其忠厚,讲的就是不居功自傲而甘居人下的人。德行讲究的是广大,礼节讲究的是谦恭。谦让就是一种致力于恭敬而保全自身地位的处世原则。"

【原文】

"亢龙有悔①。"子曰:"贵而无位,高而无民,贤人在下位而无辅,是以动而有悔也。"

注释

①亢:王肃说:"穷高曰亢。"亢龙,是飞至天空极高处的龙。

【今译】

"升腾到了极高处的龙将要后悔。"孔子说:"尊贵而失去凭借,崇高而失去民众,虽有贤人但压抑在下层,得不到他们的辅佐,所以行动起来必然招致悔恨。"

【原文】

"不出户庭,无咎。"子曰:"乱之所生也,则言语以为阶。君不密,则失臣;臣不密,则失身;几事不密,则害成①;是以君子慎密而不出也。"

【注释】

①几:借为机。几事,犹言机密大事。害,败坏。害成,犹言功败垂成。

【今译】

"不出门庭,不会有过失。"孔子说:"变乱之所以产生,言语是引祸的阶梯。国君不慎密就会丧失自己的大臣;臣子不慎密就会丢掉自己的性命;机密大事不慎密就会功败垂成;所以君子应慎密而不出庭。"

【原文】

子曰:"作《易》者其知盗乎?《易》曰:'负且乘,致寇至。'负也者,小人之事也;乘也者,君子之器也。小人而乘君子之器,盗思夺之矣。上慢下暴,盗思伐之矣。慢藏诲盗,冶容诲淫。《易》曰:'负且乘,致寇至。'盗之招也①。"

【注释】

①盗之招:犹招盗,这是宾语倒装的格式。

【今译】

孔子说:"制作《易》的人,他了解盗贼吧?《易》说:'背负着包袱的小人而乘坐着华贵的车辆,这是把盗贼引诱过来。'背负重物是小人干的活,华贵的车子是君子的用具。身为小人而乘坐君子的车辆,盗贼就谋划着夺取它。上面的人轻慢,下面的人横暴,盗贼就谋划着侵犯它。懒于收藏财物是诱诲盗贼,容貌妖冶是诱诲淫乱。《易》说:'背负着包袱的小人乘坐华贵的车辆,这是把盗贼引诱过来。'这叫做招惹盗贼。"

【原文】

大衍之数五十①,其用四十有九。分而为二以象两,挂一以象三②,揲之以四以象四时③,归奇于扐以象闰④。五岁再闰,故再扐而后挂⑤。天一地二,天三地四,天五地六,天七地八,天九地十⑥。天数五,地数五。五位相得而各有合,天数二十有五,地数三十。凡天地之数五十有五。此所以成变化而行鬼神也。《乾》之策二百一十有六,《坤》之策百四十有四。凡三百有六十,当期之日⑦。二篇之策万有一千五百二十⑧,当万物之数也。是故四营而成《易》⑨,十有八变而成卦⑩,八卦而小成,引而伸之,触类而长之,天下之能事毕矣。显道神德行,是故可与酬酢⑪,可与祐神矣。

注释

①衍:推演。先秦人称算卦为衍,汉人称算卦为演。此句,金景芳说:"当作'大衍之数五十有五'转写脱去'有五'二字。"《正义》引姚信、董遇云:"天地之数五十有五者,其六以象六爻之数,故减少而用四十九。"从下文看,此说有理。

②两:两仪,即天与地。三,三极,即天、地、人。象,象征。

③揲:陆德明说:"揲犹数也。"《说文》:"揲,阅持也。"意即手持而分数之。

④奇:多余。此处指将蓍草以四分数,即用四整除,剩下余数。扐,高亨说:"扐疑借为肋。"此处指所竖置的蓍草两旁。

⑤五岁再闰:古历法五年之中有两次闰月。再扐而后挂,即重演以四分数蓍草的步骤,将剩余的蓍草再次放置于竖置的蓍草两旁。

⑥此二十字原在后文"子曰:'《易》有圣人之道四焉者,此之谓也'"之下,据《汉书·律历志》所引当在此。今据移正。

⑦期:一年为期。乾、坤两卦合为三百六十策,与一年的天数大约相当。

⑧战国时,《易经》已分为上下篇,故曰二篇,总六十四卦言之。

⑨营:孔颖达疏曰:"营谓经营,谓四度经营蓍草,乃成《易》之一变化。"依孔说,四营是四次布策的方法。具体布策方法参见译文。

⑩十有八变而成卦:依易卦的演算规则,四次分数蓍草为一变,三变获一爻,一卦六爻,故十八变为一卦。

⑪酬酢:古代宴会之礼,主人以酒回敬,谓之酬酢。这里引申为应酬,应付人与事。

【今译】

　　易卦推演的大数是五十，但是只用四十九。将四十九根蓍草任意分为两部分，以象征天、地。从放置于上方（象征天）的那一部分蓍草中抽出一根，竖置于两部份蓍草之间，以象征天、地、人。将上方的蓍草每四根一组分数，以象征四季，将余下的蓍草放在竖挂着的蓍草的左边，以象征闰月。农历五年闰两次，因此须再重复上述步骤。即将下方的蓍草每四根一组分数，将余下的蓍草，放在竖挂着的蓍草右边。这就完成了第一次占筮。天为一地为二，天为三地为四，天为五地为六，天为七地为八，天为九地为十。天数是五个奇数，地数是五个偶数。五个数相加各有一个和。天数（一、三、五、七、九）相加其和为二十五，地数（二、四、六、八、十）相加其和为三十，天数、地数的总和是五十五。这天地数的总和就形成了卦爻变化的依据，从而推演占卜起来犹如鬼神一样灵验。《乾卦》六爻，每爻蓍草九揲，每揲四根，总数为二百一十六。《坤卦》六爻，每爻蓍草六揲，每揲四根，总数为一百四十四。二者相加为三百六十，相当于一年的天数。《易卦》上下篇共六十四卦，每卦六爻，共三百八十四爻，累计布策一万一千五百二十，象征性地表现为万物之数。所以用四次布策的方法推演出《易经》的六十四卦。经过四次布策而成一变，三变得到六爻，一卦六爻，共计经十八变而后成一卦。但是八个经卦只能表示各种孤立的事物，只能算是小成。在这个基础上加以引申，重叠八卦而成为六十四卦，各个孤立事物的象征联系起来从而丰富了卦象。天下发生的一切变化就能全部包括进来。显现出道、神、德、行。所以掌握了这些东西，就可以参与应对酬酢，就可以参与助成神化之功。

【原文】

　　子曰："知变化之道者，其知神之所为乎。《易》有圣人之道四焉：以言者尚其辞，以动者尚其变，以制器者尚其象，以卜筮者尚其占。"是以君子将有为也，将有行也，问焉而以言。其受命也如响，无有远近幽深，遂知来物。非天下之至精，其孰能与于此。参伍以变，错综其数^①，通其变，遂成天下之文^②。极其数，遂定天下之象。非天下之至变，其孰能与于此。《易》无思也，无为也，寂然不动，感而遂通天下之故。非天下之至神，其孰能与于此。夫《易》，圣人之所以极深而研几也^③。

唯深也,故能通天下之志。唯几也,故能成天下之务。唯神也,故不疾而速,不行而至。子曰"《易》有圣人之道四焉"者,此之谓也。

注释

①参、伍:当读三、五,代表较小而不确定的数目。参伍以变,错综其数,是说在用蓍草布数之时,产生阴阳位次不同的爻画,而爻画的改变又引起整个卦象的变化。

②成:考定,论断。天下之文,天下万物的各种现象。

③极深:达到深奥之处。研几,研究精微之处。

【今译】

孔子说:"了解变化规律的人,就了解神灵的所作所为吧。《易经》具备了圣人的四种原则:用《易经》来议论事情就崇尚易卦的言辞,用《易经》来指导行动,就崇尚易卦的变化,用《易经》来创制器物就崇尚易卦的卦象,用《易卦》来卜问凶吉就崇尚易卦的占断。"所以君子将有所作为,将有所行动,则进行卜筮,将所占之事加以探问。蓍策就会受命解答,如同声响产生回音。无论遥远切近隐秘深奥之事,都能知道未来的变化。若不是天下绝顶精妙的道理,难道还有别的什么东西能达到这种程度。易卦各爻通过变化使各卦的爻、位错综复杂,通晓这种复杂的变化,就能作出关于天下万物变化的论断。穷尽易卦爻、位的复杂关系,就能判别天下万物变化的现象。若不是天下最复杂的变化,难道还有别的什么东西能达到这种程度。易卦本身没有思想,没有作为,寂静不动,接受了人的感应就能通晓天下之事。若不是极端的高深莫测,难道还有别的什么东西能达到这种程度。《易经》,圣人正是用它来穷究事理的奥秘,研求事机的微妙。正因为穷究了事理的奥秘,所以能透彻地了解天下人的思想。正因为研求了事机的微妙,所以能处置天下的事务。由于它高深莫测,所以能似缓实速,不行而自至。孔子说:"《易》具备了圣人的四种原则。"就是这个意思。

【原文】

子曰:"夫《易》何为者也?夫《易》开物成务,冒天下之道①,如斯而已者也。"是故圣人以通天下之志,以定天下之业,以继天下之疑。

是故,蓍之德圆而神,卦之德方以知,六爻之义易以贡②。圣人以此洗心,退藏于密,吉凶与民同患。神以知来,知以藏往③。其孰能与于此哉!古之聪明睿知神武而不杀者夫!是以明于天之道,而察于民之故,是兴神物以前民用④。圣人以此齐戒⑤,以神明其德夫⑥。是故阖户谓之坤,辟户谓之乾⑦。一阖一辟谓之变。往来不穷谓之通。见乃谓之象。形乃谓之器。制而用之谓之法。利用出入,民咸用之谓之神。

注释

①开物:揭开事物的真相。成务,确定处事的办法。冒,韩伯康说:"冒,覆也。"即包括。

②德:性质功用概称为德。贡,高亨说:"贡与控古通用,控亦训告。六爻之义易以贡,言六爻之义在变易以告也。"易,不定而善变。告,不隐而坦诚。

③知来:测知未来。藏往,积蓄总结以往的经验。

④兴神物:创制这神奇的蓍草推演方法。

⑤齐:《广雅·释诂》:"齐,敬也。"

⑥神明:这里用如动词。神明其德,犹言修养德行,使之达到高深而纯净的境界。夫,句末助词,无义。

⑦阖户:本指关门,这里指天地凝闭。辟户,本指开门,这里是说天地开启。

【今译】

孔子说:"《易》有什么作用呢?《易》是揭示事物的真相,确定行事的方法,包括天下事物道理的书。它的作用就是这些。"所以圣人通过《易》来了解天下人的思想,用《易》来确定天下的事物,用《易》来判定天下的疑问。所以蓍草的功能是圆通而且神奇,卦的品德是方正而且机智,六爻的意义是善变而且坦诚。圣人用它来澄清自己的疑虑,退而将爻卦昭示的吉凶深藏于内心,与大众一道期待着吉凶的验证。神奇则善于预测未来,机智则善于积累往日的经验。难道有别的什么东西能达到这种程度!只有古来聪明睿智神武而不残暴的人才能做得到。因此了解天地万物的法则,而且洞察大众行为的动机,圣人才创制了神奇蓍草而且先于大众进行运用,圣人用《易》来约束整肃自身,把自己的德行提高到高深而纯净的境界。天地凝闭叫做坤,天地开启叫做乾。一阖一开叫做变。往来不穷叫做通。呈现表象叫做象。

具备形体叫做器。制作而且运用叫做法。这些法则有利于决定人们的进退出入,但大众日常用它都不知觉,这就叫做神。

【原文】

是故《易》有太极,是生两仪,两仪生四象①,四象生八卦,八卦定吉凶,吉凶生大业。是故法象莫大乎天地②,变通莫大乎四时,县象著明莫大乎日月③,崇高莫大乎富贵。备物致用,立功成器④以为天下利,莫大乎圣人。探赜索隐,钩深致远,以定天下之吉凶,成天下之亹亹者⑤,莫大乎蓍龟。是故天生神物,圣人则之。天地变化,圣人效之。天垂象,见吉凶,圣人象之。河出图,洛出书⑥,圣人则之。《易》有四象,所以示也。系辞焉,所以告也。定之以吉凶,所以断也。

【注释】

①太极:中国古代表示为宇宙本体的哲学概念。两仪,天地。四象,四时。
②法象:昭告某种深秘意义的物象。
③县:古悬字。
④功字今本无,《汉书·货殖传》引《易》作"立功成器",今据增补。
⑤亹亹(wěi):奋勉前进。
⑥河:黄河。洛,洛水。图,传说伏羲时有龙马出于黄河,身有文如八卦。伏羲取法于此创制八卦。书,传说夏禹时有神龟出于洛水,背上有文字,禹取法于此而制作文字。

【今译】

所以《易》有浑沌的本体,本体产生天地,天地产生四时,四时产生八卦,八卦可定吉凶,吉凶决定事业的前程。所以可取法的现象最伟大的莫过于天地,变通最显著的莫过于四时,物象最清楚的莫过于日月,事业最崇高的莫过于富贵。准备各种物资以适应各种用途,建立各种功业,制作各种器物,从而提供天下人以便利,最伟大的莫过于圣人。探求复杂的现象,追索隐秘的事理,寻绎深奥的本源,推究遥远的事态,从而决定天下万事的吉凶,催促人们奋勉前进,最有力的莫过于蓍龟。所以,天生这神奇的蓍龟,圣人仿效它创制卜筮之法;天地变化,圣人仿效它建立卦爻系统;上天显示各种天象,表示吉凶,圣人摹仿它推演出六十四卦；黄河出现背上有图形的龙马，洛水出现背上有图形的神龟，圣人仿照它制作八卦。易卦具备少阴、少阳、老阴、老阳四象，用以表示阴阳柔刚的变化，并附上文辞，用以表明卜占的结果。确定它的吉凶，用以裁断疑难。

【原文】

《易》曰："自天祐之，吉无不利。"子曰："祐者，助也。天之所助者，顺也；人之所助者，信之。履信，思乎顺，又以尚贤也，是以自天祐之，吉无不利也。"

【今译】

《易经》说："有来自上天的保佑，就吉祥而无不顺利。"孔子说："祐，就是帮助的意思。天所帮助的，必然是合适的；人所帮助的，必然是忠信者。履行诚信，考虑到顺应天道，再加上尊尚贤人，因此上天就会保佑他，处处吉祥无不顺利。"

【原文】

子曰："书不尽言，言不尽意。"然则圣人之意，其不可见乎？子曰："圣人立象以尽意，设卦以尽情伪①，系辞焉以尽其言，变而通之以尽利，鼓之舞之以尽神。"乾坤，其《易》之缊邪？乾坤成列，而《易》立乎其中矣。乾坤毁，则无以见《易》。《易》不可见，则乾坤或几乎息矣。是故形而上者谓之道，形而下者谓之器②，化而裁之谓之变，推而行之谓之通，举而错之天下之民谓之事业。是故夫象③，圣人有以见天下之赜，而拟诸其形容，象其物宜，是故谓之象。圣人有以见天下之动，而观其会通，以行其典礼，系辞焉，以断其吉凶，是故谓之爻。极天下之赜者存乎卦，鼓天下之动者存乎辞，化而裁之存乎变，推而行之存乎通，神而明之存乎其人，默而成之，不言而信，存乎德行。

【注释】

①情伪：情，真情；伪，假象。
②形而上者：指文化制度等思想意识形态。形而下者，指天地万物等物质形态。道，理论、方法、原则。器，具体的物质性的东西。

③夫:高亨认为:"夫当作爻,形似而误。此乃举爻象二字以起下文。下文正是分释爻象二字,故曰:'是故谓之象','是故谓之爻',则夫当作爻,明矣。"

【今译】

孔子说:"文字表达不尽心里的话,言语也表达不尽心中的意念。"然而圣人的思想,难道就不可能表达出来吗?孔子说:"圣人建立卦象从而透彻地表达了复杂的意念,设置六十四卦从而彻底地揭示了隐秘的真伪,附记上文辞,从而尽情地倾吐要说的话,又作揲蓍之法使卦爻变化莫测而往复相通,从而充分地发挥易卦的作用,使人们坚定信念,迷信易卦,从而尽量地显示出它的神奇。"乾坤所代表的各种矛盾对立,集中地体现了《易经》的内涵吧?天位于上,地位于下,《易经》就建立在这一基本的矛盾对立之中。天地毁灭了,就无从体现《易经》的原则。《易经》的原则消失了,那么天地或许快要停止运动了。所以形而上者叫做道,形而下者叫做器。将道与器结合起来加以调整,叫做变。结合着二者推衍运用,叫做通。拿来实施于天下大众,叫做事业。因而,卦象、爻画,圣人用来显示天下万物繁杂的现象,并用象征某种意义的符号比拟其表象,形象地体现出事物的特性,这就叫做卦象。圣人用卦爻来显示天下万物的变化运动,从而观察这些变化的联系会通,以推行其立身处世的典则和节度,并且附上文辞来判断凶吉,这就叫做卦爻。穷究天下万物繁杂的现象,是出于六十四卦的演化,推动天下人事物象进退消长,是出于卦爻之辞的昭示。万种物象的互相联系,众生进退的调整和谐,是变化的结果。将这一普遍原则推广施行,是变通的结果。将这一普遍原则理解至精妙而透彻的地步,是出于圣人的智慧。静而无为使之自发地发生作用,默默无言而使人们产生信赖,这就是德行深厚的表现。

系辞下

【原文】

　　八卦成列,象在其中矣。因而重之,爻在其中矣。刚柔相推,变在其中矣。系辞焉而命之,动在其中矣。吉凶悔吝者,生乎动者也。刚柔者,立本者也。变通者,趣时者也。吉凶者,贞胜者也①。天地之道,贞观者也②。日月之道,贞明者也③。天下之动,贞夫一者也④。夫乾确然,示人易矣⑤。夫坤隤然,示人简矣⑥。爻也者,效此者也。象也者,像此者也。爻象动乎内,吉凶见乎外,功业见乎变,圣人之情见乎辞⑦。天地之大德曰生,圣人之大宝曰位,何以守位曰仁,何以聚人曰财。理财正辞⑧,禁民为非曰义。

注释

①《集解》引虞翻曰:"贞,正也。"贞胜,人事之吉凶决定于其事之正否,正则胜则吉,否则败则凶。

②朱熹曰:"观,示也。"贞观,天地之道通过正常规则的变化向人们显示出来。

③贞明:结构与"贞观"同。明,表明。

④贞夫一者也,《校勘记》说:"古本夫作于。"裴学海说:"夫犹于也。"贞夫一,犹贞于一,即正于一。此句是总括"吉凶"之道、"天地之道"、"日月之道"而言的,犹言社会与自然两大领域里的运动变化体现了深刻的内在同一性。于社会,即为"贞胜"的原则,于自然,即为"贞观"的原则。

⑤乾:天,这里指天道。确,《释文》引马云:"确,刚貌。"易,平易。

⑥坤:地,这里指地道。隤,《释文》引马云:"隤,柔貌也。"王引之说:"隤字兼有顺义。"简,简约。

⑦内:推演六十四卦的过程之中。外,推演六十四卦的过程结束之后。变,爻象的变化转换。辞,卦、爻之辞。

⑧辞:章。规章制度,法令条文。

【今译】

　　代表各种事物的八卦形成一定的系列,卦象就从中体现出来了。

在八卦的基础上重叠变化为六十四卦,阴爻、阳爻各一百九十二爻就全部具备了。阴阳刚柔互相推演,天下万物的变化就包括在其中了。附记上文辞解释占卜的结果,人们行动的所有结局就包括在里面了。吉凶悔吝,产生于一切自身变动当中。阴阳柔刚的对立是易卦系统的基础,卦爻的变化流通是为了趋合变化着的形势。吉凶之道,通过正义战胜邪恶得以体现;天地之道,通过规律性的变化来显示;日月之道,通过规则性的运动来表明。社会的自然的运动变化显示了深刻的内在同一性。天道刚健,向人们显示平易的原则;地道柔顺,向人们显示简要的原则。爻就是仿效天地之道,象就是象征天地之道。爻象的变化在分蓍揲卦之时,吉凶悔吝表现在成卦之后,功业的成败体现在爻象的变化之中,圣人的情感流露在卦辞爻辞里面。天地最大的德行是生成万物,圣人最可宝贵的东西是地位。凭什么来保全地位,那就是仁;凭什么来团结大众,那就是财;管理财务,制定法令,禁止人民为非作歹,那就是义。

【原文】

古者包牺氏之王天下也①,仰则观象于天,俯则观法于地,观鸟兽之文与地之宜②,近取诸身,远取诸物,于是始作八卦,以通神明之德,以类万物之情。作结绳而为罔罟③,以佃以渔④。盖取诸《离》。

【注释】

① 王:这里用如动词,犹言统治。
② 文:斑纹。地之宜,植物在大地上的分布依其适应性而定,这种适应性,即称为宜。
③ 王念孙曰:"作字涉上文'作八卦'而衍。"罔,古网字。罟,《释文》引马、姚曰:"罟犹网也。"
④ 佃:《释文》:"佃本亦作田。"田,即畋,狩猎。

【今译】

往古时,包牺氏统治天下,抬头则向天空观察天象,低头则在大地观察地理,并且观察鸟兽的斑纹和植物的分布生长情况,近处则取法于人体的各部分,远处则取法于万物的诸形象,于是开始造作八卦,用来沟通领会天地造化神妙高明的用意,用来衡量区分万种物类的情状。结绳而织成网罟,用来猎取鸟兽,捕捉鱼儿。这大概是取象于《离》卦。

【原文】

包牺氏没,神农氏作,斲木为耜①,揉木为耒,耒耨之利,以教天下。盖取诸《益》。日中为市,致天下之民,聚天下之货,交易而退,各得其所。盖取诸《噬嗑》。

注释

①斲(zhuó):《说文》:"斲,斫也。"即砍削。

【今译】

包牺氏死后,神农氏兴起,砍削木头作为耜,揉曲木头作为耒,将耕地锄草的便利教给人们。这大概是取象于《益》卦。中午时分开市贸易,招来天下人民,聚集天下货物,互相交易然后散去,各自得到所需要的东西。这大概是取象于《噬嗑》卦。

【原文】

神农氏没,黄帝、尧、舜氏作,通其变,使民不倦;神而化之,使民宜之。《易》,穷则变,变则通,通则久。是以自天祐之,吉无不利。黄帝、尧、舜垂衣裳而天下治①。盖取诸《乾》《坤》。刳木为舟②,剡木为楫③,舟楫之利,以济不通致远,以利天下。盖取诸《涣》。服牛乘马,引重致远④,以利天下,盖取诸《随》。重门击柝⑤,以待暴客。盖取诸《豫》。断木为杵,掘地为臼,杵臼之利,万民以济⑥。盖取诸《小过》。弦木为弧⑦,剡木为矢,弧矢之利,以威天下。盖取诸《睽》。上古穴居而野处,后世圣人易之以宫室,上栋下宇,以待风雨。盖取诸《大壮》。古之葬者,厚衣之以薪,葬之中野,不封不树,丧期无数⑧。后世圣人易之以棺椁⑨。盖取诸《大过》。上古结绳而治,后世圣人易之以书契⑩,百官以治,万民以察。盖取诸《夬》。

注释

①垂衣裳:高亨说:"垂当借为缀,缀,逢也。缀衣裳谓制衣裳也。"可备一说。垂衣裳,秦汉间常以喻无为之治。以下文推之,此义仍可通。

②刳(kū):《说文》:"刳,判也。"即劈开,剜空。

③剡(yǎn):《说文》:"剡,锐利也。"即削尖。

④服,乘:即驾驭的意思。引重,运载重物。

⑤柝:《释文》:"柝,两木相击以行夜。"即今语所谓更梆。

⑥济:《尔雅·释言》:"济,益也。"

⑦弦:用如动词,将木条弯曲加弦于其上。弧,弓也。

⑧衣:用如动词,包裹。薪,柴草。封,郑注《礼记·王制》:"封谓聚土为坟。"树,植树。

⑨棺之内一层为棺,外层为椁。

⑩书:文字。契,刻于竹筒上的文字。

【今译】

神农氏死后,黄帝、尧、舜相继兴起,他们引导生产工具和社会生活不断地改变和提高,使人们不感到疲乏,加以神妙的改造,使人们感到适宜。《易经》的原则是,处于困境就要变通,变通则可以顺达,顺达就可以长久。因此上天就会保佑它,吉祥而无不顺利。黄帝、尧、舜不必有所作为,就达到天下大治,这大概是取象于《乾》《坤》两卦。挖空木头做成船,削劈木头做成楫,舟楫的便利,在于航渡不可徒涉的河流而到达远方,使天下人得到利益。这大概是取象于《涣》卦。驯化牛马驾车,运输重物到达远方,使天下人得到利益。这大概是取象于《随》卦。重重设门,敲梆巡更,以防盗贼,这大概是取象于《豫》卦。砍断木头做成舂米的杵,挖掘洞窝当作舂米的臼,万民获益。这大概是取象于《小过》卦。将弦绷在木条上制成弓,将木棍削尖制成箭,弓箭的威力可以吓唬天下人。这大概是取象于《睽》卦。上古时候,天冷人们则居住在洞穴,天暖则露宿在野外,后世的圣人建筑宫室,改变了这种居住方式,上有屋栋,下有四壁,以躲避风雨。这大概是取象于《大壮》卦。古时候葬人,厚厚地包裹着草柴,埋葬在荒野中,不积坟堆,不植树木,服丧也没有时限。后世圣人用内棺外椁取代了这种野葬的方式。这大概是取象于《大过》卦。上古时期,结绳记事,后世圣人用书契取代了这种记事方法。百官利用书契处理政务,百姓通过书契了解往事。这大概是取象于《夬》卦。

【原文】

　　是故《易》者，象也。象也者，像也。彖者，材也。爻也者，效天下之动者也。是故吉凶生而悔吝著也。阳卦多阴，阴卦多阳①，其故何也？阳卦奇，阴卦耦，其德行何也？阳一君而二民，君子之道也。阴二君而一民，小人之道也。

注释

　　①阳卦指《震》(☳)《坎》(☵)《艮》(☶)，皆两阴爻、一阳爻，所以说多阴。阴卦指《巽》(☴)《离》(☲)《兑》(☱)，皆两阳爻、一阴爻，所以说多阳。

【今译】

　　所以《易经》的内蕴是卦象。卦象就是以卦体象征各类事物。彖就是裁决。六爻的变化是仿效天下事物的变化。所以吉凶就从中产生，悔吝就从中显现。阳卦多阴爻，阴卦多阳爻，这种现象的缘故是什么？阳卦的爻画是奇数，阴卦的爻画是偶数，这种现象表示什么性质？阳卦一阳爻、二阴爻，表示一君二民，即少数统治者统治众多的百姓，这是君子的原则。阴卦二阳爻、一阴爻，表示二君一民，即少数百姓受多数统治者的统治，这是小人的原则。

【原文】

　　《易》曰："憧憧往来，朋从尔思。"子曰："天下何思何虑？天下同归而殊途，一致而百虑。天下何思何虑？日往则月来，月往则日来，日月相推而明生焉。寒往则暑来，暑往则寒来，寒暑相推而岁成焉。往者屈也，来者信也，屈信相感而利生焉。尺蠖之屈，以求信也①。龙蛇之蛰，以存身也。精义入神，以致用也。利用安身，以崇德也。过此以往，未之或知也。穷神知化，德之盛也。"

注释

　　①蠖(huò)：《说文》："蠖，尺蠖，屈申虫也。"信，伸。

【今译】

《易经》说:"匆匆忙忙地来来往往,朋友们顺从你的思想。"孔子说:"天下人有些什么思想?有些什么考虑?天下的道路虽多,但同归于一个地方,人们的想法虽多,但统一于一个道理。天下人还有什么思想?还有什么考虑?太阳降落则月亮升起,月亮降落则太阳升起,日月交替升降,光明就产生了。寒冷消退则暑热来临,暑热消退则寒冷来临,寒暑交替,年岁就形成了。往者退缩,来者伸展,屈伸交替,利益就产生了。软虫的收缩是为了求得伸展,龙蛇的潜藏是为了保全生命。精研义理达到纯熟高妙的境界,是为了具体的运用。利用知识静养自身,是为了提高德行。超越了这些范围,就不是我所能了解的了。穷究事物的奥秘,认识事物的变化,就是最伟大的德行。"

【原文】

《易》曰:"困于石,据于蒺藜①,入于其宫,不见其妻,凶。"子曰:"非所困而困焉,名必辱。非所据而据焉,身必危。既辱且危,死期将至,妻其可得见耶?"

注释

①此引《困》卦六三爻辞。困,绊倒。据,手抓,手撑。蒺藜,刺树。

【今译】

《易经》说:"被石头绊倒,手撑在蒺藜上,进入自己的家,看不到自己的妻子,这是凶险的征兆。"孔子说:"不成为障碍的反而成为障碍,名声必将蒙受羞辱。不可凭借的而将它作为凭借,生命必遭威胁。既蒙羞又遇险,死期将要到来了,妻子难道还见得着么?"

【原文】

《易》曰:"公用射隼于高墉之上,获之,无不利。"子曰:"隼者,禽也。弓矢者,器也。射之者,人也。君子藏器于身,待时而动,何不利之有。动而不括①,是以出而有获,语成器而动者也。"

【注释】

①括:《方言》十二:"括,闭也。"《广雅·释诂》:"括,塞也。"即阻遏。

【今译】

《易经》说:"王公向站在高墙之上的鹰射击,射获了它,无所不利。"孔子说:"鹰是飞禽。弓矢是利器。射鹰的是人。君子身藏利器,等待有利时机采取行动,有什么不利的。箭矢离弦就不可阻遏,出猎就必有收获,讲的是必须具有完备的工具而后采取行动。"

【原文】

子曰:"小人不耻不仁,不畏不义,不见利不劝,不威不惩。小惩而大诫,此小人之福也。《易》曰:'屦校灭趾①,无咎。'此之谓也。善不积,不足以成名。善不积,不足以灭身。小人以小善为无益而弗为也,以小恶为无伤而弗去也,故恶积而不可揜②,罪大而不可解。《易》曰:'何校灭耳,凶③。'"

【注释】

①此引《噬嗑》卦初九爻辞。屦,今本作履,本卦经文作屦,据改。屦,曳也。犹今言拖。校,木制囚人之刑具,这里指桎。
②揜:读为掩,掩盖。
③此引《噬嗑》卦上九爻辞。何,借为荷,背负。校,这里指枷。

【今译】

孔子说:"小人不以不仁义为可耻,不以不道义而畏惧,不见利益不去努力,不受威吓不知收敛。惩罚小错能使他们警惧大错,这也是小人的福气。《易经》说:'戴上脚镣,虽然磨破了脚趾,但没有大的灾祸。'讲的就是这个意思。善行不积累,不足以成就名声,罪恶不积累,不足以伤害生命。小人认为小小的善行没有益处而不去做,认为小小的罪过不会带来伤害而不加以克服,所以恶行积累到不可掩盖的程度,罪责大到无法解脱的地步,所以《易经》说:'肩上套着枷锁,磨破了耳朵,这是凶险的征兆。'"

【原文】

子曰:"危者,安其仁者也。亡者,保其存者也。乱者,有其治者也。是故君子安而不忘危,存而不忘亡,治而不忘乱,是以身安而国家可保也。《易》曰:'其亡! 其亡! 系于苞桑①。'"

【注释】

①此引《否》卦九五爻辞。苞桑,苞草、桑枝。

【今译】

孔子说:"地位受到动摇的,在过去却是地位稳固的,国家遭到灭亡的,在过去却是身家安全的;社会发生动乱的,在过去却是社会安定的。所以,君子在安稳时,不要忘记危险;在安全时,不要忘记危亡;在安定时,不要忘记动乱。这样,自身才能安全,国家才能保全。《易经》说:'快要灭亡了! 快要灭亡了! 国家的命运如同系在嫩弱的苞草桑枝上一样危险。'"

【原文】

子曰:"德薄而位尊,知小而谋大,力少而任重,鲜不及矣。《易》曰:'鼎折足,覆公餗,其形渥,凶①。'言不胜其任也。"

【注释】

①此引《鼎》卦九四爻辞。餗,米粥菜汤之类。形渥,吕祖谦《音训》:"形,九家、京、荀悦、虞作刑,一行、陆希声亦作刑。渥,郑作剭。晁氏曰:'九家、京、虞作剭,重刑也。'"

【今译】

孔子说:"德行鄙薄而地位尊贵,智慧浅陋却谋划大事,力量微小却肩负重任,很少不遭遇灾难。《易经》说:'鼎的足折断了,倾覆了王公的菜肴,惩罚是惨重的,这是凶险的象征。'讲的就是力不胜任。"

【原文】

子曰:"知几,其神乎。君子上交不谄,下交不渎,其知几乎。几者,动之微,吉凶之先见者也。君子见几而作,不俟终日。《易》曰:'介于石,不终日,贞吉①。'介如石焉,宁用终日,断可识矣。君子知微知彰,知柔知刚,万夫之望。"

注释

①此引《豫》卦六二爻辞。介,犹夹。终日,一整天。贞,卜问。

【今译】

孔子说:"知道微妙的事机,这是神妙吧。君子对上不谄媚,对下不轻侮,他知道微妙的事机吧。事机,就是变化的最初迹象,吉凶就是从中预先显现出来的。君子看准时机而有所作为,不可延宕怠慢。《易经》说:'被夹在石缝中,不到一天解脱了。卜问得到吉利。'夹在石缝中,岂可坐而待毙,这是可以断然判明的。君子了解微妙的事机,也了解明显的形势,知道何时应该柔弱,何时应该刚强,这才是万民仰望信赖的人物。"

【原文】

子曰:"颜氏之子,其殆庶几乎。有不善未尝不知,知之未尝复行也。《易》曰:'不远复,无祗悔,元吉①。'"

注释

①此引《复》卦初九爻辞。不远复,即不远而复。复,返回。祗、元,同为"大"义。

【今译】

孔子说:"颜回这年轻人,他大概差不远了吧。有过错未尝不知道,知道了从来不会重犯。《易经》说:'迷失不远就能回头,没有大的悔恨,而且大吉大利。'"

【原文】

"天地絪缊,万物化醇,男女构精,万物化生。《易》曰:'三人行,则损一人;一人行,则得其友。'言致一也。"

【今译】

"天地之间,阴阳之气交融,万物变化和谐;雄雌交构,万物变化生成。《易经》说:'三人同行则难免意见不合而使一人孤立,一人行则孤独寂寞,遇人则邀来作伴。'就是讲团结合作的道理。"

【原文】

子曰:"君子安其身而后动,易其心而后语,定其交而后求。君子脩此三者,故全也。危以动,则民不与也。惧以语,则民不应也。无交而求,则民不与也①。莫之与,则伤之者至矣。《易》曰:'莫益之,或击之,立心勿恒,凶。'"

注释

①上"与"字,意为帮助;下"与"字,意为给予。

【今译】

孔子说:"君子必须先稳固自身而后才有所行动,必须先镇静情绪而后才有所议论,必须先巩固交情而后才向人求助。君子注重这三个方面的修养,所以能得到安全。自身陷危而贸然行动,那么人们就不会参与。自身恐惧而去安抚别人,那么人们就不会信任。没有交情而求助于人,那么人们就不会给予帮助。没有人支持你,那么伤害你的人就要来到。《易经》说:'没有人帮助,甚至有人攻击,而自身立志不坚定,那就危险了。'"

【原文】

子曰:"乾坤,其《易》之门邪。乾,阳物也。坤,阴物也。阴阳合德,而刚柔有体。以体天地之撰①,以通神明之德。其称名也,杂而不越。子稽其类②,其衰世之意邪?夫《易》彰往而察来,而微显阐幽,开而当名辨物,正言断辞③,则备矣。其称名也小,其取类也大。其旨远,其辞文,其言曲而中,其事肆而隐④。因贰以济民行⑤,以明失得之报。"

【注释】

①体:《周礼·天官序》:"体国经野。"郑注:"体犹分也。"意即划分、区别。撰,《广雅·释诂》:"撰,具也。"具备。天地之撰,犹言天地生成的一切事物。

②于:王引之曰:"于,语助也。"稽,考查。

③开:推而广之。当名,犹言正名,此处指确定名目。正言,陈叙事理。断辞,判断吉凶。

④肆:《集解》引虞翻说:"肆,直也。"隐,直达隐秘,深刻。

⑤贰:朱熹曰:"贰,疑也。"

【今译】

孔子说:"明晓《乾》《坤》两卦的义蕴,是通会《易经》的基础。乾代表阳性的事物,坤代表阴性的事物。阴阳之德是相配合的,阴柔阳刚各有其特性。《易经》根据这一基本分类去分别天地生成的一切事物,根据这一基本分析去了解自然造化的内涵,并用各种卦象象征性地表现出来,虽然复杂却不紊乱。考察卦辞爻辞所引举的事类,大都是衰世的事情吧?《易经》既揭示历史而又考察未来,既显现细微而又阐明幽隐。推广开来,《易经》还确定名目,分辨事物,陈述事理,判断凶吉,是十分完备的。它所称引的事物是细小的,但它类比的事物却是重大的。它的意旨深远,它的文辞高雅,阐述道理委婉而又中肯,论断事实直率而又深刻。《易经》正是利用卜筮者的犹疑以此来指导人们的行为,辨明凶吉得失的报应。"

【原文】

《易》之兴也,其于中古乎?作《易》者,其有忧患乎?是故,《履》,德之基也。《谦》,德之柄也。《复》,德之本也。《恒》,德之固也。《损》,德之脩也。《益》,德之裕也。《困》,德之辨也。《井》,德之地也①。《巽》,德之制也。《履》,和而至。《谦》,尊而光②。《复》,小而辨于物。《恒》,杂而不厌③。《损》,先难而后易。《益》,长裕而不设④。《困》,穷而通。《井》,居其所而迁⑤。《巽》,称而隐⑥。《履》以和行。《谦》以制礼。《复》以自知。《恒》以一德。《损》以远害。《益》以兴利。《困》以寡怨。《井》以辩义。《巽》以行权⑦。

【注释】

①高亨说:"地,疑当作施。形似而误。"《系辞》认为井是以水养人,《井》,《象传》曰:'井养而不穷也。'其说同。井以水养人,似人以德施人,故《井》为德之施。"

②尊:王引之说:"尊读为撙,自贬损也。"

③杂:王引之说:"杂,当读为帀。帀,周也。一终之谓也。《恒》之为道,终始相巡,而无已时,故曰:'帀而不厌。'"

④设:高亨说:"设字殊不易解,疑当读为堨,困顿也。"

⑤居其所而迁:水井不移永处其所,但井水以汲取而传播,喻人居于合适的地位,施德于人。

⑥称:恰当。隐,退让而不夸耀。

⑦权:权宜。行权,因时制宜,行适时之计。

【今译】

《易经》的产生,也许在中古时期吧?创作《易经》的人,也许有忧患吧?所以《履》卦(《系辞》的作者认为讲行为修养)是道德的基础。《谦》卦(讲谦让虚心)是道德的枢纽。《复》卦(讲复归善道)是道德的根本。《恒》卦(讲坚定操行)有利于道德的稳固。《损》卦(讲惩忿窒欲)有利于道德的修养。《益》卦(讲改过向善)有利于道德的充实。《困》卦(讲穷久必通)有利于辨明道德的厚薄。《井》卦(讲施舍救济)有利于道德的传播。《巽》卦(讲退让顺服)有利于道德的制约。《履》卦表示用礼来调和关系接人待物。《谦》卦表示自谦自贬反而带来光荣。《复》卦表示谨于细小之事则可以辨明大是大非。《恒》卦表示始终如一而不倦息。《损》卦表示道德修养初期是困苦的,既已习惯则成自然。《益》卦表示增益德行,就可以长久宽裕而不困难。《困》卦表示处境艰难而志向坚定,终究会实现愿望。《井》卦表示处在合适的地位而且能施德于人。《巽》卦表示处事恰当用心谦让。用《履》卦的原则来制约行动。用《谦》卦的姿态来折中礼节。用《复》卦的道理来回顾反省。用《恒》卦的精神来专一道德。用《损》卦的方式来避开灾祸。用《益》卦的方法来收取善果。用《困》卦的思想来减少怨恨。用《井》卦的义理来辨别是非。用《巽》卦的智慧来处断权衡。

【原文】

《易》之为书也不可远,为道也屡迁。变动不居,周流六虚①,上下无常,刚柔相易,不可为典要,唯变所适。其出入以度外内②,使知惧,又明于忧患与故。无有师保③,如临父母。初率其辞而揆其方④,既有典常。苟非其人,道不虚行。

注释

①六虚:韩康伯曰:"六虚,六位也。"谓《易卦》六爻变动不居,周流六位。

②其出入以度外内:依筮法,先得之卦为本卦,通过爻变转换之卦称变卦。出入,就是出于本卦而入于变卦。外内,本卦为内卦,变卦为外卦,出于内而入于外。度,审察。本句意为,通过爻画的对应变化来考察本卦向变卦转换的对应关系,来判断吉凶。

③无:高亨认为:"无当作尤,形似而误。尤读为犹,似也。"师保,古代贵族子弟皆有师保。《礼记·文王世子》:"入则有保,出则有师。"师保负教育辅导之责。

④率:《尔雅·释诂》:"率,循也。"揆,《说文》:"揆,度也。"意即探求。方,《广雅·释诂》:"方,义也。"即义理。

【今译】

《易经》与人们的社会生活有着密切的关系,它的法则就是不断变化。易卦的爻是没有固定位置的,在六个爻位上流通变换,上下移动,没有一定的规则,阳爻与阴爻的互相转换,同样是不被法则所拘束,正因为这样才充分体现了因应变化的法则。从爻画的对应变化来考察本卦与变卦的相互联系,确定吉凶使人有所警惧,使人明于忧患与变故。犹如得到师保的教诫,如同受到父母的守护。首先遵照卦爻的释辞来寻索它的义理,既而就有了指导行动的要领。但是,不是合适的人,这种法则不会无条件地产生作用。

【原文】

《易》之为书也,原始要终①,以为质也。六爻之相杂,唯其时物也。其初难知,其上易知,本末也②。初辞拟之,卒成之终。若夫杂物撰德③,辨是与非,则非其中爻不备④。噫亦要存亡吉凶⑤,则居可知矣。知者观其彖辞,则思过半矣。二与四,同功而异位,其善不同,二多誉,四多惧,近也⑥。柔之为道不利远者,其要无咎,其用柔中也。三与五,同功而异位,三多凶,五多功,贵贱之等也⑦。其柔危,其刚胜邪⑧?

注释

①原始:考察过去。要终,探求未来。

②初:初爻。上,上爻。依筮法,先得初爻,次得第二爻,依序类推,最后得上爻。因而说,占得初爻,还不知全卦,既得上爻,全卦就清楚了。

③杂物:罗列各种现象。撰德,具列事物的性质。

④中爻:指二、三、四、五诸爻。

⑤噫:王引之说:"噫与抑通。"裴学海说:"抑,转语词也。"无义。要,探求。

⑥高亨认为:"近上疑当有远字,转写误脱。"二与四,指第二爻与第四爻。同功,第二爻与第四爻同属阴位,为柔。异位,第二爻处下卦中位,第四爻处上卦下位,位置有区别。远近,下卦为内卦,为近;上卦为外卦,为远,所以说有远近之分。

⑦三与五:指第三爻与第五爻。同功,第三爻、第五爻同属阳位,为刚。异位,第三爻处于下卦外位,第五爻处于上卦中位,位置有区别。贵贱之等,下卦的外位为贱,上卦的中位为贵,因而有贵贱之分。

⑧柔:阴爻为柔。刚,阳爻为刚。阳爻处于阴位则危,阴爻处于阴位则吉利。反之阴爻处于阳位则危,阳爻处于阳位则吉利。"其柔危,其刚胜",是总括上述四种情况而言。

【今译】

《易经》这本书,以推究过去,探求未来作为它的本质特征。一卦六爻阴阳相杂,仅仅是象征各种物候。占卜之时,首先得到的是初爻,全卦怎样还难以知晓,直到得到上爻,整个卦象就容易了解了,这就是凡事须知本末的道理。初爻的爻辞仅勾勒出事物的端倪,上爻的爻辞就描绘出事物的全貌。至于铺陈一些现象,具列事物的性质,辨明是非,就必须具有二、三、四、五爻的爻辞,才能臻于完备。至于从中探求人事的吉凶祸福,那么坐着推演卦爻就可知道了。聪明人只要看看每卦开首的《彖辞》,对于整卦的意义就了解多半了。第二爻与第四爻同属阴位,但位置不同,而且代表的吉善也不一样,二爻多赞誉,四爻多恐惧,因为它们的位置有远近之分。阴柔的原则是不宜处在远位,阴爻的要义在于表示无咎,在具体的运用当中宜处于中位。第三爻与第五爻同属阳位,但位置不同,第三爻表示凶险,第五爻表示功绩,这是因为它们所处的位置有贵贱之分。从另一角度说,阴爻处于阳位就意味着凶险,阳爻处于阳位就象征胜利;阳爻处于阴位也意味着危险,阴爻处于阴位同样象征着胜利。

【原文】

《易》之为书也，广大悉备，有天道焉，有人道焉，有地道焉。兼三材而两之，故六①。六者非它也，三材之道也。道有变动，故曰爻。爻有等，故曰物②。物相杂，故曰文③。文不当，故吉凶生焉。

注释

①兼三材而两之：三材，天、地、人谓三材。两之，以两个爻位构成一个等级：上爻、五爻为天位，四爻、三爻为人位，二爻、初爻为地位，凡三个位级，所以又说一卦须具六爻。

②等：等类。物，类别。易卦将天地万物分为两个大门类，即阴与阳。爻位有阴阳之别，爻画也有阴阳之别。

③文：易卦之文，即易卦之象。

【今译】

《易经》这本书，广大而无所不包，其中包含天道、人道、地道。并且以三级爻位来代表天、地、人三材，所以一卦具有六爻。"六"这个数目没有别的意义，它就是根据三材的道理确定的。道是变化的，所以卦画叫做爻。爻有位置上的区别，所以分别阴阳两类。阴阳两类爻画错综组合，所以形成卦象。卦象的当与不当，所以产生了吉凶。

【原文】

《易》之兴也，其当殷之末世、周之盛德邪？当文王与纣之事邪？是故其辞危。危者使平，易者使倾。其道甚大，百物不废。惧以终始，其要无咎。此之谓《易》之道也。

【今译】

《易经》的产生，大概在殷商末世、周朝的初期吧？反映了文王与纣王的时代吧？所以它的文辞带有惊惧自危的色彩。具有忧患意识才能带来平安，带着太平观念就会造成倾覆。它的道理包容一切，一切事物都没有被遗弃。自始至终带有忧患意识，总的目的在求得没有危险。这就是《易经》的原则。

【原文】

　　夫乾，天下之至健也，德行恒易以知险。夫坤，天下之至顺也，德行恒简以知阻。能说诸心①，能研诸侯之虑②，定天下之吉凶，成天下之亹亹者③。是故变化云为④，吉事有祥。象事知器，占事知来⑤。天地设位，圣人成能。人谋鬼谋，百姓与能⑥。八卦以象告，爻象以情言，刚柔杂居，而吉凶可见矣。变动以利言，吉凶以情迁，是故，爱恶相攻而吉凶生。远近相取而悔吝生。情伪相感而利害生⑦。凡《易》之情，近而不相得则凶⑧，或害之，悔且吝。将叛者，其辞惭⑨。中心疑者，其辞枝⑩。吉人之辞寡⑪，躁人之辞多。诬善之人其辞游。失其守者其辞屈。

注释

①说：高亨说："说乃借为阅。《说文》：'阅，具数于门中也。'物具列于前，览而数之，是为阅。"
②司马光、朱熹并谓"侯之"二字是衍文。
③亹亹：奋勉前进。
④云为：孔颖达曰："或口之所云，或身之所为也。"
⑤象事：卦象所反映的事物的性质形态。占事：卜筮所揭示的人事吉凶。
⑥成能：促成其事。与能，参与其事。
⑦情：情感。伪，借作为，行为。
⑧近：接近，共处。得，和谐。
⑨惭：即惭字。高亨说："惭当读为渐。渐，诈也。"
⑩枝：当为歧之借字，即分歧。
⑪吉：《说文》："吉，善也。"吉人，厚道之人。寡，谨约。

【今译】

　　乾为天，它是天下最刚健的事物，它的品德是恒常平易而且谙知风险。坤为地，它是天下最柔顺的事物，它的品德是恒常简要而且谙知险阻。能够在内心览阅这些道理，能够在思想上研究这些道理，确定天下事物的吉凶，从而促使天下人奋勉前进。所以天地间的运动变化，人世间的言语行动，凡属吉利之事必有吉祥之兆。根据卦象所反映的事物性质形态就可以知道制作器具的方法，根据占筮所揭示的凶吉祸福，就可以知道未来的结局。天地确立了一定的秩序，圣人促成天地的造化。通过咨议与人商量,通过卜筮与鬼商量,了解了《易经》的原则,愚昧的人们也可以参与谋划大事。八卦以卦象来预示,卦爻之辞以情理来昭告。阳爻阴爻错综组合,吉凶就从中表现出来。事物的变动是以利害为准绳,人间的吉凶是随具体情况而转移。所以爱与恶互相攻击,吉与凶由此产生。亲与疏互相争取,悔与吝由此产生。感情与行为互相感触,利与害由此产生。全部《易经》的意思是,人与人相处而不能协同合作,那就必遭凶险,甚至处心积虑地害人,悔与吝必定来临。打算背叛的人,他的言语闪烁。内心有疑虑的人,他的言词混乱。厚道的人,他的言词谨约。浮躁的人,他的言词放肆。诬蔑好人的人,他的言词游移。失去操守的人,他的言词含混。

说　卦

【原文】

　　昔者,圣人之作《易》也,幽赞于神明而生蓍①,参天两地而倚数②,观变于阴阳而立卦,发挥于刚柔而生爻,和顺于道德而理于义,穷理尽性而至于命。昔者,圣人之作《易》也,将以顺性命之理。是以立天之道曰阴与阳,立地之道曰柔与刚,立人之道曰仁与义。兼三材而两之,故《易》六画而成卦。分阴分阳,迭用柔刚,故《易》六位而成章。

【注释】

　　①高亨说:"此于字乃表示被动之介词,旧注多误。"
　　②参天两地:《集解》引虞翻曰:"参,三也。"三为奇数,为天之数。两为偶数,为地之数。倚,《集解》引虞翻说:"倚,立也。"义即建立。

【今译】

　　从前圣人造作《易经》,冥冥之中受到神明的佐助,因而发明蓍草作为卜筮之具。以奇数表示天,以偶数表示地,从而建立起卦爻数的系统。从观察阴阳变化入手而建立起卦象系统。把刚柔的相互关系加以发挥而建立起爻位系统。用道德来调整各种关系,用义理来调整复杂的人事,穷究万物的规律、特性以至于达到掌握万物终极目的的境界。从前圣人造作《易经》,打算通过它来探索宇宙万物本质性法则。因此将天道概括为阴与阳,将地道概括为柔与刚,将人道概括为仁与义。八卦兼备有天、地、人三者的含义,而且分别以两个爻位构成一个级位来表示,所以八卦每卦为六爻。其间有阴阳的区别,交错着刚柔的关系,所以表示着这种意义的六个爻位就形成了一定的卦体。

【原文】

　　天地定位,山泽通气。雷风相薄,水火不相射①。八卦相错。数往者顺,知来者逆,是故《易》逆数也。雷以动之。风以散之。雨以润之。日以烜之。艮以止之。兑以说之。乾以君之。坤以藏之。

【注释】

①高亨说："不字疑衍……相射犹言相尅也。"

【今译】

《乾》卦为天，《坤》卦为地，天地是互相对立的。《艮》卦为山，《兑》卦为泽，山泽的气息是互相流通的。《震》卦为雷，《巽》卦为风，风雷是互相激荡的，《坎》卦为水，《离》卦为火，水火是互相尅制的。八卦所象征着这八种物质是互相依存的。了解历史，是由以往顺推至目前，推测未来是由目前逆推至未来，因此作为推知未来的易卦，是由下位向高位逆向推算。雷的功用在于鼓动万物。风的功用在于播散万物。雨的功用在于湿润万物。太阳的功用在于晒燥万物。《艮》卦象征着高山栖止万物。《兑》卦象征着大泽欢娱万物。《乾》卦象征着上天君临万物。《坤》卦象征着大地包藏万物。

【原文】

帝出乎《震》①，齐乎《巽》，相见乎《离》，致役乎《坤》，说言乎《兑》，战乎《乾》，劳乎《坎》，成言乎《艮》②。

【注释】

①高亨说："'帝出'下省万物二字。帝，天帝也。帝出乎震，谓天帝出万物于震，非天帝自出于震也。下文曰：'万物出乎震，'即其证。"万物出乎震，《说卦》以四时八方配八卦：震为东方，时值正春，此季节为万物萌生之时。所以说"出乎《震》"，至于"齐乎《巽》"各句均是从时节、方位的搭配上来说明八卦在万物造化过程中的作用。不过，本节仅提出一个纲目，以后各节均有详细的说明，故不一一注明。

②说言乎《兑》、成言乎《艮》：两"言"字皆当读为焉，二字古通用。

【今译】

天帝通过八卦来造化自然：《震》卦当值，万物萌生；《巽》卦当值，万物崭露；《离》卦当值，万物尽现；《坤》卦当值，万物长育；《兑》卦当值，万物欣欣向荣；《乾》卦当值，万物竞争；《坎》卦当值，万物休藏；《艮》卦当值，万物复归初态。

【原文】

　　万物出乎《震》,《震》东方也①。齐乎《巽》,《巽》,东南也。齐也者言万物之絜齐也②。《离》也者,明也,万物皆相见,南方之卦也。圣人南面而听天下,向明而治,盖取诸此也。《坤》也者,地也,万物皆致养焉,故曰:致役乎《坤》。《兑》,正秋也,万物之所说也,故曰:说言乎《兑》。战乎《乾》。《乾》,西北之卦也,言阴阳相薄也。《坎》者,水也,正北方之卦也,劳卦也,万物之所归也。故曰:劳乎《坎》。《艮》,东北之卦也,万物之所成,终而所成始也。故曰:成言乎《艮》。

【注释】

　　①《说卦》以八卦配四时。分一年为八个季节,每卦配一个季节,占四十五日。《震》卦为正春四十五日之季节。余类推。《说卦》又以八卦配八方。《震》卦配东方,余则由东转南而类推。

　　②絜:《荀子·不苟》篇:"君子絜其辞。"杨倞注:"絜,修整也。"絜齐,即整齐之意。

【今译】

　　《震》卦当值,万物萌生。因为《震》位配东方,时属正春。《巽》卦当值,万物崭露。因为《巽》卦位配东南方,时属初夏。齐,就是说万物整齐生长。《离》卦象征光明,万物在温暖的阳光下尽行显露。《离》卦位配南方,帝王南面听取朝政,处理朝政也在晓明之后,大概是取象于此。《坤》卦为地,万物都凭借它而获得滋养,所以说《坤》当值,万物长育。《兑》卦时属正秋,万物皆长成而喜悦,所以说,《兑》卦当值,万物欣欣向荣。《乾》卦当值,万物竞争。因为《乾》卦位居西北方,时属秋冬之交,此时阴阳之气正相搏斗。《坎》卦为水,位配正北方,时属正冬,这是万物疲劳而藏息的卦象,万物皆归藏休息,所以说,《坎》卦当值,万物休藏。《艮》卦位配东北方,时属季冬,万物生长的一个循环周期终了,又开始了新的循环,所以说,《艮》卦当值,万物复归初态。

【原文】

　　神也者,妙万物而为言者也。动万物者莫疾乎雷。桡万物者莫疾乎风①。燥万物者莫熯乎火②。说万物者莫说乎泽。润万物者莫润乎水。终万物始万物者莫盛乎《艮》。故水火不相逮③,雷风不相悖,山泽通气,然后能变化,既成万物也④。

注释

①桡:读为挠。挠,吹拂。
②《释文》:"熯,徐作暵也。'云暵热暵也。'"熯、暵古通用。
③今本脱不字。《释文》作:"水火不相逮。"并云:"郑、宋、陆、王肃、王廙无不字。"可见陆德明据王弼本及子夏、孟喜、京房、费直、马融诸家本均有不字。有不字义长。今据补。
④既:《广雅·释诂》:"既,尽也。"俞樾曰:"既训为尽。"

【今译】

所谓"神",即是穷极万物奥妙神秘的抽象概括。鼓动万物,没有什么比雷更激烈。吹拂万物,没有什么比风更有力量。干燥万物,没有什么比火更热烈。欢娱万物,没有什么比泽更惬意。滋润万物,没有什么比水更湿润。使万物生生不息终而复始,没有什么比《艮》(山)更伟大。所以水火共存而不共处,风雷并作而不相斥,高山大泽气蕴相通,然后才能产生变化,充分地使万物生息循环。

【原文】

《乾》,健也。《坤》,顺也。《震》,动也。《巽》,入也。《坎》,陷也。《离》,丽也。《艮》,止也。《兑》,说也。

【今译】

《乾》为天,天道刚健。《坤》为地,地道柔顺。《震》为雷,雷霆震荡。《巽》为风,长风吹贯。《坎》为水,水居洼陷。《离》为火,火附着于燃料。《艮》为山,大山沉静。《兑》为泽,泽水娱养万物。

【原文】

《乾》为马。《坤》为牛。《震》为龙。《巽》为鸡。《坎》为豕。《离》为雉。《艮》为狗。《兑》为羊。

【今译】

　　天道刚健,《乾》卦又像善走的马。地道柔顺,《坤》卦又像驯服的牛。雷霆震荡,《震》卦又像升腾的龙。长风吹呴,《巽》卦又像司晨的鸡。水积洼渎,《坎》卦又像泥淖中的猪。火焰鲜明,《离》卦又像羽毛艳丽的雉。高山沉静,《艮》卦又像守家卫户的狗。湖泽安谧,《兑》卦又像温驯的羊。

【原文】

　　《乾》为首。《坤》为腹。《震》为足。《巽》为股。《坎》为耳。《离》为目。《艮》为手。《兑》为口。

【今译】

　　天高高在上,《乾》卦又像人的首脑。地卑伏包藏,《坤》卦又像人的腹部。雷霆震动,《震》卦又像敲蹬地面的双脚。树木修长,《巽》卦又像人的大腿。水积洼渎,《坎》卦又像人的耳穴。火焰闪烁,《离》卦又像人的眼睛。高山耸立,《艮》卦又像人的手指。大泽深广,《兑》卦又像人的口腔。

【原文】

　　《乾》,天也,故称乎父,《坤》,地也,故称乎母。《震》一索而得男①,故谓之长男。《巽》一索而得女,故谓之长女。《坎》再索而得男,故谓之中男。《离》再索而得女,故谓之中女。《艮》三索而得男,故谓之少男。《兑》三索而得女,故谓之少女。

注释

　　①《震》《坎》《艮》皆为阳卦。《巽》《离》《兑》皆为阴卦。凡阳卦皆一个阳爻,以阳爻为主爻。凡阴卦皆一个阴爻,以阴爻为主爻。《震》卦(☳)的第一爻为阳爻,阳爻像男,故一索而得男。《巽》卦(☴)的第一爻为阴爻,阴爻像女,故一索而得女。《释文》引马云:"索,数也。"余类推,详见译文。

【今译】

　　《乾》卦(☰)为天,所以称之为父亲。《坤》卦(☷)为地,所以称之为母亲。作为阳卦的《乾》与作为阴卦的《坤》互相感应。阳感应阴,使《坤》(☷)的初爻转化为阳爻,即形成《震》卦(☳),所生必为男,所以称之为长男。相反,阴感应阳,使《乾》卦(☰)的初爻转化为阴爻,即形成《巽》卦(☴),所生必为女,所以称之为长女。阳感应阴,使《坤》卦(☷)的第二爻转化为阳爻,即形成《坎》卦(☵),所生必为男,所以称之为中男。阴感应阳,使《乾》卦(☰)的第二爻转化为阴爻,即形成《离》卦(☲),所生必为女,所以称之为中女,阳感应阴,使《坤》卦(☷)第三爻转化为阳爻,即形成《艮》卦(☶),所生必为男,所以称之为少男。阴感应阳,使《乾》卦(☰)的第三爻转化为阴爻,即形成《兑》卦(☱),所生必为女,所以称之为少女。

【原文】

《乾》为天,为圜,为君,为父,为玉,为金,为寒,为冰,为大赤,为良马,为老马,为瘠马,为驳马,为木果。

【今译】

《乾》卦为天,天环盖大地如同圆,尊贵至上可比君,又清明纯净犹如金、玉,《乾》卦时属冬初,像寒冱之气,犹如冰。《乾》卦显贵,象征五色之首的大红。天行刚健,又像马,像富于材力的良马,像稳健历久的老马,像健力瘦骏的瘠马,像毛色混杂的驳马。环盖大地的天空也好像那圆圆的果实。

【原文】

《坤》为地,为母,为布,为釜,为吝啬,为均,为子母牛①,为大舆,为文,为众,为柄。其于地也为黑。

注释

①子读为牸。《广雅·释兽》:"牸,雌也。"牸母牛即牝牛。

【今译】

《坤》卦为地,大地生育万物如同母亲,广大舒展如同布幅,虚广容物犹如釜,深藏矿物有吝啬之性,普育万物有均允之德,负重任劳犹如母牛,装载万物犹如大车,草木铺饰犹如文采,卑伏低下犹如臣民,操持万物犹如手柄。由于地位低下,阴暗成了它的主色调。

【原文】

《震》为雷,为龙,为玄黄①,为旉②,为大涂③,为长子,为决躁④,为苍筤竹⑤,为萑苇⑥。其于马也,为善鸣,为馵足⑦,为作足⑧,为的颡⑨。其于稼也,为反生⑩。其究为健⑪,为蕃鲜⑫。

注释

①玄黄:黑黄相混为玄黄。
②旉:《释文》:"旉,花之通名。"盖《震》值正春,此季节百花齐放,所以说《震》为旉。
③涂:借为涂。
④决:高亨说:"决,借为赽。《广雅·释诂》:'赽,躁,疾也。'"
⑤苍筤:《集解》引《九家易》曰:"苍筤,青也。"
⑥萑(huán):《广雅》:"萑,蒹也。"蒹即荻。
⑦馵(zhù):《尔雅·释畜》:"郤上皆白帷馵。"馵足,白马而膝下为它色。其马善走。
⑧作:高亨说:"作疑借为踖。《说文》:'踖,长胫行也。'踖足,胫长也。"其马善跑。
⑨的颡:额上有白处。其马敏捷。
⑩反生:果实在地下,茎叶在地上,如土豆地瓜类。
⑪究:孔颖达曰:"究,极也。"
⑫蕃:《说文》:"蕃,草茂也。"鲜,新鲜。

【今译】

《震》卦为雷,震惊天地犹如龙。《震》卦时属正春,黑黄混合的玄黄是它的主色调。它催开草木花卉,以花为象征。万物初生,如同奔上了大道。《震》卦(☳)的初爻为阳,意味着生男而为长。它有着雷霆一样决断躁动的品性,它又如春日里的青竹,又如生生的芦荻。《震》卦为马,像善鸣的马,善走的马,善跑的马,敏捷的马。以植物为比,犹如茎叶在上根块在下的"反生"植物。总之,《震》卦的品德是刚健、茂盛、新鲜。

【原文】

《巽》为木,为风,为长女,为绳直,为工,为白,为长,为高,为进退,为不果①,为臭。其于人也,为寡发,为广颡,为多白眼,为近利市三倍,其究为躁卦。

注释

①不果:不果断,意为风向不定。

【今译】

《巽》卦为木,为风,它的初爻为阴,意味着生女而为长女。《巽》卦为木,具有平直的品性,犹如善于裁取的工匠。《巽》卦为风,它无色无彩,它悠长得无远不及,它高远得无上不届,它时进时退,方向不定,犹如向四周散发的气味。如果以人为比,它吹落树叶,犹如脱发的秃头,犹如侵顶的高额。《巽》卦无色,犹如侵没黑珠的眼白。《巽》卦为木,植树之利三倍于市。总之,《巽》卦是一个品性躁动的卦。

【原文】

《坎》为水,为沟渎,为隐伏,为矫揉,为弓轮。其于人也,为加忧,为心病,为耳痛,为血卦,为赤。其于马也,为美脊,为亟心①,为下首②,为薄蹄,为曳③。其于舆也,为多眚④,为通,为月,为盗。其于木也,为坚多心。

注释

①亟:《说文》:"亟,敏疾也。"亟心,谓马敏捷有余而脚力不足。
②下首:马头常垂低。指勤奋而又垂老的马。
③曳:拖。指疲惫无力的马。
④多眚:指破烂易出毛病的车。

【今译】

《坎》卦为水,为沟渎,其性隐伏。水随势为形,如同人们矫揉木料,好比揉制的弓箭,好比箍制的车轮。如果以人为比,象征坎坷的《坎》卦,意味着忧虑重重,有着无法排遣的心病,像患了捉摸不着的耳病。《坎》卦为水,又称血水之卦,以赤色作为特征。如果用马来作比,犹如腿弱而背丰的马,敏捷有余而脚力不足,它勤奋但是垂老,它背脊有力但蹄板薄削,都是一些拖沓的愈马。如果用车来作比,正如摇摇晃晃的破车。《坎》卦为水,无隙不通,寒白如月亮,隐伏如盗贼。如果用树木为比,它(☵)二阴爻包裹一阳爻,正如皮柔木刚的树木。

【原文】

《离》为火,为日,为电,为中女,为甲胄,为戈兵。其于人也,为大腹,为干卦,为鳖,为蟹,为蠃①,为蚌,为龟。其于木也,为科上槁②。

注释

①蠃(luǒ):《释文》说:"蠃,京作螺。"
②科:高亨说:"科借为棵,木干也。棵上槁,木干之上部枯槁也。《离》(☲)是两阳爻在外,一阴爻在内,即外刚而内柔。木干外刚而内柔,则外实而内空,俗谓之空心木。空心木之上部枝叶必枯,故《离》为木之科上槁。"

【今译】

《离》卦为火焰,为太阳,为闪电。《离》卦(☲)第二爻为阴,意谓着生女为次女。两个阳爻护定一个阴爻,犹如那保卫人身的甲胄、刀枪。如果用人为比,犹如柔软的腹部处在人的躯干之中。它又是以干燥为卦象。《离》卦外刚内柔,犹如那鳖鱼、螃蟹、田螺、蚌壳、乌龟。如果用树木作比,内中虚软的《离》卦又像那腐朽中空的树木。

【原文】

《艮》为山,为径路,为小石,为门阙,为果蓏①,为阍寺②,为指,为狗,为鼠,为黔喙之属③。其于木也,为坚多节。

注释

①蓏(luǒ):《释文》引应邵曰:"木实曰果,草实曰蓏。"
②阍寺:《集解》引宋衷曰:"阍人主门。寺人主巷,艮为止。此职皆掌禁止者也。"阍人守门,寺人守巷,禁止人妄入门巷,与艮义相通。
③黔喙:《集解》引马融说:"黔喙,肉食之兽,谓豺狼之属。黔,黑也。"

【今译】

《艮》卦为山,为山中小路,为山中小石。山峰对峙,犹如门阙,山石坚硬犹如瓜果。高山封禁,犹如呵护禁中的阍寺。群山耸立犹如人的指掌,岩角森森,犹如猛犬、鼠类、豺狼。如果用树木为比,山峦起伏正像那坚硬多节的树木。

【原文】

《兑》为泽,为少女,为巫,为口舌,为毁折,为附决。其于地也,为刚卤[1]。为妾,为羊。

注释

[1] 卤:陆德明曰:"卤,咸(鹹)土也。"

【今译】

《兑》卦为大泽,为少女,为女巫。大泽深广,犹如人的大口深喉。大泽奔涌,它是毁折的力量,有溃决的潜因。大泽干枯为盐鹹之地。大泽低洼,犹如卑下的小妾,犹如俯顺的小羊。

序 卦

【原文】

有天地①,然后万物生焉。盈天地之间者唯万物,故受之以《屯》。《屯》者,盈也。《屯》者,物之始生也。物生必蒙,故受之以《蒙》。《蒙》者,蒙也,物之稚也②。物稚不可不养也,故受之以《需》。《需》者③,饮食之道也。饮食必有讼,故受之以《讼》。讼必有众起,故受之以《师》。《师》者,众也。众必有所比④,故受之以《比》。《比》者,比也。比必有所畜⑤,故受之以《小畜》。物畜然后有礼,故受之以《履》。《履》者,礼也⑥。履而泰,然后安,故受之以《泰》。《泰》者,通也。物不可以终通,故受之以《否》。物不可以终否⑦,故受之以《同人》。与人同者,物必归焉,故受之以《大有》。有大者不可以盈,故受之以《谦》。有大而能谦必豫⑧,故受之以《豫》。豫必有随,故受之以《随》。以喜随人者必有事,故受之以《蛊》。《蛊》者,事也。有事而后可大,故受之以《临》。《临》者,大也。物大然后可观,故受之以《观》。可观而后有所合,故受之以《噬嗑》。嗑者,合也。物不可以苟合而已,故受之以《贲》。《贲》者,饰也。致饰然后亨则尽矣。故受之以《剥》。《剥》者,剥也。物不可以终尽剥,穷上反下,故受之以《复》。复则不妄矣,故受之以《无妄》。有无妄,然后可畜,故受之以《大畜》。物畜然后可养,故受之以《颐》。《颐》者,养也。不养则不可动,故受之以《大过》。物不可以终过,故受之以《坎》。《坎》者,陷也。陷必有所丽⑨,故受之以《离》。《离》者,丽也。

注释

①易卦始于乾坤两卦:乾为天,坤为地。序卦以天地代卦名。

②《集解》引郑玄曰:"蒙,幼小之貌,齐人谓萌为蒙也。"稚、稺、稚是一字。《说文》:"稺,幼禾也。"引申之,凡幼小者皆可称稺。

③需:陆德明曰:"《需》,饮食之道也,训养。"

④比:《象传》:"比,辅也。"

⑤畜:读为蓄,积蓄。

⑥高亨说:"'履者,礼也'一句,今本无,注文有。乃传文误入正文。《集解》本及王弼《易略例卦》篇并有此句。今据补。"

⑦否:闭塞不通。

⑧豫:安逸,安乐。

⑨丽:附丽,攀附。

【今译】

　　《乾》为天,《坤》为地,有天地然后万物产生。充满天地之间唯有万物,所以接下来是《屯》卦。《屯》是盈满充斥的意思。《屯》卦象征万物始生之状。万物始生必然是蒙昧初开,所以接着是《蒙》卦。《蒙》是萌发之意,万物尚幼小。万物幼小不可不加养育,所以接着是《需》卦。《需》为饮食之义。攫取食物必然引来争讼,所以接下来是《讼》卦。争讼必起自众人,所以接下来是《师》卦。《师》就是众多的意思。物既成群必互相协作,所以接下来是《比》卦。《比》就是互助。互协互助,必然物有丰余。所以接下来是《小畜》之卦。物资丰余然后才能讲究礼节,所以接下来是《履》卦。《履》就是礼的意思。有了礼节才能安泰,所以接下来是《泰》卦。《泰》就是通泰的意思。凡事物不可能始终通泰,所以接下来是《否》卦。但事物不能始终阻遏,所以接下来是《同人》卦。与人和谐,万物必来归顺,所以接下来是《大有》卦。有了大功业不可自满,所以接下来是《谦》卦。有了大功业而能谦让必获安逸,所以接下来是《豫》卦。安乐之业必有人喜慕追随,所以接下来是《随》卦。以喜慕而追随别人必然要为人干事,所以接下来是《蛊》卦。《蛊》就是干事。勤于事然后可以成大业,所以接下来是《临》卦。《临》就是大的意思。事物广大而后可观,所以接下来是《观》卦。可观才能符合人意,所以接下来是《噬嗑》卦。嗑就是符合的意思,但事物不可随意苟合,所以接下来是《贲》卦。《贲》就是文饰的意思。但是事物过分文饰,反而丧失质地之美,所以接下来是《剥》卦。《剥》卦就是剥蚀的意思。但是事物不可能穷尽地剥蚀,至于极限就会由下及上复原,所以接下来是《复》卦。重新复原了就不会再呈谬妄,所以接下来是《无妄》之卦。觉悟到不呈谬妄,然后可以保守积蓄,所以接下来是《大畜》卦。有了积蓄才可以加以训养,所以接下来是《颐》卦。《颐》就是养育的意思。不养育就不可以发展,所以接下来是《大过》卦。事物不可能始终处在发展的巅峰，所以接下来是《坎》卦。《坎》就是沉陷的意思。沉陷之物必然要攀附，所以接下来是《离》卦。《离》就是攀附的意思。

【原文】

有天地然后有万物，有万物然后有男女。有男女然后有夫妇，有夫妇然后有父子。有父子然后有君臣，有君臣然后有上下。有上下然后礼义有所错①。夫妇之道不可以不久也，故受之以《恒》。《恒》者，久也。物不可以久居其所，故受之以《遁》。《遁》者，退也。物不可以终遁，故受之以《大壮》。物不可以终壮，故受之以《晋》。《晋》者，进也。进必有所伤，故受之以《明夷》。夷者，伤也。伤于外者必返于家，故受之以《家人》。家道穷必乖，故受之以《睽》。《睽》者，乖也。乖必有难，故受之以《蹇》。《蹇》者，难也。物不可以终难，故受之以《解》。《解》者，缓也。缓必有所失，故受之以《损》。损而不已必益，故受之以《益》。益而不已必决，故受之以《夬》。《夬》者，决也。决必有所遇，故受之以《姤》。《姤》者，遇也。物相遇而后聚，故受之以《萃》。《萃》者，聚也。聚而上者谓之升，故受之以《升》。升而不已必困，故受之以《困》。困乎上者必反下，故受之以《井》。井道不可不革②，故受之以《革》。革物者莫若鼎，故受之以《鼎》。主器者莫若长子③，故受之以《震》。《震》者，动也。物不可以终动，止之，故受之以《艮》。《艮》者，止也。物不可以终止，故受之以《渐》。《渐》者，进也。进必有所归，故受之以《归妹》。得其所归者必大，故受之以《丰》。《丰》者，大也。穷大者必失其居，故受之以《旅》。旅而无所容，故受之以《巽》。《巽》者，入也。入而后说之，故受之以《兑》。《兑》者，说也。说而后散之，故受之以《涣》。《涣》者，离也。物不可以终离，故受之以《节》。节而信之，故受之以《中孚》④。有其信者必行之，故受之以《小过》⑤。有过物者必济，故受之以《既济》⑥。物不可穷也，故受之以《未济》⑦。终焉。

注释

①错：借为措，施行。
②革：改造修理。这里指淘洗旧井。

③鼎为宝器,古代王侯大夫的国与邑也称为器。古代宗法世袭制度,国与邑原则上由长子继承,故曰:"主器者莫若长子。"《说卦》:"《震》为长子。"故《鼎》卦之后继之以《震》卦。

④中:借为忠。孚,诚信。

⑤过:超乎平常。

⑥济:完成,既济,业已完成。

⑦未济:尚未完成的意思。

【今译】

有了天地,而后才有万物。有了万物,而后才有男女。有了男女,而后才有夫妇。有了夫妇,而后才有父子。有了父子,而后才有君臣。有了君臣,而后才有上下之等列。有了上下等列,礼义才有了施行的基础。夫妇的伦理关系理应长久不变,所以接下来是《恒》卦。《恒》就是长久的意思。事物不可能长久地保持原状,所以接下来是《遁》卦。《遁》就是衰退的意思。事物不可能始终衰退,所以接下来是《大壮》卦。事物不可能始终兴旺,所以接下来是《晋》卦。《晋》就是渐进的意思。进退必带来损伤,所以接下来是《明夷》卦。夷就是损伤的意思。在外面受伤必返归于家,所以接下来是《家人》卦。家运衰微必生乖舛,所以接下来是《睽》卦。《睽》就是乖舛的意思。乖舛必生灾难,所以接下来是《蹇》卦。《蹇》就是艰难的意思。事物不可能始终处在艰难之中,所以接下来是《解》卦。《解》就是缓解的意思。处境平缓则可能有疏忽之失,所以接下来是《损》卦。挫损不已反而必定带来增益,所以接下来是《益》卦。受益不止必然带来溃决,所以接下来是《夬》卦。《夬》就是溃决的意思。溃决必遇阻遏,所以接下来是《姤》卦,《姤》就是交遇的意思。凡物交遇必然积聚,所以接下来是《萃》卦。《萃》就是积聚的意思。积聚而堆高就是升,所以接下来是《升》卦。不断的升高必然进入困境,所以接下来是《困》卦。遭遇到上升的困难必然会转入下降,所以接下来是《井》卦。日久损淹的井不可能不加以淘洗,所以接下来是《革》卦。变革事物的突出典型是那变生为熟的沸鼎,所以接下来是《鼎》卦。鼎是祭器,主持祭祀祖先应是长子的责任,所以接下来是《震》卦。《震》就是震动的意思。事物不可能总是处于动荡之中,必须使其停息,所以接下来是《艮》卦。《艮》就是停止的意思。事物不可能总是停滞的，所以接下来是《渐》卦。《渐》就是渐进的意思。渐进终必有所归依，所以接下来是《归妹》卦。获得了归依必然强大，所以接下来是《丰》卦。《丰》就是大的意思。壮大到了极限必然丧失其归宿，所以接下来是《旅》卦。飘流而找不到栖身之所，所以接下来是《巽》卦。《巽》就是归入的意思。归入栖息之处而后喜悦，所以接下来是《兑》卦。《兑》就是喜悦的意思。喜悦之余就会散漫，所以接下来是《涣》卦。《涣》就是离散的意思。事物不可总是涣散的，所以接下来是《节》卦。有节制而使人信任，所以接下来是《中孚》卦。守信任的人必能履行其诺言，所以接下来是《小过》卦。超乎平常者必定有所成就，所以接下来是《既济》卦。但是事物不可能尽善尽美，所以按下来是《未济》卦。六十四卦至此终结。

杂 卦

【原文】

　　《乾》刚《坤》柔。《比》乐《师》忧。《临》《观》之义或与或求①。《屯》见而不失其居。《蒙》杂而著。《震》,起也。《艮》,止也。《损》《益》,盛衰之始也。《大畜》,时也②。《无妄》,灾也③。《萃》聚而《升》不来也④。《谦》轻而《豫》怠也⑤。《噬嗑》,食也。《贲》,无色也⑥。《兑》见而《巽》伏也。《随》,无故也⑦。《蛊》则饬也⑧。《剥》,烂也。《复》,反也。《晋》,昼也。《明夷》,诛也⑨。《井》通而《困》相遇也。《咸》,速也。《恒》,久也。《涣》,离也。《节》,止也。《解》,缓也。《蹇》,难也。《睽》,外也⑩。《家人》,内也。《否》《泰》,反其类也。《大壮》则止,《遁》则退也。《大有》,众也。《同人》,亲也。《革》,去故也。《鼎》,取新也。《小过》,过也。《中孚》,信也。《丰》,多故也⑪。亲寡《旅》也⑫。《离》上而《坎》下也。《小畜》,寡也。《履》,不处也。《需》,不进也。《讼》,不亲也。《大过》,颠也。《姤》,遇也,柔遇刚也。《渐》,女归待男行也。《颐》,养正也。《既济》,定也。《归妹》,女之终也。《未济》,男之穷也。《夬》,决也,刚决柔也,君子道长,小人道忧也。

注释

①与:施与。临民者施其政。求,访求。观察民情,访求其所需。
②时:高亨认为:"时疑借为庤。时庤同声系,古通用。《说文》:'庤,储置屋下也,从广,寺声。'是庤乃积储之义。"
③高亨认为:"余疑灾上当有不字,窜入下句,转写之误也。"此说可供参考。
④高亨说:"升不来义不可通,余谓不字当在上句灾字上。来当读为倈,《广雅·释诂》:'倈,伸也。'"
⑤轻:高亨说:"轻借为劲,……人谦虚则勤奋自强故曰谦劲。"可备一说。轻,亦有谦卑之义,解如字亦可通。
⑥贲:女饰。文饰过分,则失其美,故曰:"贲,无色也。"
⑦故:《广雅·释诂》:"故,事也。"无故,即无事无为。
⑧饬:整饬。与"无故"相对而言。

⑨诛：没。明夷之卦象为日入地中，故曰诛，与"昼"相对而言。
⑩睽：《序卦》曰："乖也。"《广雅·释诂》："乖，离也。"睽卦有"睽孤"之词，可见"外"，为流离在外。与下句"家人，内也"，正相对而言。
⑪韩伯康说："丰大者多忧故也。"《序卦》曰："丰者，大也。穷大者必失其居。"即此意。韩说可取。
⑫何楷曰："'亲寡《旅》'当作'《旅》亲寡'，于韵亦协。"按《杂卦》之通例，此说是也。

【今译】

《乾》卦刚健，《坤》卦柔顺。《比》卦亲乐而《师》卦忧虑。《临》《观》两卦的意义，前者是施行，后者是观省。《屯》卦象征着万物萌现而各居其所。《蒙》卦之义是万物错杂而显著。《震》卦表示起动。《艮》卦表示停止。《损》《益》两卦表示衰盛的开始。《大畜》之义为积蓄。《无妄》之义为灾害。《萃》卦之义为积聚。《升》卦之义为升进。《谦》卦是自轻而《豫》卦是怠惰。《噬嗑》意思是嚼食。《贲》卦的意思是文饰过分。《兑》卦显现而《巽》卦隐伏。《随》卦是顺任而无为。《蛊》卦是任事而整饰。《剥》卦之义为腐烂。《复》卦之义为归复。《晋》卦意味着日出光明。《明夷》卦意味着日没黑暗。《井》卦是流畅而《困》卦是咽遏。《咸》卦为感应迅速。《恒》卦为持久恒常。《涣》卦表示涣散。《节》卦表示节制。《解》卦有缓解之义。《蹇》卦有艰难之意。《睽》卦之义为离落。《家人》卦之义为相聚。《否》《泰》两卦正好相反，表示否塞与通泰。《大壮》卦含有物盛则衰的道理。《遁》卦反映隐引退避的心态。《大有》卦是得众。《同人》卦是相亲。《革》卦表示除去故旧。《鼎》卦表示变革取新。《小过》卦是过度。《中孚》卦是诚信。《丰》卦之义是富足多忧。《旅》卦之义是亲近寡少。《离》卦象征着火焰向上。《坎》卦表示水流向下。《小畜》卦是积蓄微薄。《履》卦之义是不安居处。《需》卦之义是犹疑。《讼》卦是相争。《大过》卦是倾覆。《姤》卦之象为阴柔遇着阳刚。《渐》卦之象表示新娘等待迎娶。《颐》卦表示以中和养性。《既济》卦表示事成业就。《归妹》卦表示女子得到终身的归宿。《未济》卦表示男子志向不行。《夬》卦为决断，刚盛柔弱足以决断。刚为君子，柔为小人，君子之道在发展，小人之道在消退。

图书在版编目(CIP)数据

周易全译/徐子宏译注. —贵阳：贵州人民出版社，2008.12(2017.2重印)

(中国历代名著全译丛书)

ISBN 978 – 7 – 221 – 08373 – 9

I.周… II.徐… III.周易 – 译文 IV.B221.4

中国版本图书馆 CIP 数据核字(2008)第 180224 号

书　　名	周易全译
译　　注	徐子宏
责任编辑	袁华忠
特约编辑	黄涤明
装帧设计	余强
出版发行	贵州人民出版社
地　　址	贵阳市中华北路 289 号
印　　刷	三河市明华印务有限公司
版　　次	2009 年 3 月第 1 版
印　　次	2017 年 2 月第 2 次印刷
开　　本	787×1092mm　　1/16
字　　数	328 千字
印　　张	22.5
定　　价	56.00 元